普通高中新课程新教材实施国家级示范区（常州）实践探索丛书

普通高中创新人才培养的实践探索

本册主编
曹新跃
本册作者
张　鹤　欧阳林

江蘇鳳凰教育出版社
Phoenix Education Publishing, Ltd

图书在版编目(CIP)数据

普通高中创新人才培养的实践探索/完利梅,戚宝华主编.—南京:江苏凤凰教育出版社,2023.12
ISBN 978-7-5743-0277-8

Ⅰ.①普… Ⅱ.①完… ②戚… Ⅲ.①高中生-人才培养-研究 Ⅳ.①G632.0

中国国家版本馆 CIP 数据核字(2024)第 022038 号

书　　名 普通高中创新人才培养的实践探索
主　　编 完利梅　戚宝华
责任编辑 朱　宁　范丽娟
装帧设计 许　畅
出版发行 江苏凤凰教育出版社(南京市湖南路 1 号 A 楼　邮编 210009)
苏教网址 http://www.1088.com.cn
照　　排 南京理工出版信息技术有限公司
印　　刷 江苏凤凰数码印务有限公司(电话:025-83657300)
厂　　址 南京市鼓楼区湖北路 83 号
开　　本 787 毫米×1092 毫米　1/16
印　　张 13.5
版　　次 2023 年 12 月第 1 版
印　　次 2023 年 12 月第 1 次印刷
书　　号 ISBN 978-7-5743-0277-8
定　　价 52.00 元
网店地址 http://jsfhjycbs.tmall.com
公 众 号 苏教服务(微信号:jsfhjyfw)
邮购电话 025-85406265，025-85400774
盗版举报 025-83658579

编 委 会

主 编

完利梅　戚宝华

副主编

邓小进　韩志祥　潘正凯　丁　静

编 委

曹新跃　姚　奕　黄惠涛　周冬英　朱禾勤

目录
CONTENTS

第一章
创新人才培养的背景

自第三次工业革命以来，全球范围内的高精尖技术都发生了或者正在发生高速的迭代，各国都逐渐意识到高精尖人才对国家发展的战略指导意义。与此同时，国内人民日益增长的普及高新技术的需求和国内高端人才紧缺之间也产生了矛盾，对高端人才的吸引与培养逐渐成为国家发展的重要战略方针。习近平总书记强调："综合国力竞争说到底是人才竞争。人才是衡量一个国家综合国力的重要指标。人才是自主创新的关键，顶尖人才具有不可替代性。国家发展靠人才，民族振兴靠人才。"并在多种场合鼓励各地区政府企业部门加快建立人才资源竞争优势，将人才培养战略提升到了全新的高度。

第一节 创新人才政策解读

改革开放以来，党和国家十分重视拔尖创新人才的选拔。1977 年，邓小平在科学和教育工作座谈会上提出“科研是靠教育输送人才的，一定要把教育办好”“要尊重劳动，尊重人才”。从某种意义上来说，中国科教工作的春天，中国知识分子的春天，是从这里开始的。

1998 年 5 月，时任国家主席江泽民向全社会宣布：“为了实现现代化，我国要有若干所具有世界先进水平的一流大学。”进入 21 世纪，创新人才的培养被提上新时代的日程。2001 年，国务院在《国务院关于基础教育改革与发展的决定》（国发[2001]21 号）文件中提出，有条件的普通高中可与高校合作，探索创新人才培养的途径。2002 年 11 月，江泽民同志在中国共产党第十六次全国代表大会上作报告，提出把“造就一大批拔尖创新人才”作为教育工作的一个重要目标。“拔尖创新人才”一词首次出现在党和政府的工作报告中，对于教育创新和教育改革有重要意义，这标志着党和国家开始有目的地规划人才培养方案。

而 2009 年 11 月“钱学森之问”的刊登则将拔尖创新人才培养工作推向了高潮，广泛地引起教育界震动，引发社会舆论关注。2010 年 7 月，在全国人民的关注下，历时一年零九个月的《国家中长期教育改革和发展规划纲要（2010—2020 年）》正式出台，再次表明了国家大力培养拔尖创新人才的决心和目标。自此，一系列人才选拔培养方案计划被推出，并且随着时间的推移，在选拔机制上日趋完善。

2011 年，国家实施的首批“基础学科拔尖学生培养试验计划”（即“珠峰计划”）入选高校名单公布。2013 年，中国科协和教育部共同组织实施中学生科技创新后备人才培养计划（简称“英才计划”）。2020 年至 2021 年，“强基计划”以及“珠峰计划 2.0”相继落地，拉开基础学科招生改革序幕的同时，大幅度推动了国内学科建设战略转型，对我国中小学育人方式改革提出了巨大的挑战。

这其中，过往的“珠峰计划”系列，主要聚焦大学研究生阶段的青年人才培养，之后的“英才计划”以及“强基计划”，则主要针对尚未进入大学的优秀人才，这一规划正式将学科人才培养从研究生阶段前移至本科阶段。同时，规定了具体的专业，在满足了国家对于人才选拔要求的同时，对高中育人方向和重点提出了要求，体现出顶层设计对发展关键基础性学科、培养相应领域重要人才的信念。

党和国家已经逐渐意识到，全球范围内新的一轮世界性的科技革命和产业变革正在迅猛发展，在巨大的历史机遇与重大挑战面前，应更加重视创新人才的重要性。

2021年6月，国务院印发的《全民科学素质行动规划纲要（2021—2035年）》明确，“十四五”时期，我国将着力提升基础教育阶段科学教育水平。纲要提出，要将科学教育和创新人才培养作为重要内容，实施科技创新后备人才培育计划。

2021年12月，《求是》杂志刊登习近平总书记重要文章《深入实施新时代人才强国战略，加快建设世界重要人才中心和创新高地》，文章高度概括了党和国家对于人才培养的战略方针，明确指出要对“卡脖子”关键核心技术攻关人才和青年人才给予更多的信任、帮助与支持，再次明确了发展关键基础学科的目标。

2022年10月，党的二十大报告首次将“深入实施科教兴国战略，着力造就拔尖创新人才”作为单独的一个部分，将教育、科技、创新、人才作为一个整体进行论述。《人民日报》评论指出，这一部署反映出党和国家在教育工作大政方针的连续性，又根据新形势新要求不断开创新局。毫无疑问，教育在这四个层面中是摆在首位的，这是因为科技、创新以及人才的培养，都需要教育提供基础性支撑。因此，要坚持深化教育体制改革，为全面提高拔尖创新人才培养质量提供抓手。

纵观数十年拔尖创新人才培养的理论方针，党和国家在不断优化人才培养模式的同时，不断前移人才培养的起点，在学前教育、素质教育阶段优化教育配置，促进教育公平；从高中教育开始，在坚持高中阶段学校多样化发展的同时，着力造就拔尖创新后备人才，最终实现“建设全民终身学习的学习型社会、学习型大国”的教育目标。而针对高精尖人才的培养，起始于高中阶段，是新时期高中教育的历史使命，这就对于高中阶段学校和教师队伍提出了新的要求。

拔尖创新人才的战略培养，首先有利于贯彻落实创新人才观。开展拔尖创新人才后备培养，能够让更多青少年心怀科学报国、实业报国的梦想，树立创新志向。其次，有利于服务国家教育改革发展的战略大局。与世界发达国家相比，过去我国对于拔尖创新人才的培养重点关注高等教育，但对青少年拔尖人才的挖掘和培养重视程度不足，行业不够规范。拔尖创新人才培养政策的实施能够为青年拔尖人才提供牢固的根基。最后，有利于增强地区科技创新人才的后备力量。在新一轮人才争夺战中，加大拔尖创新人才早期培养力度，将有利于提升全体学生的创新潜能，更好地满足每个学生的发展需求，为国家战略科技力量提供人才保障。

综上所述，拔尖创新人才培养是我国新时期的战略发展重要组成部分，在早期的试点工作中，尽管存在一些过程性问题，但整体而言对我国的基础学科建设以及构建优秀人才培养链条等方面都有很大的作用，能够有效推动青少年科学素质提升，为我国创新型人才培养提供不竭的动力。

第二节　创新人才培养文献理论研究综述

一、创造性活动的过程剖析

（一）宏观层面：从宽泛至精微的领域聚焦

在宏观视角下阐释创造过程的理论中，贝尔与考夫曼提出的创造性游乐园理论模型极具代表性。此模型以游览游乐园为喻，生动展现了人们在创造性活动中逐步收敛并聚焦的轨迹。

开启任何创造性活动，都需要满足一些基础条件，恰似进入游乐园需考虑交通、门票及费用等因素。这些基础条件涵盖一定程度的智力、内在动机以及有利的环境支持。尽管智力并非创造性的唯一决定要素，但从事创造性工作必然要求个体具备一定的智力水准。

随后，创造性活动进入一般主题领域的抉择阶段，如同进入游乐园后要选择特定主题园区，如过山车主题公园、冰雪王国或卡通世界等。科学、数学、艺术、表演、人际交往等皆属于常见的创造性一般主题领域范畴。

继之，活动进一步深入具体领域，这好比在选定过山车主题公园后确定要玩的具体过山车类型。以艺术为例，其包含绘画、雕刻、图案设计等具体领域；表演领域则涵盖舞蹈、歌唱、话剧等细分领域。

最后，在确定具体创造性领域后，还需深入其中的微领域，就像在众多过山车中选定"超级赛车"这一种类。在创造性的每个具体领域如绘画领域中，水墨画、水粉画、油画、版画等便是典型的微领域实例。

总体而言，创造性活动是一个从普遍到特殊、从宽泛到细致的演进过程。在此推进历程中，所需的创造性潜能兼具领域普遍性（如普遍的动机）与领域特殊性（如绘画领域特有的创作动机）。通常，创造性活动越是深入，对领域特殊性潜能的依赖就越强。

（二）中观层面：从低阶向高阶认知的攀升

从中观维度描述创造过程的理论，以修订版的《布鲁姆教育目标分类学》为典范。

该分类学从知识与认知过程这两个维度对认知领域的学习予以分类。其中知识维度包含事实性知识、概念性知识、程序性知识以及元认知知识四类；认知过程维度则将学习划分为由低到高的六个层次，即记忆、理解、运用、分析、评价、创造，其中前三者被视作低阶思维技能，后三者为高阶思维技能。这两个维度相互交织，构建成一个4×6矩阵，涵盖24种学习目标。

尽管此分类框架原本旨在优化学习、教学和评价，但对创造性培育同样意义非凡。其一，它明确指出创造乃是深度学习的一种呈现形式，各类知识的学习均有可能达至创造层次，这意味着课堂学习充满了丰富的创造性发展契机。例如，在学习事实性知识时，学生也能展现出创造性，如以独特新颖的方式运用刚学的词语造句。

其二，它将创造界定为“整合要素以构建新颖的且内在协调的整体或产出一个新颖成果”，并依据认知难度将其进一步细分为生成（如针对观察到的现象提出解释性假设）、规划（如拟定一篇论文的写作大纲）、建构（如为本地水鸟营造栖息地）三个逐渐升高的层级，这为创造性教学目标的分层设定提供了确切依据。比如，教师可据此将科学领域的创造性培养目标细化为提出假设、设计方案、构建理论。

其三，也是最为关键的一点，该分类学阐明了创造性产生的认知前提。它强调认知过程的六个层级不但在难度上呈递增态势，而且彼此间构成“累积性层级结构”，即获取高一级能力需先具备前一级能力。换言之，创造能力的形成以评价能力为前提，评价能力的具备又依赖于分析能力的达成，依此类推。这启示我们，若要激发学生在某方面的创造性，必须先使其掌握相关的下位技能，而后逐步推进。例如，若要求学生仿照古诗创作，首先得让他们学会剖析古诗，而剖析古诗又需以理解古诗为前提。明晰此点，便等同于明确了教学的基本路径。

（三）微观层面：创造性问题解决的心理机制探索

从微观视角探究创造过程多以问题解决活动为依托，核心目标在于揭示创造性思维的内在心理运作机制。众多心理学家提出了各自的创造性问题解决模型，其中芬克（Finke）等人的生成—探索模型以及芒福德（Mumford）等人的创造性问题解决模型颇具代表性。

芬克等人的生成—探索模型把创造性认知划分为生成和探索两大基本过程。生成过程涵盖从记忆中提取既有结构，对其进行联想、组合、综合或心理转换以形成新结构，抑或对信息进行类比迁移等方式。通过这些生成途径，个体在脑海中构建出用于探索的前发明结构。探索过程则包括探寻前发明结构的新颖或所需属性、挖掘其潜在功能、剖析其在实践或概念上的局限等。在探索阶段可能出现两种情形：若对生成阶段所产生的前发明结构满意，则直接生成创造性产品；若探索未达预期，则需重新进入生成阶段，塑造更具成效的前发明结构，继而再次展开探索。由此可见，生成与探索过程呈循环交替状态，直至获取满意成果。

芒福德等人的创造性问题解决模型包含问题界定、信息收集与组织、概念组合、观点生成、观点评价、计划执行、效果监控等环节。依此模型，创造性思维发端于问题界定，即明晰问题的本质内涵；问题界定会触发信息收集与概念筛选过程，后者为信息的有序组织提供框架；信息依概念范畴完成组织后，便形成概念组合；概念组合催生出新知识，并进而引发观点生成以及对该观点的评价；经评价筛选出可行观点后，制定相应的实施计划；随后执行计划并主动监测实施成效。在解决问题过程中，若某个环节执行失利，将促使人们回溯至前一环节。

针对该模型的大量实证研究表明，模型中的每个环节对创造性问题解决均有独特贡献，各环节的执行与高质量原创性问题解决方案的产出显著相关。不过，在创造性问题解决过程中，各环节的作用并非等量齐观。总体而言，问题建构、概念组合以及观点生成环节对人们的问题解决成效具有最强的预测力。

二、创造性活动的本质特征：自主性和生成性

（一）自主性：创造性活动的内在驱动与自我掌控

创造性活动与普通认知或学习活动的显著差异之一在于其高度的自主性。这种自主性不仅彰显于创造性问题解决过程中的问题构建、观点产生、观点评判等环节，还体现在对计划执行过程的自我监测与自我调适方面。正是这一特质，使得独立性强、自主性高的个体往往能展现出高水平的创造性成果，同时也表明在创造性活动中，个体的主动性越强烈、内在动机越高、行为过程中的自我决定成分越显著，其创造性表现就越出色。

旨在提升学生创造性思维的培训项目，亦凸显出发挥学生自主性的重要性。研究发现，相较于成效欠佳的培训项目，成功的项目多包含强化自主性的要素。例如，克拉夫特(Craft)等人指出，儿童的可能性思维具备八个特征，即提出问题、游戏、沉浸其中、革新、冒险、富于想象、自我决定、目的明确，而能够促进这种思维的教育干预包含四个核心要素，即高度认可儿童的主动精神，为儿童预留形成观点的时间与空间，以敏锐且适度的方式退出儿童的活动空间以支持其自主探究，密切留意儿童的探究进程并在必要时予以引导。伊芙赛维克(Ivcevic)和努斯鲍姆(Nusbaum)发现，从观点生成到创造性产物产出的过程中，若给予个体更多自我调节的契机，使其能够更充分地修正、完善自身方案，并采取一些策略保障计划实施，就能更有效地将创造性观点

转化为创造性产物。

（二）生成性：创造性活动的观点孕育与创新源泉

历史上的各类创造性过程模型，如前文提及的生成—探索模型和创造性问题解决模型，均将观点生成与观点评价视作创造性思维的两大核心要素。之所以如此，是因为观点生成赋予前瞻性，观点评价确保适用性。然而，这并不意味着二者在创造性过程中的作用等同。实际上，在二者之中，观点生成始终处于首位，因为若无新观点生成，评价便失去了对象。因此，诸如芬克、芒福德等研究者均将观点生成视作观点评价的前置环节，并在后续实证研究中率先对观点生成过程展开深入探究。

观点生成在创造性过程中的核心地位在相关研究方法上亦有显著体现。当前，创造性研究者普遍采用观念联想、发散思维、头脑风暴等任务来激发创造性，这些任务本质上皆属于观点生成任务。通常，与这些任务相关的实验包含两个阶段：先让被试生成观点，而后由他人或被试自行评价这些观点。此类实验的内在逻辑在于：生成过程本身即可促使被试产出新颖观点，再通过评价从新颖观点中筛选出兼具适用性的观点，即为创造性观点；换言之，创造性观点在生成活动之后便已潜在存在，后续工作仅是将其甄别选出。这也意味着，生成活动与创新活动存在包含与被包含的关联，因为尽管生成的观点未必皆具创造性，但若无观点生成，创造性观点便无从谈起。

在创造力训练研究领域，诸多研究亦证实观点生成是项目成功的核心要素。例如，与生成新观点紧密相关的过程对培训效果有着最有力的影响。事实上，还有大量研究表明，在大规模创造性培训项目中，单纯借助观点生成技能的训练，便能取得与其他综合训练方法相近的培训成效。

三、超常儿童的研究

以 1978 年中国科技大学创办少年班为起点的系统研究阶段，我国学者的研究主要集中在超常儿童的内涵、超常教育的价值取向及培养模式等三个方面。传统对超常儿童的理解主要指智力超常的学生，智力超常即智商在 130 分以上。随着超常儿童教育实践的深入，顾明远在《教育大辞典》中提出“超常儿童是指智能明显超过同龄常态儿童发展水平或具有某种特殊才能的儿童”。顾明远对超常儿童的理解已将其分为两类，一类为高智能的超常儿童，另一类为具有特殊才能的儿童，包括创造才能、领导才能等。华国栋在《论普通班中的超常教育》一文中，在分析国内外试验结果基础上，提出“超常学生是指在学习和解决问题的过程中表现出来或有潜在的明显超越一般学生能力的方面,特别是表现或预示有较高创造力,需要超常规的教育和实践的学生”。华国栋对“超常学生”的定义已从传统注重智力转向非智力因素如创造力方面。在超常教育的价值取向上,我国学者一直存在两个截然不同的观点。华国栋、刘彭芝、燕学敏等人认为超常教育可以为学生提供最适合他的教育,因而是真正意义上的教育公平。然而,刘铁芳却尖锐地提出,将超常教育理解成是最公平的教育公平,是对“教育公平”和“超常儿童教育”两者的误解。

在对超常儿童培养模式研究上,我国学者认为单独编班的加速培养模式造成了我国超常教育的窘境,进而提出充实与加速相结合的模式。官群在《双超常教育刍议》一文中提出,未来超常教育的理想趋势就是抽离式教育,它融合了加速式与加深式教育的优点,为超常儿童设计出最适合其资质的教育模式。具体来说,超常儿童大部分时间在自己的班级学习,只是每周利用部分时间离开原有班级,与同样智力水平的伙伴一起开展自主学习或接受加速培养。刘美艳和单志艳等也赞同双超常教育模式,认为“双超常教育是加深式与加速式的和谐教育,从而实现了两种模式优势互补,各尽其能”。然而,华国栋在《论普通班中的超常教育》一文中系统研究了集中隔离培养模式的弊端,从而提出“在普通班开展超常教育,并配以形式多样、内容丰富的课外、校外活动和各种业余班、校等”。燕学敏在此基础上系统论证了在普通班里开展超常教育的可能性。

四、创新人才培养的模式研究

从文献分析来看,主要集中于培养模式研究,包括目标定位、选拔、课程体系、教学方式及学习方式等。叶之红在《关于拔尖创新人才早期培养的基本认识》一文中着重研究三方面内容,分别是拔尖创新人才早期培养的国际经验、我国早期培养的一些探索及拔尖创新人才早期培养的价值取向。范魁元和褚宏启则主要研究我国目前基础教育阶段人才培养模式存在的一些问题及其改进方法。王丽萍详细介绍了上海晋元中学在“选择教育”办学理念下的“套餐式课程,走班制运作,学分制管理”的人才培养模式。对于从实践上看,我国个别地方已在高中广泛开展拔尖创新人才的培养,有北京的“翱翔计划”、上海的“创新素养项目培育实验”及南京的“高中多样化改革”等。

通用领域的创新后备人才已有丰富的培养模式。以慕尼黑天才模型的发展来看,培养模式逐渐转向贯通和连续,注重个体学习—社会文化—家庭环境的交互影响等。动态的天才儿童发展模型关注人的内部表现倾向、良好的个性和环境因素的共同作用,最终随着时间流逝中的主动学习过程取得非凡成就(图 1.1)。

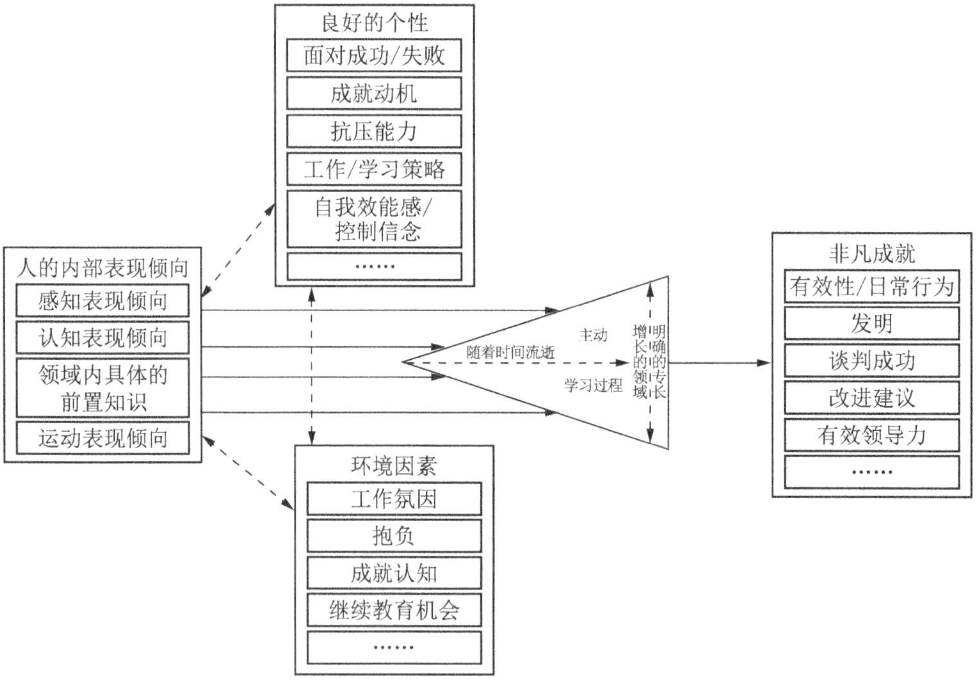

图 1.1　动态的天才儿童发展模型

德国学者海勒(Heller)等基于慕尼黑天才模型的研究侧重于非认知因素和环境因素的调节作用,天赋因素的预测价值,以及应用领域的适宜标准。非认知因素侧重于解压能力、成就动机、学习和工作策略、测试焦虑和控制期望;环境因素涉及学习环境、家庭环境、教学质量、教室环境、批判性生活事件;天赋因素则包括智力、创造力、社交能力、实践智力、艺术感、乐感、心智技能;而应用领域表现为数学、自然科学、技术、计算机技术、棋类、艺术(音乐、绘画等)、语言学、体育学和社会关系(图 1.2)。

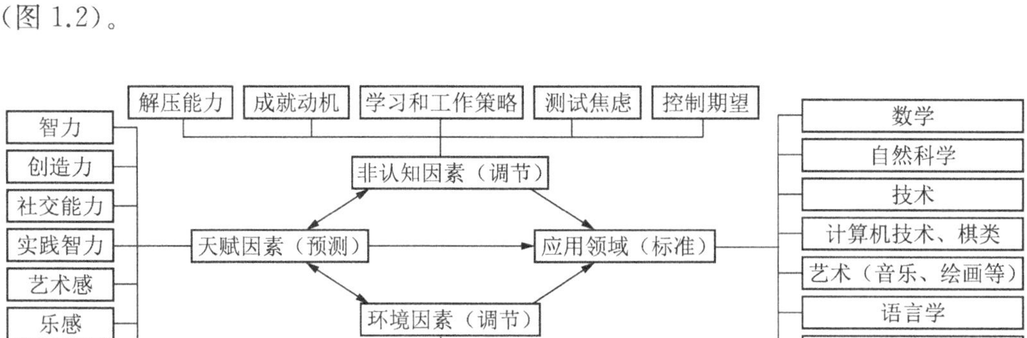

图 1.2　慕尼黑天才模型示意图

总体来说，通用领域的创新人才培养存在三类倾向：

(1) 智力倾向型培养模式，如智力模型结构、无限才能模式、多元智力模式等。

(2) 综合型人才培养模式，包括人才搜寻模式、全校充实模式等。

(3) 活动倾向型培养模式，如自主学习模式、创造性问题解决模式、普渡三阶段充实模式、卡普兰框架模式、梅克矩阵模式等。

综上，学界基于创新人才培养的内涵，就创新人才培养达成五点共识：

(1) 科技创新人才虽然存在智商阈值，但是环境因素对个体产生重要作用。

(2) 人才选拔和培养应当兼顾实践能力和综合素质的协同发展。

(3) 需要为科技创新人才提供异质化课程，建立动态的个性化发展路径。

(4) 在科技创新人才的教育过程中，需要促进外部社会价值导向与内在个体发展诉求的整合。

(5) 急需构建从中小学到本科、研究生阶段全方位的培养体系，提供长周期的研究资助。

以上共识，对人才的认知、社会情感技能、信念、人格等多方面进行了系统性的评测和培养，为创新能力的构建奠定基础。

第三节　创新人才培养的实践研究

一、国外创新人才培养的多元实践与特色

在全球范围内，由于文化和习惯的多样性，“拔尖创新人才”有着不同的表述。欧美地区以及亚洲的新加坡、韩国等国，常常将这类人才称为“天才”或“英才”，与之对应的教育模式则被称为“天才教育”或“英才教育”。这种不同的称谓反映了各国在文化语境和教育理念上对创新人才独特的认知与定位。

1. 美国：多元选拔与特色培养模式

美国在创新人才选拔方面采用了一套严谨的体系。在学生入学前，学者们会运用一系列严格的测验手段来选拔学生。对于被选拔出的天才儿童，其安置模式主要聚焦于两大方向。其一，设立专校专班。美国专门的天才学校分为两类，一类是专科性质的，像布朗克里克中学，专注于特定学科领域的天才教育；另一类是综合性质的，如汉特尔学院高中，能够为天才儿童提供全方位的所需课程。其二，在普通学校内部开展个别化指导。教师会针对普通班中的天才学生进行一对一的辅导，有时还会安排天才学生到专门的策略室接受专门指导，并结合多种天才教育计划，如抽离式的充实制（让学生在特定时间脱离常规课程接受更具深度和广度的学习）、夏（冬）令营（利用假期集中培养学生的创新能力和综合素质）、提早入学（为学有余力的学生提供提前进入高一级学校学习的机会）以及加速学习（加快学习进度以满足天才学生的学习需求）等方式进行综合培养。

美国尤其重视拔尖创新人才的早期挖掘与培育。早在20世纪80年代，基于国家利益考量，美国通过立法为这类人才的早期培养构建起全方位的保障体系，涵盖政策支持、经费投入以及深入研究等多个维度。其中，“州长高中”的设立是一个典型代表。州长高中由各州政府批准成立并给予财政资助，面向全州跨区域和学区招收拔尖创新学生，实施学年制公立高中教育。在人才培养实践中，州长高中确立了旨在促进学生全面发展和领导力提升的培养目标，精心打造了精深的特色学科领域课程，积极运用以自主探究为核心的教学方法来激发学生的创新能力，并通过以学业成就为基础的综合评价体系来选拔人才。在办学过程中，各州政府等多方力量为州长高中

的拔尖创新人才培养提供了强有力的政策支撑、充足的财力保障以及丰富的智力资源。州长高中在人才培养方面成果显著，不仅如此，它还在教育改革和教师专业发展方面对全州其他高中起到了示范引领作用。然而，随着其卓越办学成效的显现，也引发了关于教育公平性的争议。

2. 新加坡："充实制"天才教育模式

相较于其他开展英才教育的国家，新加坡和韩国虽起步较晚，但发展势头迅猛且成效显著。1984 年，新加坡教育部启动"天才教育计划"，其核心目标在于深度挖掘天才学生的知识潜力并激发其创新性，助力他们充分认识并发挥自身潜能，进而更好地服务于国家与社会。新加坡的天才教育推行"充实制"模式，即在确保完成普通课程教学任务的前提下，对教学内容在深度和广度上进行拓展挖掘，引入新的知识内容，适度地加深和拓宽学习范畴。此外，新加坡还依据天才学生的不同年级以及资质水平，量身定制不同的个性化充实课程，以适应学生的个体差异，真正实现因材施教。这种模式的优势在于，既能保证天才学生在参与充实制课程后顺利回归正常教学轨道，又能有效避免给其造成过重的学业负担。

3. 韩国：逐步发展且体系化的英才教育历程

韩国的英才教育起步时间与新加坡相近，但两者的发展轨迹截然不同。新加坡主要从中小学阶段开始进行教育分流实施英才教育，而韩国则一开始就将重点定位在高中阶段。韩国的英才教育大致历经三个阶段。

第一阶段：1983 年，韩国创建了首所以培养科技英才为目标的京畿道科学高中。王金玲和朴钟鹤等学者认为，这所科学高中的设立标志着韩国英才教育正式起步。与此同时，韩国英才教育研究室应运而生，以大力推动英才教育的专项研究。在这一初始阶段，研究主要聚焦于科学英才领域，例如弘益大学在相关研究中重点探讨韩国在数学方面英才的培养方式，涵盖英才班、英才学校以及英才教育学院等多种培养途径。

第二阶段：1990 年韩国英才学会的成立成为一个重要里程碑，这意味着韩国英才教育研究从分散的、碎片化的状态迈向了系统化研究阶段，并且开始出版专门的学术杂志。例如英才教育中心开展的"构筑活性化英才教育体制五年研究"项目，对英才教育体制的构建进行了深入探索。

第三阶段：从 2000 年延续至今。1999 年 12 月通过并于 2002 年 3 月实施的《韩国英才教育振兴法》，从法律层面确立了天才教育的地位，开启了韩国全新的教育体系格局。在此阶段，韩国学者的研究重点主要集中在英才教育课程体系构建、师资队伍培训以及英才升学问题研究等方面。韩国赵夕姬博士指出，英才教育在专注于培养学生某方面专长的过程中，可能会面临学生因无法通过统考而难以升入大学的困境。

二、国内创新人才培养的实践

秉持为党育人、为国育才的教育方针，针对不同地区学生的发展情况，我国部分省市进行了拔尖创新后备人才培养的试点工程。

在探索的过程中，上海部分高中以“问题研究”为载体构建创新人才早期培养的支持系统，并积极推进实验课程内容，锻炼学生的实践能力。同时，创立线上平台，打通线上线下学习渠道，满足学生个性化学习需求的同时拓宽信息化教学路径；此外，推进多维度学生学习评价体系，帮助筛选出更多的偏才怪才。

北京市构建了两套后备人才培养体系，第一针对少数智力优秀学生开展超常儿童培养实验，在较短时间内完成义务教育教学任务，并积极探索小初高三个学段衔接的培养机制；第二面向普通中小学生开展分层培养项目，针对学有余力的优秀学生，开设特色实验班，并在学校教育之外，向上拓宽教学层级，科、技、教三方融合，形成了义务教育、高中教育与高等教育纵向衔接的创新人才培养体系。这些策略都离不开教学作业的管理与转型、评价体系改革、家校社协同以及信息化赋能的共同作用，为创新型人才培养奠定了理论指导，让因材施教成为可能。

江苏省教育学会通过基础教育前瞻性教学改革实验项目，开展从小学到普通高中创新拔尖后备人才培养的研究，探索创新人才培养路径。其中，南京师范大学附属中学采取人文素养积淀、分层教学以及课程融合改革等多种方式，构建人才培育体系。在人文方面采用“全科阅读”课程、项目式学习课程、课程重构项目，实施创新拔尖后备人才培养。制定《全科阅读实施手册》，加深学生对阅读价值的高度认同。在课程建设方面，同时建设多个融合性的课程基地，有效打破单一学科壁垒，提升学生的思维品质。参加“两大计划”——“中学生英才计划”和“中学生‘紫金’科学探究计划”，让高中学生获得从项目选题、科学实验、撰写论文及论文答辩全过程的科研经历，帮助中学生树立从事科学研究的崇高志向，提升运用知识解决科学问题的能力。打通高中—高校科研培养界限，与中国科学院大学、中国科学院南京分院共同创设一套适合创新潜力较强的学生学习的“科学菁英班”课程，旨在培养一批以高水平人文素养为基础的拔尖创新苗子。

江苏省南京市第一中学开展了“生态圈＋共同体”的拔尖创新人才早期培养的实践探索，对内强调构筑育人“生态圈”，调动整合学校内部的各要素，指向共同目标实现整体价值最优；对外强调构建培养“共同体”，加强高中学校与大学、科研院所、国家实验室、高新企业等的协同，指向课程资源和学习方式的丰富性和创新性。与东南大学合作开展“数理人才贯通培养实验项目”，与南京航空航天大学签署“科学课程群基地”共建协议，开发面向高中生的航空科技类课程。最终打开校门、跳出教育，充分开展科教融汇、职普融通，利用更多社会资源、家庭资源，进行多方协作。

江苏省常州高级中学（简称“省常中”）作为“江苏省基础教育前瞻性教学改革重大实验项目”学校，以项目研究、小组社团、学科奥赛、科普讲堂、国际青年物理学家竞赛（IYPT）等灵活多样的形式，为不同特长的学生提供多样的课程选择和学习体验，满足个性化发展，架构学生特色成长的“立交桥”。同时，学校深入探索拔尖创新人才的早期培养模式，包括“拔尖人才”分类培养，旨在培养出各类拔尖人才；“创新人才”面向人人，旨在提升学生创新素养，打好基础。学校构建了以“选才—育才—成才—用才”为主线的中学生拔尖创新人才培养体系，架构起学生特色成长的“立交桥”。其中，“五大学科奥赛”“我们爱科学”“强基班”已成为学校拔尖创新人才培养的重点项目。

总体而言，我国的拔尖创新后备人才培养计划，在聚焦服务国家重大战略需求的改革方向的同时，能够作为孵化基地，为青年科学家的培养提供一定的资源保障。在一项基于“英才计划”实践的调查研究中，当前青少年拔尖创新人才培养整体效果较好，实施“英才计划”对拔尖创新人才培养起到了积极作用。

参考文献

[1] 付艳萍.拔尖创新人才培养：美国州长高中的实践、成效与争议[J].比较教育研究，2022，44(09)：92－100.

[2] 钱智，吴也白，宋清，等.上海拔尖创新人才早期培养存在的问题和对策[J].科学发展，2022(02)：15－22.

[3] 庞维国.创造性心理学视角下的创造性培养：目标、原则与策略[J].华东师范大学学报，2022.

[4] 顾明远.教育大辞典[M].上海教育出版社，1986.

[5] Amabile T M. Creativity in context[J]. Boulder，CO：Westview，1996.

[6] Ward T B，Smith S M，Finke R A. Creative cognition：Theory，research，and applications[M]. Cambridge，MA：MIT Press，1992.

[7] 梁灿.课程与教学论视角下的高中拔尖创新人才培养研究[D].上海：华东师范大学，2021.

[8] Mumford M D，Connelly M S. Leaders as creators：Leader performance and problem solving in ill-defined domains[J]. Leadership Quarterly，1991，2(4)：289－315.

[9] 马可.为国育英才：拔尖创新人才早期培养的北京探索[J].中小学管理，2021(11)：18－21.

[10] 郑永和，王晶莹，李西营，等.我国科技创新后备人才培养的理性审视[J].中国科学院院刊，2021，36(07)：757－764.

[11] Mumford J A，Turner B O，Ashby F G，et al. Deconvolving BOLD activation in event-related designs for multivoxel pattern classification analyses[J]. Neuroimage，2012，59(3)：2636－2643.

[12] Heller K A，Peleth C，Lim T K. The Munich model of giftedness designed to identify and promote gifted students[J]. Conceptions of giftedness，2005.

[13] Craft A. Possibility Thinking in the Early Years and Primary Classroom[M]. Creativity：A

handbook for teachers, 2007.

[14] 齐书宇,胡万山.高中生创造力倾向发展现状及提高对策研究:基于对北京 K 中学高中生的调查与分析[J].基础教育,2016, 13(03):59 - 68.

[15] Kaufman J C, Baer J. Creativity across domains: Faces of the muse[M]. 1st ed. Lawrence Erlbaum Associates Publishers, 2005.

[16] Moore B, Stanly T. Critical thinking and formative assessments[M]. 1st ed. Larchmount, New York: Eye on Education, Inc, 2010.

[17] 陈剑.高中拔尖创新人才培养模式研究[D].宁波:宁波大学,2014.

第二章
创新人才的特征

所谓创新人才，一般是指具有创新意识、创新精神、创新思维、创新知识、创新能力并具有良好的创新人格，能够通过自己的创造性劳动取得创新成果，在某一领域、某一行业、某一技术上为社会发展和人类进步做出了创新贡献的人。

各国在教育改革中都非常重视培养创新型人才，但各国对创新人才的理解无论是外延还是内涵并不一致，既有狭义的“拔尖创新人才”之说，也有外延更为广泛的“创新人才”之说。

因此，本章首先梳理了专家学者对创新人才的不同解读，进而梳理专家学者对创新人才内涵的解读。

第一节　创新人才的多元解读

一、创新人才概述与范式

许多大学学者与管理者发表了对拔尖创新人才的见解。

陈希首次在学术研究层面界定拔尖创新人才的概念，认为拔尖创新人才是具备创新精神、专业知识和技能、领导能力、国际视野、社会责任感的杰出人才，他们对科技创新、社会进步和国家发展具有重要的价值和影响力。

中国教育战略家郝克明认为拔尖创新人才在自己的领域内具备丰富的学术知识和深入的研究经验，能够在科学研究中取得卓越的成果，并在学术界具有一定的影响力。他们具有创新思维和创新能力：拔尖创新人才能够突破传统思维的束缚，勇于挑战现有的科学理论和技术方法，提出新的观点和解决方案，对科技发展做出重要贡献，同时具备持之以恒的努力和执着精神，能够克服困难和挫折，不断追求卓越。

杨卫提出拔尖创新人才应具备卓越的学术素养，拔尖创新人才在自己的领域内具备深厚的学术知识和专业技能，能够熟练掌握前沿的科学理论和专业知识，并能够运用于解决实际问题，具有创新思维和创新能力；拔尖创新人才具备独立思考和解决问题的能力，在科学研究中能够提出新的理论、方法和观点，推动学科的发展和突破。同时，拔尖创新人才具备扎实的实践能力，能够将自己的创新思想和理论转化为实际成果。他们不仅能够提出理论框架，还能够进行实验验证和实际应用。

西蒙顿(Simonton)认为，拔尖创新人才具备非凡的创造力，能够产生独特和富有原创性的思想、观点和解决方案。他们能够从不同的角度和领域中获得灵感，并将不同的概念和知识进行创新性的融合，具备广博的知识储备和广泛的兴趣爱好。他认为，这种多元的知识和兴趣能够为创新人才提供更广阔的思维空间和跨学科的思维方式，促使他们在创新过程中能够有更多的思考和发现。同时，拔尖创新人才能够忍受不确定性和失败，并从中汲取经验和教训。创新过程中会面临许多未知和风险，而拔尖创新人才能够从失败中学习，不断调整和改进自己的思路和方法。更重要的是，拔尖创新人才具备开放的思维方式和强烈的好奇心，他们乐于接受新的挑战和观点，愿意尝试不同的思考方式和方法，以获得新的启示和突破。

综上所述，目前对于拔尖创新人才的概念，总体聚焦创新能力的培养。

经过业内专家学者近百年的研究和实践，目前国际教育学界主要存在两大拔尖创新人才培养范式流派，分别是天才儿童范式与天资发展范式。这两种拔尖创新人才培养范式体现的是不同的拔尖创新人才观和拔尖创新人才教育观。

（一）天才儿童型

皮亚杰在《精神与认识论》中提出，个人的天赋与才能在胚胎时期已经形成，而外部的环境、社会、家庭、人际互动和学校教育只是对天赋的促进或抑制。特曼认为，人才更多是天生的，而非后天培养的结果。人从出生时就具备不同的才能，可以分为"超能"、"一般"和"低下"。所谓的"天赋才能"指的是人才天生具备的才能，正由于这种才能使得他们与一般智力的人区分开来。基于对天赋智商和能力的重视，这些学者强调对于拔尖人才的界定、特征和评估。他们在制定人才选拔标准时，强调以个人为核心，例如超能儿童和天才等。他们更倾向于强调个人的天赋才能，而不是后天的成就。自格尔登引进智力测试以来，智力测试一直是学者们用来测量和识别拔尖人才的主要依据。以特曼为代表的天才儿童范式的学者们认为，拔尖人才可以通过传统的智力测试进行可靠的测量和区别。加涅认为，拔尖人才具有快速学习的能力，能够解决复杂的问题，并在高度抽象的情境中进行推理。推动天才儿童范式发展的基本假设在于天才儿童与他人的差异性。霍林沃思（Hollingworth）等学者强调，拔尖人才在思维、情感和需求等方面都与大多数人有明显的差异，因此在本质上与常人不同。

（二）天资发展型

天资发展范式强调，拔尖人才的产生需要培养和锻炼的过程。通过长期的努力、开阔的视野和频繁的练习，个人可以达到创新和卓越的水平。德国学者茨格勒指出，"拔尖创新"不是天生的才能，而是在个体与环境的复杂互动中逐渐发展形成的。拔尖人才的成长是一个复杂的过程，涉及个体行动选择和外界因素的相互作用。天资发展范式对以智力测验作为后天成就预测持保留态度。拔尖人才被视为一个动态变化的概念，综合考虑了内在因素、外在因素以及个人、专业和领域之间的相互作用。以斯滕伯格（Sternberg）的观点为代表，他们认为拔尖人才具有一种更具延展性的发展潜能，不仅仅局限于认知层面，也包括非认知层面的能力。天资发展范式并不否定智商测试所反映出的一般智力在特定天赋发展中发挥的作用，但其假设是建立在更广泛的拔尖人才潜能的社会心理学基础上的。天资发展范式提倡的目标更加开放，鼓励培养更广泛、更多样化的优势和兴趣，同时帮助学生在擅长的领域取得卓越成就。一些学者提出教育工作者的主要任务是科学地规划学生的发展时间和轨迹,例如决策进行培训、训练和引导的节点。而另一些学者则认为教育工作者的主要任务是提供多样的机会,使拔尖学生可以自主选择或创造擅长的领域。兰祖利强调,只有为学生提供机会、资源和鼓励,他们的才能才会得到深入发展,并强调每个人都可以为复杂的社会结构作出独特贡献。天资发展范式中,对拔尖人才的评判和识别已从基于标准测试转向基于真实表现,从传统的智力优势转向多元能力和才能,因此天资发展范式的目标对象是由更具包容性和异质性的个体组成的群体。罗曼(Lohman)提出,在特殊的拔尖群体教育项目中,学校通过定量和定性相结合的评估方式选拔人才,同时学生也通过参与社团活动、高阶课程和研究项目等活动自主选择特定的机会。因此,智商测试在选拔学生等方面的作用逐渐减弱。

二、多元智能理论下的拔尖创新人才

20 世纪 70 年代之后,对智力超常学生的定义发生了新的变化。学者们意识到单纯依靠智商来定义是过于狭隘的,忽视了情感和社会因素的重要性。基于这一点,一些研究者提出了新的定义方式。

1972 年,美国教育委员会委员马兰德递交的《马兰德报告》在国会获得通过,首次从联邦层面对天才儿童内涵进行了界定。该报告指出,天才儿童需要在以下六个方面表现出巨大潜力:智力水平、特殊的学业能力、创造性或富有成效的思维、领导能力、视觉和表演技巧、心理动作能力。

1978 年,兰祖利提出了"三元人才理论",认为精英人才通常具备三个相互作用的特质群:高于平均水平的能力、执着精神和创造力。第一点可以简单理解为智商,也是传统教育所关注的培养点。然而,受外界影响产生的执着精神通常是被迫的和不可持续的。因此,智力教育一直致力于这三个点的交集,因为发自内心的兴趣驱动更持久,也更符合人性需求。

20 世纪 80 年代,坦嫩鲍姆(Tamnenbaumm)从社会心理学角度对英才下了定义。他认为英才是由五个因素相互作用所产生的一种成就:一般能力(智力因素)、特殊能力(特殊才能)、非智力因素、环境因素以及机遇。1985 年,美国心理学家斯滕伯格提出了人类智力三元理论,他认为人的智力由三部分构成,即成分智力、经验智力、情境智力。加涅(Gagne)将天才的能力划分为智力、创造力、社会情感以及知觉运动四个领域,这些能力与个人的动机、机会等外在条件相互作用,最终成就一个人的发展。

值得一提的是,1983 年,加德纳(Gardner)的多元智能理论再一次拓宽了人们对智能的定义,认为人类具有多个智能类型,而不仅仅是传统的智力测试所测量的语言和逻辑数学能力,并且对于每一种智能来说都拥有独特的发展模式、可识别的核心运作模式、所对应的大脑结构以及可能的进化历史。根据加德纳的理论，人类的智能可以分为以下七种主要类型：

1. 语言智能(Linguistic Intelligence)：这种智能类型与语言和文字相关，包括词语的理解、表达和运用能力。

2. 逻辑数学智能(Logical-Mathematical Intelligence)：该智能类型与逻辑、推理和数学运算能力相关，涉及抽象思维、分析和解决问题等能力。

3. 空间智能(Spatial Intelligence)：空间智能与图像和空间的感知、理解和操作能力相关。这种智能类型在艺术家、设计师和导航员身上表现得较为突出。

4. 音乐智能(Musical Intelligence)：音乐智能涉及对音乐的感知、理解、创作和表达能力。这种智能类型在音乐家、作曲家和音乐教育家身上表现得较为突出。

5. 身体动觉智能(Bodily-Kinesthetic Intelligence)：该智能类型与身体运动和动作协调能力相关，包括运动技能、舞蹈和体育等方面的天赋。

6. 自然观察智能(Naturalistic Intelligence)：自然观察智能涉及对自然环境和生物的感知、理解和分类能力。这种智能类型在生物学家、环境保护人员身上表现得较为突出。

7. 人际智能(Interpersonal Intelligence)：人际智能涉及理解和处理他人情感、意图和行为的能力，包括领导、教育和人际交往等方面的天赋。

加德纳的多元智能理论认为每个人在不同的智能类型上都有不同的强项和发展潜力，而且这些智能类型可以互相影响和发展。这一理论提供了一种更全面和多元化的智力评估和教育方法，以更好地满足个体的发展需求和潜力，因此受到了较为广泛的认可。多元智能理论对于英才培养提供了重要的启示，即关注个体差异，注重多样性教育和综合发展，推行个性化教育。这些启示有助于促进学生的全面发展和成长，也有助于挖掘和培养他们的潜能。我们可以看到，在多元智能理论下，拔尖创新人才的定义经历了一个从狭义到广义、从单一到多元的变化过程。

三、具有拔尖创新潜质的学生

随着我国对青年创新创业发展的鼓励和推进，拔尖人才的选拔和培养更强调“拔尖创新人才”，而“创新”更是在这个过程中着重强调的关键。在斯滕伯格提出的WICS模型中，强调了个人智力、知识、创造力和实践能力之间的相互作用，其中指出个人的创造力和创新能力是关键，拔尖创新人才需要具备开放的思维方式和创造性的思考方式，能够从不同的角度和领域中获得灵感，并将不同的概念和知识进行创新性融合。在中国教育学家杨卫提出的一种人才培养理论框架三环模型中，人才培养应该综合考虑知识与能力、创新思维与创新能力以及人文素养与社会责任这三个方面，其中一个重要培养环节就是创新思维与创新能力的培养，需要培养学生敢于思考问题、勇于挑战传统观念的能力，以及探索和解决问题的能力，使其能够在面对复杂问题时提出新的理念和解决方案。伦克(Runco)提出的个人创造力观点认为，具备个人创造力的个体在不同的经历中，拥有独特的方式来解读世界，并且了解何时以及如何运用创造力。这个模型强调个体会在激励下进行创造，即使创造性目标会随着年龄的改变而变化，个人创造力在不同年龄阶段的拔尖人才个体中都是必要且重要的。

蒋慧鸯等研究人员研究了创造力与多元智能的关系，并针对杭州地区 20 所高中的学生进行了大样本调研和统计分析，研究验证了多元智能对创造力的影响，同时探讨了不同智能类型和多元智能发展平衡情况对创造力开发的影响。通过多元回归分析，研究结果显示，多元智能对创造力的开发具有正向影响。根据显著程度排序，依次为视觉—空间智能、内省智能、音乐—节奏智能、逻辑—数理智能、身体—运动智能、自然观察智能、人际交往智能和言语—语言智能。研究还发现不同类型的智能与创造力之间存在不同的关系。其中，交往类智能与创造力的开发呈倒 U 型关系，即适度发展交往类智能有利于创造力的开发，而过低和过高的发展水平都不利于创造力的发展；艺术类智能与创造力呈指数关系，即艺术类智能的发展能显著促进创造力的开发；数理、语言智能与创造力呈 S 型曲线关系，即过度发展数理、语言类智能对创造力的开发效果有限。以上研究结果表明，多元智能对创造力的开发具有积极作用，不同类型智能与创造力之间的关系也具有差异性。这些发现对于教育实践和学生的多元智能培养具有重要的指导意义。

近年来，我国学者认识到拔尖创新人才早期培养的重要性。新时代我国拔尖创新人才的培养需要重视中小学阶段的早期培养。2022 年 2 月 28 日，习近平总书记在主持召开中央全面深化改革委员会第二十四次会议时强调："要全方位谋划基础学科人才培养，科学确定人才培养规模，优化结构布局，在选拔、培养、评价、使用、保障等方面进行体系化、链条式设计，大力培养造就一大批国家创新发展急需的基础研究人才。"2022 年 2 月 8 日，教育部发布《教育部 2022 年工作要点》，文件指出，"积极探索拔尖创新人才早期发现和选拔培养机制，加大强基计划实施力度，支持实施本硕博一体化人才培养改革。"

从学生成长规律来看，的确有一批天资聪颖的孩子，对于他们应早发现、早培养；从教育科学的角度来看，拔尖创新人才必备的许多重要素质是在基础教育中培养和发展起来的，但这一点长期以来并未受到应有的重视。有些"奇才""偏才"天分的显现是从小学，甚至是幼儿园就开始了。

由于儿童在成长过程中能够作出的创造性贡献极为稀少，巴波特(Barbot)等人认为，对创造性感兴趣的中小学教师，实际上最为关注的是学生的创造性潜能而不是创造性成就或创造性才能。事实上，与伦克一样，许多学者也强调在基础教育阶段把学生的创造性潜能发展作为创造性教育的主要目标。例如贝加托（Beghetto）就指出："在K-12课堂中，创造性教学所指的是在学科学习情境中培养学生的创造性潜能。"

创造性不仅具有不同侧面，而且具有不同层次。传统上，理查德（Richard）按照创造性产物的影响大小，把创造分为大创造和小创造两类。所谓大创造，是指对某一领域或整个人类具有突破性贡献的伟大发现、发明和创造，它通常由一些时代伟人或杰出人物做出。例如，达尔文提出进化论，爱因斯坦提出相对论，都属于大创造的范畴。所谓小创造，又称日常创新，是指由普通人在日常生活和工作中作出的新颖而又有一定社会意义的创造。例如，发明一个新菜谱，创编一幕舞台剧等。

契克森米哈赖（Csikszentmihalyi）认为将创造力划分为大创造和小创造存在一些问题。首先，将研究重点放在大创造上容易给人造成这样的错觉：创造力很罕见，只属于极少数具有非凡能力和特质的人，因此创造不是普通人应该承担的任务。其次，如果将研究重点放在小创造上，就需要回答这样一个问题：创造性的产物一定具有社会意义吗？如果是这样，那就意味着仅具有个人意义的创造不能算作真正的创造，但这类创造却恰好符合创造性的定义标准。显然，这种理论上的矛盾需要解决。最后最重要的是，创造力的二分法无法描述不同水平创造之间的关系。例如，小创造如何转化为大创造？小创造又是从何而来的？

为了解决这些问题，贝加托和考夫曼（Kaufman）提出了微创造的概念，用来描述每个人都能够进行的个人创造活动，尽管这些创造可能尚不具有社会意义。微创造指的是个体在学习过程中发生的新颖而有个人意义的顿悟和解释。虽然微创造对于他人来说可能并不新颖或有意义，但对创造者本人而言，它具有创新意义。随后，贝加托和考夫曼进一步提出了职业创造的概念，用于描述在职业活动中出现的超越微创造但尚未达到大创造水平的创造。这样，创造性的4C模型得以构建完成。4C模型强调了现实世界中创造的四种水平，包括微创造、小创造、职业创造和大创造，并描述了从低水平创造向高水平创造发展所需的核心条件。具体而言，每个人的创造活动都从微创造开始。通过反馈和改进，微创造可以发展为小创造。达到小创造水平的个体经过正式或非正式的学徒式训练，可以发展到职业创造水平。那些达到职业创造水平的人，经过多年的探索和积累，有可能取得重大突破，从而达到大创造水平。

可以看到创新拔尖人才的标准与内涵由最早的单一范式到多元智能，再到强调创新潜能的发展。对大多数人而言，培养创新潜质是可能的。拔尖创新人才的培养并非仅限于天赋或先天条件，而是需要通过系统化的培训和发展来实现。通过提供合适的环境、机会和资源，大多数人都可以培养出创新思维和能力。但每个人的创新潜质和发展速度可能存在差异，所以成为真正的拔尖创新人才仍然需要个人的努力和经验积累。

总之，对于拔尖创新人才的培养，我们要以发展学生的创造性潜能作为教育目标，发展学生的相关思维能力，引导其创造性元认知，培养其与创造性相关的个性，丰富其领域内知识，激发其创造动机。

随着人们对拔尖创新人才本质理解的深入与概念的演变发展，拔尖创新人才的识别和选拔标准已从天赋智商发展到成功智能，其培养模式也从天才儿童范式向天资发展范式转型，校内外课程重心从侧重同质性向侧重异质性转移，培养理念从外在设定目标向内外目标协同发展，并且更多地涉及人才培养的价值取向问题。同时，拔尖创新人才的评价体系从一元智能到多元智能，从领域专属逐渐走向领域通用与领域专属并重。

第二节 创新人格

一、创新思维与非智力因素的关系

岳晓东和龚放两位教授在《创新思维的形成与创新人才的培养》一文中指出，大量的心理学调查表明，创新思维不仅是一个能力开发的问题，也是个性特征培养的问题。要培养一个人的创新思维，也要培养与创新思维有关的个性特征，主要包括求知欲、独立性、灵活性、观察力、坚韧性等人格品质。

在20世纪70年代，兰祖利和瑞斯(Reis)就指出，“天才”儿童就是那些具有中等以上智力、较高的责任心和较高创造性三方面特征的儿童，其中的第二点是指动机、兴趣、热情、自信心、坚毅性和能吃苦耐劳等非智力因素。美国学者哈里特·朱克曼在其《科学界的精英》一书中，对100多位诺贝尔奖获得者作了深入的分析，得出的结论是：完善的智力和人格结构是这些人共有的心理特征，这通常包括渊博的知识、超人的记忆力、敏锐的观察力、丰富的想象力，极强的综合思维能力和精湛的实验技巧等。美国学者阿瑞提在其《创造的秘密》一书中更提出，尽管创造者要具有一定的智力，但高智商并不是高创造力的先决条件。

大量的实证研究也表明，在智力因素相近的情况下，非智力因素可能成为影响创造力的关键。例如，斯滕伯格发现，个性中的兴趣和动机是使人们从事创造性活动的驱动力。兴趣源于对事物的好奇心，是个体从事创造思维的内驱力。兴趣和动机可以驱使个体集中注意力于所从事的创造性活动。我国中科院心理研究所查子秀教授经过多年的研究发现，超常儿童的心理结构通常是智力、创造力和非智力三种成分的独特组合，其中智力是发展的基础，创造力是发展的高度，而个性心理则是发展的动力和支柱。中科院心理研究所的施建农和徐凡还提出了“创造性活动中智力导入量”的概念，以及控制智力导入量的开关机制的假设，即个体对创造性作业的态度起关键作用，它直接控制着智力的导入量，而兴趣和动机等因素是通过影响态度而最后影响创造性活动中智力的导入量。在这当中，如果用C表示创造力，I表示智力，P表示个性品质，S表示社会环境因素，Tm表示投入的时间，Ts表示不同的作业，则Ic＝F(I, P, S, Tm)的复合函数存在。换言之，如果一个人从事他感兴趣的作业，具有完成该作业的较高的动机，那么他就会在这方面取得好的创造性成就。为确定非智力因素对超常儿童的影响，中国超常儿童研究协作组编制了《中国少年非智力个性心理特征问卷》(简称 CA-NPI)，其中包括了抱负、独立性、好胜心、坚持性、求知欲、自我意识等六个方面的测题，经过多年的预测、筛选、复测及标准化过程，取得了较高的效度和信度。

二、兴趣与动机

创新动机、创新意志、创新情感和创新个性是中学生在一定的社会环境系统中形成的相对稳定的创新心理品质，这些非智力因素也是学生创新思维的重要条件，在创新思维培养过程中发挥着不可忽视的作用。

创新学习都离不开充足的学习兴趣与动机。学习兴趣与动机是直接推动学生进行创新性学习的内部动力，其产生的基础是学习需要。

创新动机是其他创新心理品质的基础和前提，在其他创新心理品质中处于核心的地位。有了创新活动的动力，并且有创新活动，才有可能对其发生兴趣，诱发情绪情感，然后才有创新的毅力和勇气。其他创新心理品质只有与创新动机相结合，才能推动学生的各种创新思维和行为，促进学生的全面发展。

根据动机心理学的研究，可以根据学习兴趣与动机的来源将其分为内部动机和外部动机。外部动机主要由外部的学业环境中的压力作用产生，内部动机则是由学生自身的内在动力和需要产生的。内部动机是由一种目标或对象所引导、激发和维持的个体活动的内在心理过程或内部动力，是人类大部分行为的基础，也称为内驱力。在行为心理学中，内驱力主要是指激发人的行为的心理过程。通过激发和鼓励，使人们产生一种内在驱动力，使之朝着所期望的目标前进的过程。心理学家奥苏泊尔(Ausubel)根据学业成就动机将内驱力分为三种：认知内驱力，对知识和学习内容感兴趣；自我提高内驱力，为了地位、荣誉和物质奖励等产生的动机；附属内驱力，为了获得长辈们或同学们的赞许和认可，而表现出来的一种把工作或学习做好的需要。认知心理学家布鲁纳(Bruner)很重视形成内部动机，或把外部动机转化成内部动机。他发现活动有利于激发好奇心，人们容易受好奇心的驱使，对探究未知的结果表现出兴趣。所以，他把好奇心称之为“内部动机的原型”。因此，在高中阶段，不仅要把同学之间的竞争作为主要动机，更需要向自己的能力提出挑战。通过激励学生提高自己才能的欲求，从而提高学习的效率。事实表明，对自己能力是否具有信心，对学生学习的成绩有一定影响。

学生的创新动机对创新教育具有重要意义，它不仅能激活创新，而且能促进创新思维，使创新能力更好地发挥和应用。创新动机一般可分为三个层次，一是短期功利主义，二是长期功利主义，三是内在价值的非功利主义，比如追求真理、改变世界、改善人类、贡献社会等。三者最大的区别在于强调的重点不同，前两者是对物质世界各种物质因素的需要，即对功利的需要；后者主要指心灵的需要，即非功利的需要。与人的物质需要相对应的是功利价值，与人的精神需要相对应的是精神价值，功利与非功利分别满足人不同方面的需求。在现有的教育模式下，具有第三类动机的学生较少，大部分学生在价值取向中较为急功近利，抱着急于求成的心态，导致了更多功利性结果，而较少有真正的创新。因此学校在培养创新人才的过程中应充分引导学生追求内在非功利价值，重视创新动机的正确引导在培养学生全面发展中的特殊作用，坚持以人为本的教育理念，更好地适应学生创新素质培养的需要。

（一）减少短期功利主义理念的引导

在当下的教育中，教师需要引导学生对知识有用性的认识不能过于短视，我们常把这种急功近利式的功利主义叫作“短期功利主义”。“短期功利主义”使得我们把知识的“有用性”局限在极小的范围内，短期功利主义在当下的教育模式中主要表现为发论文、申请专利、公司上市、申请课题、获奖、评头衔等形式。在创新教育中，教师需要引导学生融合价值塑造、能力培养、建立以人类核心知识获取为一体的教育体系，减少短期功利主义理念的引导，培养学生包括民主法治、自由平等、公平正义的公民意识，诚实、诚信、正直、宽容的人格养成，有理想、有抱负、有责任感的人生目标。

（二）避免长期功利主义价值的培养

在对学生减少短期功利主义理念引导的同时，教师也要尽量避免对学生长期功利主义价值的培养。长期功利主义主要表现为争创领域内一流，然而，拔尖并非创新，当教师过度强调数据与排名，而不引导学生理解排名背后的意义时，并不能真正落实创新教育。在创新教育中，教师要尽量避免长期功利主义价值的培养，需要特别强调好奇心、想象力和批判性思维这三种能力。好奇心是驱动人类发现的原始动力，想象力是超越现有的知识和框架的能力，是知识进化的源泉，而批判性思维则是善于对被广泛接受的结论提出疑问和挑战，并对疑问和挑战提出新解释、作出新判断。如果把学校教育的功能仅仅理解为知识传授或者利用知识获取长期的利益，那就偏离了教育的根本目的。

（三）坚持内在价值的非功利主义原则教育

在“立德树人”这一理念的要求下，在开展创新教育中，教师要坚持对学生内在价值的非功利主义原则教育，引导学生逐渐建立追求真理，改变世界，改善人类，贡献社会的意识。“非功利”是一种价值取向,它注重非功利的价值即精神价值,强调精神价值对人生、社会的意义。它表现为对精神生活的重视、对真善美的崇尚和追求、对人间真情的珍视和热爱等。创新教育不是为了简单地扩大知识面和增加知识,也不是作为专业的补充,而是为人的一生作准备。因此,创新人才的培养中需要坚持内在价值的非功利主义原则教育,坚持科学发展的理念,只有这样才能充分满足学生未来发展的需求,使其树立较高的思想道德素养。教育既有对人生发展的梦想,更有对人生意义的探索。创新教育更是引导学生思考人生的起步,也是发现自己、认识世界的过程。

三、意志与性格

在学业成绩相似的情况下,由于不同学生获得的先验知识及自身的意志水平与气质性格类型不同,这也会对创新思维产生重要的影响。

(一) 培养坚韧顽强的意志

坚毅顽强的个人意志,是创新教育的重要基础,也是学生健康良好的个性品质形成的基础。意志是指在创新过程中表现出来的自觉、顽强、勤奋、实事求是、百折不挠和敢于冒险的精神。坚强的意志可以帮助学生树立正确的世界观、人生观和价值观,有利于学生创新的个性品质培养,能正确地认识和了解社会、人生及世界,正确地体察和分析客观事物,克服和排除懒惰、骄傲、自卑等阻碍创新的不良的心理因素,养成和保持健康的心理,塑造良好的个性品质。一个怕吃苦、爱浮夸的人是不可能在创新上取得很大的成就的,顽强的意志教育可以帮助学生适应客观环境,形成有利于创新思维的个性品质。

美国斯坦福大学的著名心理学家推孟(Terman)在 30 年中对许多人进行长期追踪研究,他对 800 个男性被试者中成就最大的 20%与成就最小的 20%进行比较,发现这两组被试的人最明显的差异是意志品质的悬殊,成就最多的一组在坚持、自信、有恒、百折不挠等方面的意志品质水平高出成就最少的一组。为了更加有力证明坚强的意志是学习、求知、成材的可靠保证这一结论的正确性,他和他的学生柯克斯(Cox)博士又对 1450 年至 1850 年四百年间所出现的 301 位伟大人物进行了研究,也得出同样的结论。他们还对 1 000 名智力超常儿童进行了系统的追踪研究,结果发现,被试者中有些人成就很小,有些人则成就很大,根据这些人成就的大小,把他们分成两组进行比较,发现两组人的智力仍高于一般人并且彼此相近,但他们之间最显著的差异是在意志品质方面:有成就的人意志坚强,而无成就的人大多数意志薄弱。

古今中外的科学家都具有坚韧顽强的意志,无一例外。例如,大发明家爱迪生

(Edison),以顽强的意志,历经13个月的研究,试验了6 000多种材料,最后才找到合适的白炽灯灯丝。科学家每一次探索都是在经历多次失败后获得成功的,如果没有顽强的创新意志,再新颖的创意也会半途而废。因此,在教学中,教师培养学生顽强的创新意志显得十分重要。教师要加强课堂教学、兴趣教学和科技活动的规范化管理,培养学生勤奋、实事求是、善于战胜苦难的精神。教师还可以通过介绍科学家的生平和科学发展史,让学生明白只有勤奋,不怕失败,勇于献身的人才有所发展,有所发明,有所创造,有所前进,同时也要使学生懂得创新并不神秘,从而增强学生创新的自信心。教师要帮助学生深刻地认识自己创新行动目的的正确性、重要性,自觉地进行创新,以达到预定的创新目的。教师还要引导学生确立高尚的创新目标,树立远大的创新理想,在行动中培养学生的创新意志品质。此外,教师也要引导学生控制自己的情感,约束自己的言行,在创新行动中严格要求自己,创新行动之后经常进行自我检查、自我评价、自我教育,发扬优点、克服缺点,逐步形成自制力。鼓励学生为实现创新目的能不屈不挠、坚持不懈地克服各种困难,付出努力,在独立思考中解决创新问题,体验战胜困难后的愉悦。

（二） 内化优良的气质性格

社会心理学研究表明,个体自身的情绪发展取决于自身的气质类型特点。气质类型是影响中学生学业情绪的重要非智力因素之一,心理学中的气质类型是指基于不同人群大脑皮层的规律性放电特征,将人群中相对稳定的、不易受到外界环境因素影响的性格特征进行整合和分类。传统的经典气质类型分类理论将人群分为四种类型:多血质、胆汁质、黏液质及抑郁质。针对不同类型的学生,教师需要在师生相处的过程中更多关注其本身独特的气质特点,并给予针对性的引导,培养学生学会自我接纳,逐渐了解自己的气质类型,培养其坚强的意志和刚毅的性格。

多血质类型的人群的气质特征是热情活泼、敏捷好动,适应能力及学习能力较强,但是他们的注意力易于变化和转移,易冲动行事。因此在日常教学活动中,我们可以引导他们利用创造性的逻辑推导及思维导读等方式,主动地将学习内容转换为自己偏好、适合自己理解方式的表达形式。胆汁质类型的人群的气质特征是精力充沛、热情直率,对事物的反应迅速而灵活,但是有时难以自我控制情绪,做决策时较为冲动,缺乏耐心。教师在学业指导中可以利用心理学中的一些时间规划策略,以增强学习效率、效果、效能为目的,在生活和学习中创造性地利用可以支配的时间,着重培养他们的自控力和执行力。黏液质类型的人群的气质特征是沉着冷静、自制力强,但是不易接受新鲜事物,不能迅速地适应周围环境的变化。因此,在日常的教学中,我们需要关注他们的学习效率及适应程度,及时调整课堂任务强度。抑郁质类型的人群的气质特征是情感细腻、多愁善感、情绪变化为敏感，他们进入新的环境后容易紧张，容易受到人际关系的困扰。因此，我们需要引导学生学会调节情绪和人际沟通的技巧，让他们学会分析、控制自己的情绪，调整不合理观念，转换视角，更客观地看待学业环境中可能出现的问题。

教师在日常教学环境中指导学生情绪调节时，需要引导学生明白每一个个体气质类型都可能是以上四种气质类型的随机组合，在不同环境中可能表现出不同的气质特征和偏好。每一种气质类型本身没有优劣之分，教师要引导学生了解自己的气质类型，这样可以更好地扬长避短，增强学生的意志力水平，培养坚韧不拔的性格。

四、理想与志向

理想是指个人发展与组织发展相结合，通过对职业生涯的主客观因素分析、总结和测定，确定一个人的奋斗目标，并为实现这一职业目标，而预先进行生涯系统安排的过程。它是人的职业生涯发展的真正动力和加速器，也是追求最佳职业生涯发展道路的过程。高中阶段是由青少年到青年的过渡期，习近平总书记曾说过："青年一代有理想、有本领、有担当，国家就有前途，民族就有希望。"高中阶段的自我规划可以帮助青年人梳理自身理想将自我更好地奉献于中华民族伟大复兴与建设中国特色社会主义现代化当中。

在创新人才的培养过程中，要充分发挥职业理想的积极导向作用，帮助学生树立明确的目标，运用科学的方法、切实可行的措施，发挥个人的专长，开发自己的潜能，克服生涯发展困阻，避免人生陷阱，不断修正前进的方向，最后获得事业的成功。学校教育的意义就在于对生命负责，促进生命成长，提升生命质量。在培养创新人才的过程中，学校坚持以理想志向为积极导向，推进生涯教育体系，把提高学生心理素质，培养健全人格，促进学生健康成长和全面发展放在办学的重要位置上。

（一）生涯教育纳入心理健康必修课课程体系

江苏省常州高级中学持续推进以心理发展促进和生涯发展指导为特色的学生成长指导工作，多年来形成了比较完整的课程体系，初步形成了"生涯规划课程—生涯规划展评—优秀生涯规划报告会—优秀生涯规划论证会"四步一体的"大生涯教育"教学模型。有教学、有反馈、有示例、有论证，真正地把学生、家庭、学校和社会四方面的资源和教育整合到了一起，学生进而能够比较深入地自我认知，找到包括学业成绩、个性完善、能力训练等在内的多维发展目标，确立适合自己的发展方向，有计划地完成自己的阶段目标，同时注重自己综合素质尤其是未来相关职业所需创新素质、职业能力的主动养成。

（二）生涯教育促进学生创新人格的全面发展

生涯教育让素质教育真正成为学校教育的核心，它引导学习者将人生理想、自身特点与学校学习相结合，唤起学习者自主学习的内在动力，通过对未来进行动态的规划与设计，让学生按照自己的期望和社会需求主动完善自己，并最终找到适合自己的生活方式的一种教育理念和实践，其目标与社会对创新人才的要求是完全一致的。无论是基础教育还是高等教育，都肩负着两大任务，一是为国家储备高质量的创新人才资源，二是让每个受教育者获得真正意义上的发展。生涯教育的重要任务就是帮助和引导学生探索、发现自身的优势与不足，在学习、生活过程中扬长补短，努力成为自己想成为的人，实现自身的创新性发展。

（三）生涯教育帮助学生获得发展自己和追寻幸福的能力

生涯教育让学生拥有梦想与目标意识，从而找到学习活动的意义，有助于学生学习内驱力的激发和保持。同时，它引导学生将个人的发展需求与当下、未来的学习活动连接起来，发现学习的真实目的和现实意义，从而使学生学得更主动，更努力，更专心。生涯教育的主旨正是通过相应的教育活动或特殊手段，唤醒学生的生命自觉，并在实践生涯目标的过程中，不断提升各种能力，开发身体、心理方面的创新潜能，最终成为自己喜欢的、社会认可的人。此外，生涯教育也会培养学生未来生活和工作所需的关键能力，从而提高学生的生涯适应力。生涯适应力是个体在快速变化的现代社会中获得生涯成功的关键能力和元能力。这种适应力使人不至于在快速而纷乱的变化中失去自我或方向，使人能够用好各种内外资源，获得生涯幸福与成功。

五、情感与心理

生理心理学研究表明，孩子在青少年时期尤其在高中阶段是创造性思维与能力发展的关键时期。除了人们熟知的智力因素起着重要的作用以外，非智力因素特别是情感与心理因素对创新教育的影响也不可忽视。

创新情感是指在教学过程中伴随着积极向上、自然平等、和谐民主的教学氛围，它可以不断激发学生的创新意识与心态，是素质教育的高层次体现。在教学过程中，学生的创新思维和创新认识是其在学习认知的过程中的心理过程的表现，这背后的认知活动和心理表现，决定了我们创新情感培养的理论依据。

积极心理学研究表明，每个人健康乐观的情感对于日常生活的学习和适应有推动和促进功能，而创新情感的培养在学生的学科教育和实践活动中为其提供了丰富的创新暗示和策略激发，使其积极地体验不同的生活与学习情境，在整个过程中激发学生的创新思维和个性。此外，脑科学研究表明，大脑前额叶调控人类大部分高级认知功能，包括逻辑分析、言语活动、行为决策、直觉与情感等。培养创新情感，有助于在高级认知与迁移学习过程中，调动学生各个认知层面的潜力和协同性，使学生在有意识的学习与无意识的心理活动过程中均被激发创新心理潜能，时刻感受创新的气氛，在轻松愉快的环境中进行创新研究与学习，以达到引导学生主动发现新问题、思考新方法、掌握新策略的教育目的。

根据无意识的情感调控和培养的心理学基础，结合创新人才的人格基本特征，在高中教育阶段应积极创建和谐民主的师生关系，激发并保持学生的创新情感。

2021 年，我国“十四五”规划纲要明确指出，发展素质教育，更加注重学生爱国情怀、创新精神和健康人格培养。根据发展心理学与生态系统理论，学校是在非家庭因素中对学生人格变化影响最大的微系统，师生关系更是在学生的各种社会性交互行为中处于不可撼动的位置。有研究者提出学生的主观学习行为和控制强度会伴随着师生关系产生的情绪而波动，师生关系同样也会间接影响学生对学校的适应状况和创新学习的积极性。

当学生进入学校或进入新的学习领域中时，会潜意识中想要在新环境中建立新的积极关系，例如与同龄人建立良好朋辈关系以及与成年人建立积极的师生关系，这可以作为亲密关系的一种延伸，为其提供一种新的安全关系和新的依恋形式，以满足学生认知社会和学习任务的要求。高中生处于青春期的第二阶段，生理与心理状态都逐渐从半成人期逐渐过渡到成人期，生理发展日渐成熟但心理的发展要较缓一步，因此情绪具有波动性及矛盾性。随着年级的增高，学生逐渐渴望表达出自己独立的言语或思考，并愈发渴望被成年人关注并认可。相比于“家长”、“老师”等权威型角色，他们更希望老师以“同伴”、“朋友”等角色与自己建立关系。因此，在适当范围内允许学生自由表达，并在表达后教师积极引导是帮助学生建立积极情绪的关键。

根据皮亚杰(Piaget)的认知发展理论，高中生群体正处于自律道德阶段，在此阶段内学生正在由他律逐渐过渡到自律阶段，认识到规则具有相对性，是根据人群的互动协作而创造的，对行为好坏的判读更多依据于主观动机或意图，而不只是后果。因此，在建立良好师生关系的过程中，教师可以作为一种社会性中介，通过与学生平等、自由的交流与引导，激发其创造性的学习动机。此外，积极良好的师生关系有助于教师在温暖的课堂环境中逐渐矫正一些学生不太完善的社会情感体验和社会价值观，使学生在学校期间可以更加轻松主动地参与到各项学习与活动中，并取得学业上的成功。平等的师生关系也是教师和学生共同参与、共同合作的过程，在此过程中，自由开放的氛围可以帮助学生更主动地与教师进行交流，并得到教师更多的回应和积极的反馈，从而取得更好的学业成绩。

国内有研究表明，师生关系对于学生在学习过程中的投入性、创造性以及成就感等方面会产生一定的影响，研究者通过调查国内 700 余所中学生的相关情况发现，师生关系越良好的群体，其学业成绩也更加理想，同时发现师生关系的亲密性与波动曲线也可以在一定程度中解释学业成绩的变化趋势。当学生的情绪价值在日常积极平等的师生关系中得到满足后，更容易亲身体验创新性的感受，进而培养出创新能力和创新个性，并因此而激发出创新意识及创新动机。在实践中不断体会到新的乐趣后，又重新激发和产生新的创新情感及意识，从而实现源源不断的良性化循环，促使创新教育得到释放和循环，使学生受到循序渐进的创新能力的培养。

第三节　创新思维

创新思维是现代人的核心能力，创新人才培养的关键在于培养学生的创新思维。加强创新思维能力的培养是新时代教育工作者的使命与责任。然而长期以来，我们的教育混淆了智力与创新能力的关系，片面重视学生智力的发展，而忽视了对学生创造潜能的开发。

在现代学校教育中，要培养创新人才，必须加强创新思维的研究，厘清创新思维的内涵及其与其他思维的关系，明确创新思维形成和发展的过程，从而采取恰当的培养创新人才的措施。

一、创新思维的内涵

在已有的文献研究中，有创造性思维（Creative Thinking）与创新思维（Innovative Thinking）两种概念混用的情况。二者虽然有细微的不同，但二者都是创新人才所具备的基本特征。在引用的材料中有专家学者使用"创造性思维"的概念，可以理解为"创新思维"这个概念。

创新的英文为Innovation，起源于拉丁语，它原意有三层含义：更新、创造新的东西、改变。创新思维是指以有别于传统的观念和新颖的方法解决问题的思维过程，通过这种思维能突破常规思维的界限，以超常规甚至反常规的方法、视角去思考问题，提出与众不同的解决方案，产生新颖的、独到的、有社会意义的思维成果，从而更好地解决问题。

从思维品质的角度来讲，《教学心理学新视点》将创新思维品质归纳为思维的流畅性（短时间发表较多概念）、变通性（看问题不局限于某个角度）、独特性（反应与众不同）、精致型（修饰观点，扩展主意且完善自我看法）以及抗过早封闭性（足够开放，多方面展开新颖思维）。

从心理学角度来看，韦特海默（Wertheimer）在《创造性思维》一书阐释了创新思维产生的心理机制，即创新思维的过程是以顿悟为基础的，实质在于通过顿悟来改造旧的格式塔，进而重建新的格式塔。创新思维过程就是对问题的顿悟，并获得新的前所未有的解决问题方法的过程。

岳晓东和龚放两位教授从思维模式的角度分析了创新思维（创造性思维）与聚合

思维和发散思维的密切关系。他们认为，聚合思维(Convergent Thinking，又称辐合思维)以逻辑思维为基础，它十分强调事物之间的相互关系，试图形成对外界事物理解的种种模式，追求问题解决的唯一正确的答案。因此，聚合思维是一种有条理、有范围的收敛性思维，它具有方向性、判断性、稳定性、服从性和绝对性等特点。聚合思维主要包括演绎思维(Deductive Thinking)和归纳思维(Inductive Thinking)两种，前者力图通过一般原理的逻辑分析来证明特殊事实的存在，而后者则力图通过特殊事实的逻辑分析来证明一般原理的存在。所以，聚合思维本质上是按照形式逻辑，逐步进行分析推论，最终得到符合逻辑性的结论。

与此相反，发散思维(Divergent Thinking，又称辐散思维)是以形象思维为基础，它不强调事物之间的相互关系，也不追求问题解决的唯一正确答案，它试图就同一问题沿不同角度思考，提出不同的答案。因此，发散思维是一种无规则、无限制、无定向的思维，具有灵活性、流畅性、多变性、新颖性和相对性等特点。发散思维主要包括逆向思维(Reversal Thinking)、曲解思维(Distortion Thinking)、脑风暴(Brain Storming)、夸张思维(Exaggeration Thinking)等方法。发散思维的目的不在于得到正确的答案，而是使人们用一种新的、不同的视角和方式对事物加以重新认识，从而改变固有的看法和观念，产生运用新的方法解决问题的可能性。

因此，发散思维就为创新带来了很大的可能性。

发散思维在很大程度上也是直觉思维(Intuitive Thinking)，它不依据确切的逻辑推理，而是凭着个人的直觉对事物和现象作出推断。直觉思维的成效取决于人对事物的洞察力和理解力，并与思维者知识经验的丰富程度有密切的关系。

聚合思维是把解决问题的各种可能性都考虑到之后，再寻求一个最佳答案，而发散思维则是围绕着问题多方寻求答案。聚合思维很强调对已有信息的理解和运用，因而是已有信息的产物；而发散思维则强调对未知信息的想象和假设，因而很大程度上是“新信息的形成”。聚合思维和发散思维相辅相成，对立统一，其交互发展、有机结合，便构成了个体创造性思维的基础。聚合思维与发散思维都能通向创新之路。

胡卫平教授认为，创新思维包括点式思维、线式思维、矩阵式思维、立体思维以及系统性思维等多种思维方法。点式思维是一种火花、碰撞、灵感，有偶然性；线式思维是循序渐进的；矩阵式思维是学科交叉的；立体思维是多维的；系统性思维是一种新型思维，就是多学科融合，是一种系统工程理论。

综合以上观点，我们认为，创新思维是高阶思维的最高层级，它不是一种单一的思维方式，是多种思维辩证的统一，是多种思维形式协调活动的系统思维，是发散思维与聚合思维、分析思维和直觉思维、形象思维和抽象思维、逻辑思维和直觉(灵感)思维的随机优化的综合。

二、批判性思维和创新思维的关系

批判性思维和创新思维是创造力的核心。作为人类认知领域内两种重要的思维模式，批判性思维和创新思维的操作方式与其他思维一样，也是分析、综合、比较、抽象、概括。但是，深究起来，这两种思维也有着独特的内在关联。

（一）批判性思维

根据美国学者恩尼斯(Ennis)的定义，批判性思维是指理性的、反思性的思维，其目的在于决定我们的信念和行动。20世纪90年代，美国哲学学会运用德尔菲法(反复询问调查＋专家意见＋直观结果的方法)得出关于批判性思维的专家一致意见的综述："批判性思维是有目的的、自我校准的判断。这种判断表现为解释、分析、评估、推论，以及对判断赖以存在的证据、概念、方法、标准或语境的说明。"

德格勒珀(De Glopper)主张以特定的能力补充该定义：批判性思维包括解释能力(批判地阅读、听和观察)、交流能力(批判地写、说和表达)、批判的知识(非形式逻辑的特性和词汇表，即批判性思维的工具)及批判技能(语境的解释、意义的澄清、论证的分析及综合性地考虑全面评估结论)。

1990年，46位批判性思维学者在《德尔菲报告》的"专家共识声明"中指出："理想的批判性思维者喜欢探索、了解全面、信任理性、思想开放、立场灵活、评价公正、诚实面对个人偏见、判断谨慎、愿意重新思考、理解论题清晰、对复杂问题思考有条理、不倦地搜寻有关信息、选择标准合理、考察专注，并且不懈地追求题材和条件容许的最精确的结果。"

国内有学者根据《德尔菲报告》，把批判性思维态度概括为：求真、思想开放、分析性、系统性、自信和好奇性。

恩尼斯指出，理想的批判性思维者应该具有如下意愿："寻求替代的假说、解释、结论、计划、来源等，并对它们持开放的态度；一个立场在多大程度上得到支持，就严格在这个程度上认可它；追求见多识广；认真地考虑和自己观点不同的其他看法。"

批判性思维是人的思维发展的高级阶段，简单说来，它的主要特征有：第一，如何质疑。即"会提问"，这是批判性思维的起点。第二，如何判断。即"会解答"，用有说服力的论证和推理给出解释和判断，包括新的、与众不同的解释和判断。把这两个特征结合在一起，批判性思维是以提出疑问为起点，以获取证据、分析推理为过程，以提出有说服力的、有创造性的解答为结果。在这个意义上，"批判性"不是"批判"，因为"批判"总是否定的，而"批判性"则是指审辩式、思辨式的评判，多是建设性的。

批判性思维是我们清除错觉、识破欺骗、破除迷信、澄清误解和作出好的判断、迈向成功人生的工具。批判性思维倡导独立思考的精神和严谨审慎的思考态度，主张使用逻辑的方法和技术对思维产品和思维过程进行合理的质疑和反思，做出恰当的评估和判断；注重培养清晰性、准确性、一致性、合理性以及理性的公正、谦逊、真诚和执著等思维品质和习惯。

从以上认知来看，批判性思维是创新思维的前提和基础，是对过去的否定基础上提出的新思想、新观点，从而实现创新。

（二）批判性思维与创新思维关系的心理学基础

两种思维都与人类的元认知有关。元认知是对认知的认知，是个人对自己认知过程的知识及调节过程的能力的再认识，是对思维和学习活动的知识认知和控制。无论是批判性思维的反思活动，还是创新思维的创新意识，都离不开元认知的参与。通常人们在思考问题时都会有思维从众的心理，不敢超越前人思考空间，这就是思维的从众定式。但是，这种心理不利于个体的独立思考和创新意识培养，最终会走向简单模仿、因循守旧、不敢求异。而这些又将严重影响个体的思维发展水平。批判性思维的最大特点是质疑、反思，是一种理性的、反省的思维，就是要从本质上改变这种思维的趋同现象，在批判和质疑的基础上涌现出建设性的思维成果。它促使我们思考我们思想、观念背后的依据，而这一切从头到尾当然都离不开元认知的参与。

创新思维的核心要素就是破旧立新，打破人们常有的思维定式。按照心理学理论，思维定式是指先前的思维活动对后续思维活动所造成的特殊心理准备或反应倾向。在长期思维实践中，每个人都会不自觉地形成自己所惯用的、格式化的思考模式，面临问题时，也会不假思索地把它们纳入特定的思维框架中，因而形成无形的框架制约。思维定式是创新思维的最大障碍。罗杰斯(Rogers)在《创新的扩散》一书中指出，个人对创新做出决策并不是一瞬间的行为，它是在一段时间内发生的一系列的行为和动作。在创新认知阶段，“选择性认知”非常重要，即创新者会主动寻找有关创新的信息，并确定哪些信息是可信的，同时进一步决定如何诠释手中的这些信息。而这些过程都离不开假设、反思以及规划未来的能力，更是对自我认知的再认知，整个思维过程就是元认知的反思过程。

（三）批判性思维是创新的基础

英国科学哲学家波普尔(Popper)认为，科学的第一个特征，就是“它始于问题，实践及理论的问题”。

批判性思维的核心要素是质疑、反思，质疑的基本表现是问题意识。问题是思维的起点，问题的产生来源于怀疑、疑惑。所谓“疑问”，便是指有疑而问，有疑才有问。历史上一些有重大价值的问题，往往就是在质疑多数人看来不容置疑的思维框架中产生的，因而常有“真理掌握在少数人手中”之说。但怀疑不是随意的猜想，它的基础是正确、合理、审慎的思考。这些都是批判性思维理性反思的必要条件，只有善于思考才能善于怀疑，因而，批判性思维是怀疑精神的必要前提，它经由问题产生，又会因问题而得到持续的深入发展。批判性思维的最终目的是解决问题，并做出有所创新的发展。

爱因斯坦曾经说，提出问题往往比解决问题更重要。从批判性思维角度看，提出真正的问题是一个复杂的过程。一者，提出问题的最终目的是为了解决问题，批判就是为了在此问题上重新建构，以确保提出问题不是为了问问题而问问题；二者，要提出有价值的问题，必须对这一问题所有相关内容进行反思批判，找到问题的根据，用新的事实作为问题的支撑。因而可以说，批判性思维是创新思维解决问题的基础，没有批判就没有创新。

“问题”的来源之一是怀疑精神。我国著名地质学家李四光曾说：“不怀疑不能见真理，所以我希望大家都取怀疑态度，不要为已成的学说所压倒。”对既有的学说和权威的、流行的解释，不是简单地接受与信奉，而是持批判和怀疑态度，由质疑进而求异，才能另辟蹊径，突破传统观念，大胆创立新说。可见质疑在科学创新中的重要作用。

批判性思维的最大特点是质疑、反思。哥白尼的《天体运行论》对“地心说”提出质疑和挑战，首倡“日心说”，标志着人类对宇宙空间的认识有了一次重大的飞跃。现代天文学界关于宇宙结构模型和成因的诸多理论，如“宇宙膨胀模型”“稳恒态宇宙模型”“等级式宇宙模型”等，无一不是对既有理论和假说批判和质疑的产物。在社会科学领域，情况同样如此。

反思，从根本上说，是为自己的思想和行动的合理性而反思，是由自己，而不是别人，来自主反思，而且反思的对象首先是自己，即反思自我内在的精神和观念障碍。

这样的反思又是通过进一步探究而进行的，是通过构造新的、更好的观念，来找出现有观念的缺陷。这就是，向前探索和回首过去，向内反省和对外观察，构造新和扬弃旧，正和负，立和破，都互为因果和依托，构成反思的辩证法，从而向前发展，得到新的知识。

批判性思维还强调提出创造性假说。恩尼斯指出，批判性思维不仅仅是对现有观念、陈述或假说的审查、评估，它其实还包括“创造性方面，如设想多种可能性，提出假设和定义，设计实验方案”。这就是说，批判性思维是学术认知的全过程，是科学的精神和方法。

恩尼斯和其他理论家在阐明批判性思维的合理性概念时强调尊重、注意不同观点，寻找替代观点、解释和论证。董毓先生把目前公认的批判性思维过程所包括的必要工作概括为“理解主题论点，分析论证结构，澄清观念意义，审查理由质量，评价推理关系，挖掘隐含假设，考察替代论证，综合组织论证。”不管是分析、评价别人的论证，还是构造自己的论证，都需完成这些工作。

“挖掘隐含假设”是指“挖掘和拷问论证中隐含的前提、假设、含义和后果”。这时要问：“在这个论证或推理中，有没有还没有表达出来，但又是论证所必需的条件、前提和原理？如果有，它们合理吗？”需要尽力去设想有关隐含前提和可能性，进行发散式思维。若揭示出论证的隐含前提或假设，常常导致推翻原来的论证，更可能导致根本的创新。比如，“地心说”就包含一个隐含前提，即“太阳围绕地球转”。对这个前提的揭示，最终导致“日心说”的提出。

“考察替代论证”是指“创造、考察不同观点、论证和结论，进行竞争比较、排除”。构造竞争和替代论证的过程，是进行创造性思考或创新思维的过程。这个过程需要思考者突破现有的思维框架，充分发挥想象力，尽量寻找不同的思路和解决问题的方案，考虑其他逻辑可能性。这时要问：“关于该论证，还有什么值得考虑的可能性？”爱因斯坦曾说过：“提出新的问题、新的可能性，从新的角度去看旧的问题，都需要有创造性的想象力，而且标志着科学的真正进步。”

批判性思维最终的目的是为了发现问题、解决问题。一旦发现问题，就会产生解决问题的需要和内驱力，产生一种心理上的不平衡，从而激起强烈的求知欲和好奇心，唤起内心的思考和创造的需求及兴趣，并在创造动机的驱使下，积极且自主地进

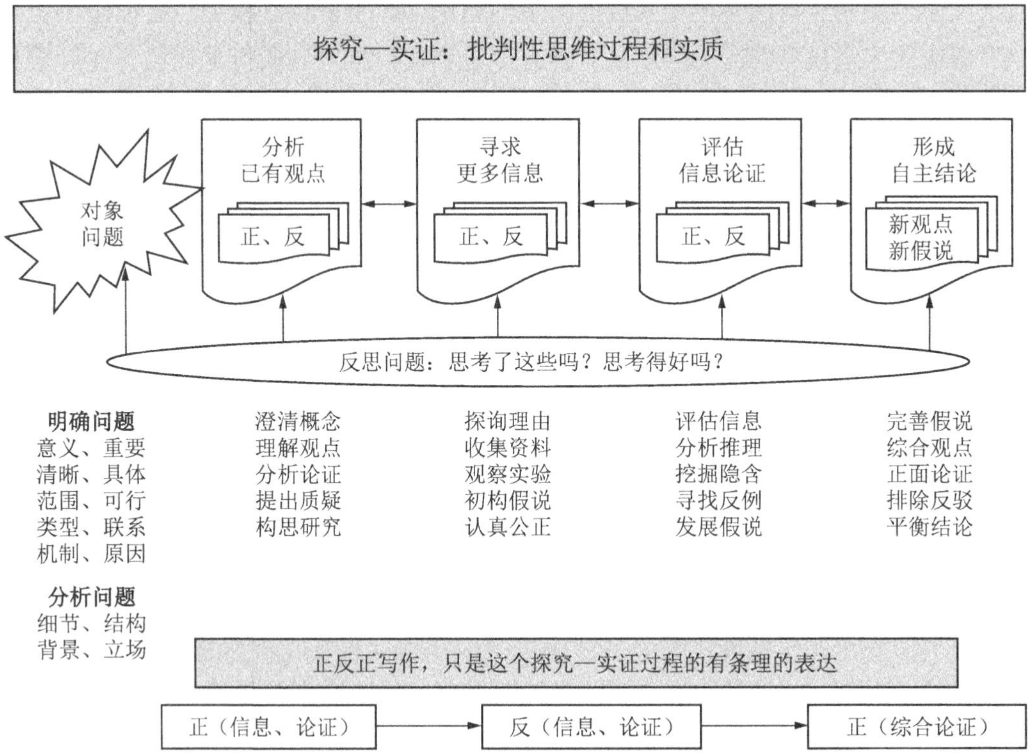

图 2.1　探究—实证的批判性思维的要素和过程

行创新思考。同时，批判性思维的大胆质疑打开了反驳的翅膀，反驳又打开了革新的道路。在此意义上，质疑、批判、反驳就是解放，就是创新。

可见，批判性思维是认知发生、发展的机制，是导致自主思考创新和问题解决的机制。

这样的批判性思维，其实也是最能催生创新的思想方式。可以说，没有批判性思维，就没有创新。因为批判性思维，扫除了自我封闭和偏见的障碍，是创新的清道夫。

当然，批判性思维不是创新的充分条件，并非有了它就肯定有创新，清除了障碍，不等于自动达到了目的。在创新中，最关键也是最神秘、最难以捉摸的，是产生新想法的灵感、顿悟。

（四）批判性思维提高创新的概率

创新有一些要求，它需要具备一定条件，还需要被激发。人们常说灵感是属于有准备的人的。只是，什么是有准备呢？

细致研究批判性思维发现，其实还应该可以这样说：批判性思维就是使人有这个"准备"。所以它虽然不是充分条件，但却是比其他的更能产生创新的思想方式。上述批判性思维的探究—实证的各个要素的相互作用，就是孕育创造过程，它有效地提高了创新的概率和质量。

1. 探究的好问题是探究的对象，也是打开新方向、新面貌的探照灯。而批判性思维的反思，求真、自主、专注、大胆、有意识地探寻的精神，正是要推动构成这样的问题。批判性思维的习性，比如勤学好问、专心致志、持之以恒，正是产生问题和对其进行研究所需的素质。

2. 信息：多样的、有意无意进入头脑的、有关无关的信息都可能有用，信息之海越广越深，问题探照灯可照射的东西和面貌就越多。而批判性思维的探究和实证精神，特别规定要从正反，甚至发明其他思考的角度等多方面搜寻信息，包括观念的（以前他人的思想和论证）和经验的（观察实践的数据），还有强调寻求证据、了解全面、精益求精的态度等，有力地扩大、加深了这个信息之海。

3. 思考，特别是从正反两方面的辩证思考，也是在提问和挑战，这既造出更多探照灯，又刺激解决问题的欲求，促使进一步收集信息和思考，并增加探照灯活动的概率。而我们早知道，论辩或辩证，是批判性思维必需和规定的动作。批判性思维强调，现代的论证必须有理性和开放的辩证性，不是单一论证的形式判断。不管是以自我多方面的反思的方式，还是以多人论辩的方式进行，它都包括这样的性质。批判性思维的习性，包括思想开明、心态公正、考虑他人和替代观念等，就是要保障这样的辩证思考实施。

可见，具备这三大要素并结合起来，成为“有准备的头脑”，会大大提高产生新观念的可能。

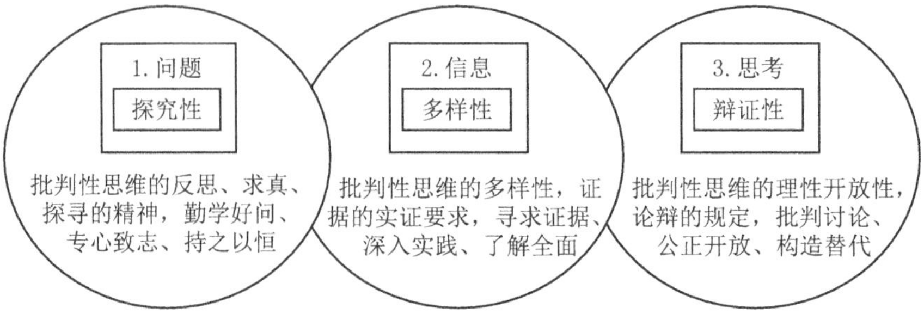

图 2.2 创新的要素和批判性思维的关系

参考文献

[1] 王建，李如密.批判性思维与创新思维的辨析与培育[J].课程·教材·教法，2018，038(006)：53－58.

[2] 冯艳.论批判性思维与创新的关系[J].燕山大学学报：哲学社会科学版(秦皇岛)，2012(04)，13(4)：4.

[3] 王荣，苏江山.拔尖创新人才培养要突出融合性、研究性、挑战性、个性化[J].人民教育，2022，876(17)：48－50.

[4] 陈希.按照党的教育方针培养拔尖创新人才[J].中国高等教育，2002，(23)：7－9.

[5] 杨卫.坚持卓越教育理念培养拔尖创新人才[J].中国高等教育，2007，(21)：14－16.

[6] Simonton D K. Scientific genius: a psychology of science[M]. Cambridge University Press, 1988.

[7] Piaget J. The Psychology of Intelligence[M]. London: Routledge. 1972.

[8] Gagné F. A Differentiated Model of Giftedness and Talent[J]. 2000.

[9] Terman L M. Genetic studies of genius: Mental and physical traits of a thousand gifted children[J]. Stanford University Press, 1925.

[10] Hollingworth L S. Children above 180 I Q(Stanford-Binet): origin and development[J]. Journal of Applied Psychology, 1943, 27(2): 211－213.

[11] Gagné F. Transforming gifts into talents: The DMGT as a developmental theory[J]. High ability studies, 2004, 15(2): 119－147.

[12] Sternberg R J. Successful intelligence: How practical and creative intelligence determine success in life[J]. Simon & Schuster, 1996.

[13] Renzulli J S. Conceptions of Giftedness: The Three-Ring Conception of Giftedness: A Developmental Model for Promoting Creative Productivity[J]. Creativity, 2005: 71.

[14] Lohman D F. Identifying academically talented students: Some general principles, two specific

procedures[J]. International handbook on giftedness, 2009:971 - 997.

[15] Marland Jr S P. Education of the Gifted and Talented-Volume 1: Report to the Congress of the United States by the US Commissioner of Education[J]. Educational Needs, 1971:126.

[16] Renzulli J S. What makes giftedness? Reexamining a definition[J]. Phi Delta Kappan, 1978.

[17] Richert S. Gifted Children: Psychological and Educational Perspectives[M]. Macmillan Publishing Co. Inc, 1983.

[18] Clarke A M, Sternberg R J. Beyond IQ: a triarchic theory of human intelligence[J]. British Journal of Educational Studies, 1985, 34(2):269 - 287.

[19] 戴维·希契科克.批判性思维教育理念[J].高等教育研究,2012(11):54 - 61.

[20] 董毓.批判性思维原理和方法:走向新的认知和实践[M].北京:高等教育出版社,2017.

[21] 武宏志,周建武.批判性思维:论证逻辑视角[M].北京:中国人民大学出版社,2010.

[22] 哈里特·朱克曼.科学界的精英[M].周叶谦,冯世刚,译.北京:商务印书馆,1982.

[23] 阿瑞提.创造的秘密[M].钱岗南,译.沈阳:辽宁人民出版社,1987.

[24] 查子秀.超常儿童心理与教育研究 15 年[J].心理学报,1994(4):337 - 346.

[25] 施建农,徐凡.超常与常态儿童的兴趣、动机与创造性思维的比较研究[J].心理学报,1997(3):271 - 277.

[26] 贺宗鼎,袁项国.当代我国超常儿童心理研究与教育述评[J].四川师范大学学报:社科版,1997(1):17 - 24.

[27] Gagné F. Giftedness and talent: Reexamining a reexamination of the definitions[J]. Gifted child quarterly, 1985, 29(3):103 - 112.

[28] Klitgaard, Robert, Gardner, et al. Frames of Mind: The Theory of Multiple Intelligences[J]. Journal of Policy Analysis and Management, 1984.

[29] 蒋慧鸯.高中阶段基于多元智能的创造力开发路径与对策研究[D].杭州:浙江大学,2017.

[30] Richards R. Everyday creativity, eminent creativity, and health: "Afterview"; for CRJ Issues on creativity and health[J]. Creativity Research Journal, 1990, 3(4):300 - 326.

[31] Csikszentmihalyi M. Creativity: The Psychology of discovery and invention[J]. Harper Perennial, 1997, 39:1 - 16.

[32] Beghetto R A, Kaufman J C. Toward a broader conception of creativity: A case for "mini-c" creativity[J]. Psychology of aesthetics, creativity and the arts, 2007, 1(2):73 - 79.

[33] Renzulli J S, Reis S M. The schoolwide enrichment model: A Comprehensive Plan for Educational Excellence[J]. 1985:23 - 27.

[34] 岳晓东,龚放.创新思维的形成与创新人才的培养[J].教育研究,1999(10):9 - 16.

[35] 胡卫平,王雪微,李亚丹.教育神经科学背景下的思维活动课程研究:从创新思维活动课程到学思维活动课程[J].现代教育技术,2021, 031(005):28 - 36.

第三章
基于创新人才培养的课程校本化建设

第一节　课程校本化建设目标及内容

高中阶段是培养学生创新意识、创新思维、创新能力、创新品格，挖掘创新潜质的关键时期，应以国家课程为基础和核心，进行国家课程的校本化建设。遵循学生成长规律与教育规律，设计尊重学生、符合实际需求、激发创新意识、培养创新能力与实践的学校课程体系，使课程更具丰富性、多样性、选择性，突出新时代人才核心素养与关键能力培养，促进学生和谐健康发展，彰显个性，激发创新精神。

一、创新人才培养的课程目标选择

基于创新人才培养的课程校本化建设，其核心目标指向创新人才的培养，因此，课程校本化建设的目标围绕创新人才的培养而展开。

然而，不同专家、不同学校对拔尖创新人才的定义不同，因此，有的学校是面向部分拔尖学生进行课程建设的，有的学校还特别面向的是“工科”或“科技”类创新人才的培养，有的学校则是面向所有学生，通过课程的融合，校本课程、活动课程、研究性学习课程的开发，建立丰富多样的、具有创新性和选择性的课程体系，来满足学生的多样性发展和创新能力的培养。

《新课程改革背景下高中创新人才培养模式建构》一文从一个核心、四个维度和两级目标论述了创新课程建设的目标，值得借鉴。

一个核心是以立德树人为指导思想，四个维度以学业发展为基础，从兴趣、技能、可持续发展与特色发展四个方向，实现学生创新品格塑造、创新知识积累、创新实践锻炼、创新能力培养，培养人格健全、学业优异、个性鲜明、特长突出、具有创新能力的创新人才。

两级目标分别是：一级目标包括情感与品格、必备品格与学术能力、科学探究与实践，二级目标包括团结、协作、坚持、科学精神、积极健康的心理，发展个性、特长，发展学科必备知识、学科创新思维、学术研究能力、科学探究和实践操作能力等。

例如，河南省郑州市第九中学在2018年确定把科技创新“新工科”发展作为学校多样化发展、培养创新型人才的方向和目标。“新工科”主要以互联网和工业智能为核心，包括大数据、云计算、人工智能、区块链、虚拟现实、智能科学与技术等领域。我国现阶段正处于信息产业的高速发展阶段，网络安全、人工智能、大数据、软件工程等逐渐成为保障国家安全、经济发展和社会稳定的重要基石。

2010 年，天津市委、市政府批准南开中学作为基础教育改革实验基地，同年，教育部教育改革领导小组批准南开中学作为国家教育改革项目“探索建立拔尖创新人才培养基地”试点单位。南开中学以实验基地和试点单位为契机，持续进行了 6 年招生模式改革实践。2011 年，经市教委批准，开设六年一贯制“拔尖创新型人才早期培养实验班”，与学校高中“拔尖创新型人才实验班”上下贯通，形成初、高中拔尖创新人才联动培养机制。

北京市成立了以“科教合作”为依托的创新人才培养机构——北京青少年科技创新学院。学院在北京市教育委员会(简称“北京市教委”)的领导下，主要负责“翱翔计划”“雏鹰计划”总体方案设计与方案实施工作。设立研究专项，以项目方式推进。

显然，这些城市和学校都是以培养少数拔尖学生为目标制定的相应措施，还有许多学校是面向全校学生进行的拔尖创新人才培养实践。这其中隐含着不同的理念和认知。

以少数学生为培养对象的培养模式，其隐含的观念是：拔尖创新人才产生于在中学阶段就已经出类拔萃的学生，而且这类人才主要是科技类拔尖创新人才。其好处是：这样做可以集中有限的人力(具备培养创新人才的教师不多)、物力(学校所具备的创新实验室是有限的)、财力(创新实验室和培养创新人才的教师培训需要大量的财力投入)办大事，提高拔尖创新人才培养的效率，从而更快更好地出人才。

面向全校学生进行的拔尖创新人才培养实践，其隐含的观念是：拔尖创新人才的成长需要更加自由、宽松和自然的学习环境，需要在自由的选择中发现兴趣、培养兴趣；而且拔尖创新人才是多方面的，并不只是科技类人才。其好处是：对学校原有的课程体系影响最小，对师资的要求不像前一种那么严格。

因此，前一种适用于各种资源充足且拥有一定招生自主权的学校，但这种高中并不多，其他绝大多数普通高中选择的是后一种方式。

二、“新工科”课程内容

创新人才培养课程重在打破学科课程壁垒，突出创新知识获取、兴趣聚集、潜能开发及素养提升。

前面讲到郑州九中把科技创新“新工科”发展作为学校培养创新型人才的方向和目标，这也是由于他们可利用的资源较多。该校联合 360 集团于 2018 年正式成立 360 创新实验班，以此为抓手进行创新人才培养探索。学校根据学生高中三年学习的历程对课程进行了重新规划和设计，让学生在每个阶段有不同的目标和收获，形成了以学年为单位、以选择性和方向性为重点的创新素养培养课程体系(见表3.1)。

表3.1 高中三个年级课程设置

培养对象	培养目标	课程大类	具体课程
高一年级学生	思维培养兴趣发现	创新思维类	设计思维课程、STEM课程
		学科延展类	数学、物理、化学、历史、地理、信息技术等学科开发的校本选修课
		新工科相关类	信息技术、网络安全及人工智能基础
高二年级学生	专项学习能力提升	新工科方向	未来制造课程、智慧生活课程、人工智能课程
		人文创新方向	考古与发现课程、木工坊课程、数字星球实验课程
		智能科技方向	创新实验室课程(生化定量、微生物实验、数字探究)、开源硬件Arduino智能设计、APP inventor手机编程、机器人课程等
		网络安全方向	计算机网络技术实验、网络协议报文分析实验、工业互联网攻击实验等
高三年级学生	重点培育综合提高	导师制、项目式学习	根据学生重点培育领域,在前两年课程学习的基础上跟随导师继续深化学习

高一年级设置的课程以创新思维培养和基础性、普适性课程为主,采取班级集体授课,创新实验班学生全员学习;高二年级是在高一学习的基础上,让学生选择自己感兴趣的方向进一步研究和学习;高三年级不再采取班级集中制学习,而是采取导师制、项目式学习方式,并通过前两年的学习与甄别,对筛选出的创新内驱力明显、创新潜质突出、创新能力较强的学生进行重点培育和训练。

从课程设置来看,对师资的要求是相当高的,学校原有的师资未必能开出这样的课程。

1. 聚集、开发相关社会资源。以"新工科"为抓手聚集的高校资源、名企资源、科普资源、网络安全资源等,让学校形成了一系列有代表性的主题活动,如每年5月360创新实验班成立庆祝活动、每年10月网络安全周宣传活动、成立"青少年网络安全科普基地"等。这些活动都是在学校的支持下,由360创新实验班学生自发组织、策划和实施的。学生在组织和参与这些主题活动的同时,有效锻炼了逻辑思维能力、材料利用和组织能力、发散思维能力和解决问题能力等。

2. 精心设计与高校衔接的活动。在360创新实验班课程规划和实施过程中,学校陆续聘请360网络安全大学、西安交通大学、北京航空航天大学、解放军信息工程大学的教授为客座教师,负责360创新实验班"新工科"特色课程的开发及实施。为拓展学生视野,学校还积极联系高校相关领域的专家来校开设"院士大讲堂",先后有清华大学、国防科技大学、西安交通大学、四川大学等30余所大学的院士、专家学者走进学校，为学生带来相关领域的学术前沿报告。

3. 开展培养能力、发展志趣的研学活动。为拓展学生视野，学校每年组织各类旨在培养学生创新能力的研学活动，如：以科技体验为主题的青少年网络安全基地体验活动、360总部体验夏令营活动、社会科学院走访研学等；以著名高校研学为主题的首都励志行、江南“新工科”学科走访研学、360网络安全大学研学等；以竞赛参与为主题的各类科技“新工科”类大赛，如世界机器人大赛、网络安全挑战赛、科技创新大赛等。不断拓展和深入开展的各种研学活动，对开阔学生视野、激发学生学习兴趣、引起学生对高新技术的好奇心、增强内驱力具有强大的助推作用。

三、综合理科课程内容

南京师范大学附属中学以教育部重点课题“培育创新后备人才的高中理科课程改革研究”为依托，探索“综合理科课程”实施路径。综合理科课程是指以大项目、大任务为组织形式，综合运用理科知识与技能解决问题的活动类课程，旨在打破学科壁垒，促进学生独立思考、推理、质疑批判等创造性思维的养成。

综合理科课程分为四大体系：

1. 核心基础分科理科。严格遵照国家课程标准，面向全体学生，以知识教学为基础，融入科学和人文素养浸润、学习和认知方式更新、人生观和价值观引导，为创新人才培养打下坚实基础。

2. “让我们一起想”思维课程。打造“大师—教师—学生”为一体的思维课堂，通过大师讲座、师生对话、合作探究，着重进行科学思想史的渗透，引发学生深度思考科学知识背后的内在逻辑，提升学生思维的深刻性、灵活性、独创性、批判性、敏捷性和系统性。

3. 科学阅读与写作。独立思考、自由表达是创新人才的重要素质。科学阅读与写作把理科领域的阅读与表达作为课程主要内容，通过科学名著阅读与读后感写作、科学课题论文写作、英文版理科书籍翻译等独具特色的活动，鼓励学生广阅读、深思考、勤笔耕、多表达，在阅读与写作的过程中打通知识壁垒，促进学生对知识的整合和应用。

4. “我学会，我会学”三年一体化的学习方法论课程。这门课程作为高中理科课程改革的独立模块存在，为人才未来创新力提供持续动力。本课程既有与各分科理科的深入融合，也有相对独立的活动性课程，既为全体学生开设普适性科学方法论指导，也为学有余力的学生开设个性化选择课程，如单科理科课程免修、“学长来了”学法交流活动、自编学法指导手册等。通过贯穿三年的系统培育，将学习方法论渗透在所有理科课程的学习之中，提高学生的自学能力，让学生有足够的能力和底气去面对未来，创造未来。

理科重构项目围绕提高学生创新思维品质这一目标，深度挖掘理科课程内在逻辑，精准把握科学思维与方法，重构、融通理科课程，创造性构建了创新人才育人新模式。近年来，学校在已有综合理科课程的基础上进一步打破学科鸿沟，通过人文领域在“主题、方法、思维”上的融通以及文理学科在“哲学、思维、方法论”上的交融，使学生参悟学习方法，顿悟学习本质，领悟学科精神。学校以“挑战性任务、引领性主题”为目标驱动，以“STEAM、PBL、STS、HPS”为教学策略，以4个综合性项目教研组为组织结构，以“选修课程、活动课程、研学课程、综合实践课程”为教学载体，重新选择和组织课程内容，实施融合教学。

南京师范大学附属中学的课程改革不只是局限于理科课程。该校将必修与选修相融通，必修课程分层次教学与理科课程免修制相结合，每学期80多门选修课、60多个学生社团，形成了公民素质养成、思维品质提高、实践能力培养相结合的课程体系。国标课程重在基础性，校本选修课和社团重在选择性和人文科技性，让学生更加个性化地成长。从2014年起，尝试打通分科界限和年段界限，实现理科课程重构；尝试打通高中—高校科研培养界限，积极激励学生参与各类卓越计划、“少年班”计划，对拔尖创新后备人才进行一体化培养；与中国科学院大学、中国科学院南京分院共同创设一套适合创新潜力较强的学生学习的“科学菁英班”课程，旨在培养以高水平人文素养为基础的拔尖创新苗子。

四、校本选修课程

许多中学进行了国家课程的校本化重构，并开设了丰富多彩的校本选修课程。必修课打牢基础，选修课展现个性。拔尖创新人才的成长离不开自主的选择与个性的张扬。人的才能需要在实践中被发现，在应用中获得发展，中学时期为学生开设丰富的自选课程，一方面是引导学生在兴趣的引导下自主学习，另一方面也为学生提供了探索自身潜能的机会。在这方面连续五年被评为全美最佳高中的美国托马斯·杰弗逊科技高中为学生提供丰富的特色课程，中国人民大学附属中学（简称人大附中）开设150多门选修课程，上海中学开展课程图谱建设，以及西北大学附属中学建设包括两门八类的校本课程体系，有针对性地聘请西北大学教授专家为学生开设20多门“拓展型·大学教授报告类”选修课程等，这些实践都证明了将选择权交给学生，“让个性在自主选择中升华”的做法对激发学生创新热情、实现有个性的全面发展是十分有效的。

浙江镇海中学以“尊重多元选择，促进高水平基础上的差异发展”的课程建设理念，建设“高水平基础＋差异化发展”的学校课程体系，优化“基础广博、多层拓展、多元开放、自主选择”具有镇海中学特色的发展性课程结构和课程文化，培育了20门左右特色精品课程，突出大学先修课程、STEM课程、领导力课程、创新素养课程等，形成具有较大整合性、层次性和梯度性的创新人才培养特色课程矩阵，并不断完善课程后续开发、资源拓展、选课走班管理、课程实施和课程评价等机制，切实提高课程实效。

江苏省天一中学结合中国科学技术协会（简称“中国科协”）“科教合作促进高中科技创新后备人才培养项目”的实施，为解决社团管理较分散、学科与项目研究不能很好衔接、课程资源不够丰富等问题，通过整合社团、整合课程（研究性学习课程、社团活动课程、校本选修课程、技术整合课程）、整合资源等成立了天一科学院。解决了学生学习被动、创新意识淡薄、研究能力缺乏的难题，为培养学生自主学习能力提供了更好的物质、环境、管理等保障条件。

五、社团活动课程

创新需要环境，拔尖需要展示的平台，学生社团作为学生自己的组织，为学生展现自我、学会合作提供了实践的基地。托马斯·杰弗逊科技高中有超过150种体育项目和俱乐部，人大附中有近百个学生社团，西北大学附属中学活跃着30多个学生社团。这些学生组织成为学生消化知识的实践课堂，奉献爱心的天地，展现自我的舞台，了解社会的窗口。学生们的热情在这里绽放，协同合作的能力在这里提升，实现崇高目标的动能在这里积聚。社团活动使创新成为了学生们自主选择的生活。

江苏省常州高级中学建设了多元的校本课程、多彩的社团、系列化主题仪式活动等，让学生能自由自主地展现自我，丰富了生活体验，舒展了生命活力。目前学校共开发50多项校本课程，内容涵盖兴趣类、人文类、方法类、技能类、特长类等。学校现有社团30余个，这些社团多次代表学校参加模拟联合国、模拟政协、头脑奥林匹克、AMC、数学建模等各类比赛，斩获颇丰。另一方面，系列化主题仪式活动丰盈了学生高中三年的成长体验。学校结合社会和学校生活重要节点的系列化主题活动，既反映了社会生活，又关注了学校发展和学生心理成长的动态过程，让学生在自我教育、自我发展中收获成长的喜悦。

综上所述，创新是人在健康状态下的自然生活状态，然而要成为拔尖创新人才，却需要在创新程度上不断提升。中学教育作为基础教育的一部分，它不能直接产生拔尖创新人才，但却为拔尖创新人才的产生提供着不可或缺的基础，从这个意义上说，谁赢得了中学教育，谁就赢得了未来。作为普通中学，我们应做，也是能做的就是让创新成为学校的生活方式。

第二节　融合课程建设

学科体系的渐趋完善给接受教育的学习者带来了秩序分明的学科知识，而分科教学不容忽视的弊端之一便是知识的各自封闭、互相平行。从个人发展而言，课堂之外所需解决的都是综合问题；从社会需求来看，创新型人才方能更好地回应时代的呼唤。

下面系统介绍江苏省常州高级中学以创新人才培养为目标的课程建设过程。

一、课程体系建设：从“课程统整”走向“课程融合”

在过去二十余年的课改中，江苏省常州高级中学课程体系建设经历了从“课程统整”到“课程融合”的发展过程。课程的统整与融合都是以系统理念来设计课程的，将原本各自为政的学科课程和活动课程进行校本特色的优化整合。“课程统整”是从学生的修习方式和课程功能入手构建学校课程框架，分别形成三大课程系列，即基础类课程（A类课程）、综合类课程（B类课程）、特色类课程（C类课程）。其主要特征是实现国家课程、地方课程、校本课程在学校层面上的一体化和整体性，蕴含了江苏省常州高级中学在课程的丰富性、系统性、层次性、基础性等方面的课程追求。

2018年以来，在新课程和新高考模式背景下，江苏省常州高级中学以“多维融通、整体构建、综合育人”为策略，强调课程的开放性与融合性，注重课程的个性化与选择性，凸显校园生活的丰富性与育人性，关注学生发展的未来性与可能性，推进“大课程、大基地、高品质学习、高科技平台”四位一体建设，实现课程、基地、学习、技术的相互融通。

以“课程融合”的方式重塑学校课程的整体形态。“课程融合”旨在打破学科界限和三级课程界限，以学习者为中心，聚焦于学科融合和跨学科融合，促发各学科知识之间有意义的关联，透过学科间的互动、影响和渗透，使学校教育教学系统中分化了的各个要素、各种资源之间形成有机联系的课程形态，实现了国家课程的校本化和三级课程一体化的大课程体系，即“融合课程”。（见表3.2）

表 3.2 江苏省常州高级中学学校课程结构(部分)

类别	维度	人文课程	科技课程	体艺课程
Ⅰ类 必修课程	必修模块	语英政史地 必修模块	数理化生技 必修模块	体音美 必修模块
	选择性 必修模块	语英政史地 选择性必修	数理化生技 选择性必修	体音美 选择性必修
Ⅱ类 研修课程	学科内 融合课程	文学创作 名著赏析 影视欣赏	学科竞赛 微积分初步 大学选修	美术鉴赏 装饰艺术 手绘课程
	跨学科 融合课程	模拟联合国 话剧表演 国学经典	数学建模 智慧生活 AMC	戏剧表演 音乐与舞蹈 艺术体育
	主题 融合课程	思维通识课暑期文化 研修之旅	生态课程 生存课程 小课题研究	传统体育 传统文化 生涯规划

以“课程融合”的方式对国家课程、地方课程、校本课程进行校本化统整。基于学科课程，又超越学科课程，为学生构建由“必修课程”和“研修课程”构成的“大课程”系统。其中“研修课程”主要包括以学科为基点的学科内融合课程、跨学科融合课程、超越学科的主题融合课程，如德育主题融合课程等，重塑了学校课程的整体形态，为全体学生提供了更加多元的课程选择。

二、课程资源的多维融通

首先，走出原有“学科课程基地”及设施资源开发利用各自为政、相对封闭的状况，整合了智慧云校园平台与“一室四中心”的课程资源、人力资源、数字技术、环境设施等软硬件资源，以学科联动为特征，实现跨学科的互动与资源融合，形成“大基地”的规模效应。

其次，“大课程、大基地”为学习者提供了丰富的软硬件资源支持，突破了传统意义上学习时空的边界，使得课内课外、校内校外、线上线下相结合的“高品质学习”成为可能，促进了学生的个性化学习、选择性学习、深度学习和创新学习。

最后，“大课程、大基地、高品质学习”又是“高科技”的。“高科技”的智慧云校园系统建设，让技术贯穿学习的整个过程，促进信息技术与教育教学的深度融合，让数字技术成为师生教与学的底层支撑，从而推进智慧化的教学、智慧化的科研、智慧化的管理、智慧化的生活以及智慧化的服务等。

“大课程、大基地、高品质学习、高科技平台”四者内部是整合融通的，四者之间也是整合融通、相辅相成的。整合融通的理念则是统领、贯穿其中的灵魂。

三、课程体系的融合贯通

江苏省常州高级中学构建以课程融合为显著特征的“大课程”系统，促发各学科知识间有意义的关联，为学生提供更加丰富的课程选择，并把学习者置于中心地位，统整课程、基地、技术、环境、教学、评价等资源，打破学科壁垒，突破行政班、年级段等传统意义上的时空局限，实现个性化学习、选择性学习、深度学习、泛在学习和创新学习为形态。

（一）“大课程”之课程开发

学校坚持全员共建、以生为本、分层推进的课程建设原则，基于新课程的实践经验，结合新课标和新高考模式的变化，成立了“四大研学中心”，重点关注课程开发的内容主题、路径和教师的合作机制。

视角：学科视角与主题视角

学校从两个视角进行“融合课程”开发，即学科视角和主题视角。学科视角是聚焦学科目标，打通多学科知识，让学生通过跨学科学习，理解知识之间的关联，让学生真切地感受到学科之间不是孤立的，解决问题是需要运用多学科知识的。主题视角主要是基于某个学习主题开展跨学科合作，每门学科在学习过程中“各取所需”，师生在浸润式的学习过程中，提升其综合素养。

路径：“自下而上”与“自上而下”相结合

“自下而上”即让教师自主行动起来，鼓励教师结合自己的特长和学科理解，进行具有融合意义的草根化尝试和实践，意在激发每位教师的创造力。

“自上而下”则是由学校层面主导的、以“四大研学中心”为单位定期举办大型课程统整研讨会，学校层面搭建校本课程框架，重点关注宏观层面的课程融合，以全人教育理念打通“四大研学中心”间的课程融合壁垒，设计适合学校发展的、面向学生未来的课程体系。

“自下而上”和“自上而下”并不是孤立的课程推进模式，而是相互融合的协同模式，处于这种协同模式核心地位的是教师。

机制：教师合作制

“大基地、大课程”建设以“四大研学中心”为基本载体，并成立相应的“研学中心教师合作体”，采用“教师合作制”的方式全面推进各研学中心课程的开发、实施、评估及资源环境建设。学科教师之间或者不同学科教师之间围绕共同的学习目标或主题，紧密合作，每位教师充分发挥本学科的优势，以协同合作的方式解决课程融合、环境共建、资源共享等问题，形成了提升学生综合素养的合力源。

（二）"大课程"之课程模式

为了落实教育的根本目标，培养适应社会发展的未来创新型人才，学校统整国家课程、地方课程与校本课程，形成三维交织样态，衍生为由"必修课程"和"研修课程"共同构成的"大课程"系统。该系统中的课程包括三个部分：人文课程、科技课程和体艺课程。"必修课程"和"研修课程"皆覆盖此三类课程，由此满足每一名学生的个性化学习需求，落实以学习者为中心的课程设计原则。其中，"必修课程"的构成内容是学科课程标准导向下国家课程中的各学科"必修模块"和"选择性必修模块"，学习内容紧贴学科定义与学生认知发展水平，通过"必修课程"的设置，学生得以充分习得国家规定的学习内容，提升相关学科的基本能力；"研修课程"含纳课程种类多样，涉及立足学科本位的学科内融合课程、多学科均衡发力形成的跨学科融合课程与基于既定核心研发的学科之上的主题融合课程，此三类课程深度解读学科融合概念，课程重构引领思想由平行低效的"学科交叠"转化为合宜交互的"学科统整"，从而强化学校课程建设，挖掘活水，予以学生多元的学习资源供给。

多元共生："大课程"系统简述(见图 3.1)：

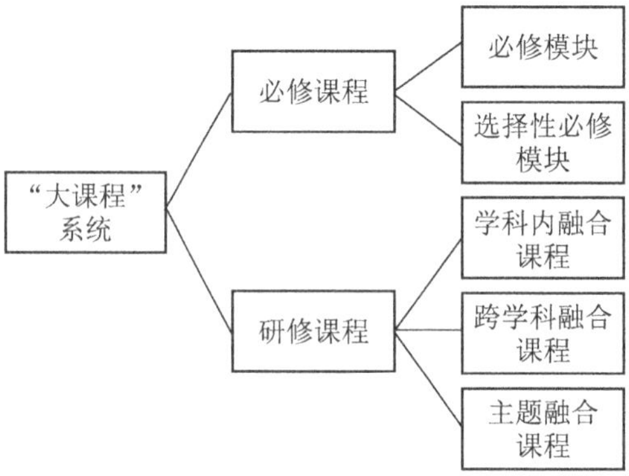

图 3.1 "大课程"系统示意图

"大课程"建设依托"四大研学中心"，其中"人文研学中心"整合了语、英、政、史、地学科课程；"科技研学中心"整合了数、理、化、生、地技术学科课程；"体艺研学中心"整合了体、音、美、心理健康学科课程；"国际研学中心"整合了国际课程和国际交流项目等课程资源。（其中三大研学中心详情见附件 1、2、3）

"大课程"建设依托"四大研学中心"，以"课程融合"的方式对国家课程、地方课程、校本课程进行校本化统整，以学习者为中心，基于学科课程，又超越学科课程，构建一个开放的“大课程”系统。目前学校课程主要有两大类：

Ⅰ类“必修课程”：是新课标下国家课程中的各学科“必修模块”和“选择性必修模块”，旨在完成国家规定的学习内容。

Ⅱ类“研修课程”：是新课标下国家课程中的各学科“选修模块”和校本课程，旨在为全体学生提供更加多元的课程选择，满足学生全面而富有个性的发展。包括以学科为基点的学科内融合课程、跨学科融合课程、超越学科的主题融合课程。

学科内融合课程。主要以学科为基点，关注本学科的课程内容。同册教材内容的重构是“横向融合”，跨年级教材相关联的内容重构是“纵向融合”。这类课程指向学科素养的培养，由学科教师负责实施。

跨学科融合课程。主要以某一学习内容为切入点进行的多学科统整。不同学科用不同的学科方式表达，聚焦学生学科素养的提升，在实施过程中比较松散自由，由各“研学中心教师共同体”负责实施。

超越学科的主题融合课程。主要以某一种综合学习主题为切入点，可以是跨科、跨班、混年级的，教学中不同学科的教师合作上课，用不同学科的表达方式聚焦于同一教学主题，聚焦学科素养和综合素养的培养，在具体实施中可以由教师共同上课，也可以是多主体参与的，如德育主题课程、国学课程、STEAM课程等。

（三）校本课程案例

国学课程（跨学科融合）：国学课程借力社会国学教育力量，依托优质的网络资源，内容融入语文、历史等相关学科，开展国学社团活动和“国学之旅”实践活动，并加强校际间的合作与交流。

寻访常州历史文化课程（主题融合）：寻访常州历史文化，开发乡土史教育课程，依托“互联网＋”手段整合相关乡土资源，组织学习小组，确定探究主题，制定寻访活动计划，并通过博客和QQ群整合常州乡土史学习资源。

“人文之旅”活动课程（主题融合）：每年暑期的“人文之旅”活动把学生引向自然、社会，去接触丰富的历史遗迹、遗址、博物馆、纪念馆以及蕴含中华文明的人文景观和自然景观，将学生的人文研究、参观考察、报导交流等活动构建成一个有效的学习系统，凸显了主题活动的实践性、研究性、人文性、教育性、综合性和时代性。

校史研究课程（主题融合）：校史研究校本课程，是百年老校为了传承学校在百年发展历史过程中形成的办学理念和文化特色，以校史为课程资源，由校长、教师、课程专家、学生、家长和社区人士共同参与开发，以学校为基地进行实施和评价的校本课程。校史校本课程极具学校特点，是一所学校整体课程建构的重要组成部分。

FabLab创新课程:创客是指一群不以盈利为目的地、把各种创意转化为现实的人。为了实现这个目的,需要学生面对真实场景下的问题将科学、技术、工程与数学紧密结合。为此,学校从MIT(麻省理工学院)量子与比特研究中心引入了FabLab创新实验室,将创客教育与STEM引入高中课堂。在课程进行中让学生自主选择感兴趣的项目结合成小组,在老师指导下于课堂外进行创作。强制安全带、防猝死检测手套、遥控智能音响、防久坐坐垫和睡眠质量检测器等一大批好的创意在FabLab平台上实现。在第三届国际青少年科技创意大赛(中国蚌埠)上,省常中同学们创作的睡眠检测器和强制安全带两个项目课题分别获得一、二等奖。

慧鱼机器人课程:学校组建了基于慧鱼创意组合模型机器人的慧鱼创意实验室。慧鱼创意组合模型的机器人主要由机械结构、控制系统与编程设计、驱动装置与传感器构成,其中机械结构属于工程部分,控制系统与编程设计属于技术部分,而驱动装置与传感器是科学与技术的结合,因此慧鱼机器人教学就属于整合的STEM教育。

四、德育融合课程建设

新时代国家提出《中国学生发展核心素养》框架及要求(图3.2),如何在学生品格培养中,渗透核心素养主题融合,打造孕育"气节青年"的生命课程。

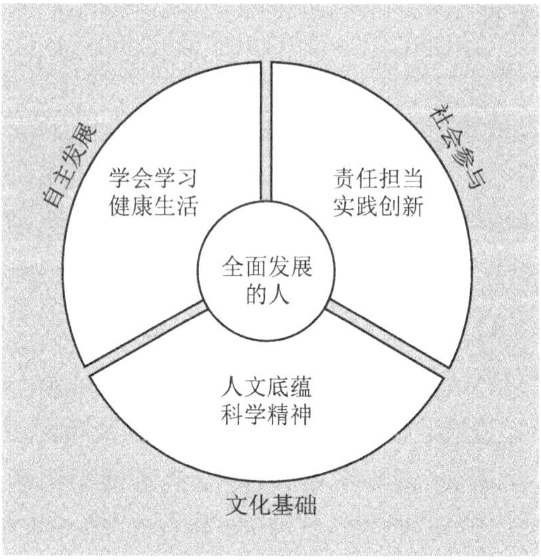

图3.2 中国学生发展核心素养总体框架

学校德育课程是学校教育的核心载体,是学生获得发展的宝贵资源。学校坚持"德育为先、五育并举",秉持"办好人民满意教育"的初心,以"气节青年"品格为核心,整体规划德育课程的内容,积极开发课程资源,不断完善德育课程体系,依托

"三全四生"主题融合、思政德育课程教育，搭建平台，促进气节青年生命蓬勃向上、拔节生长。（图 3.3）

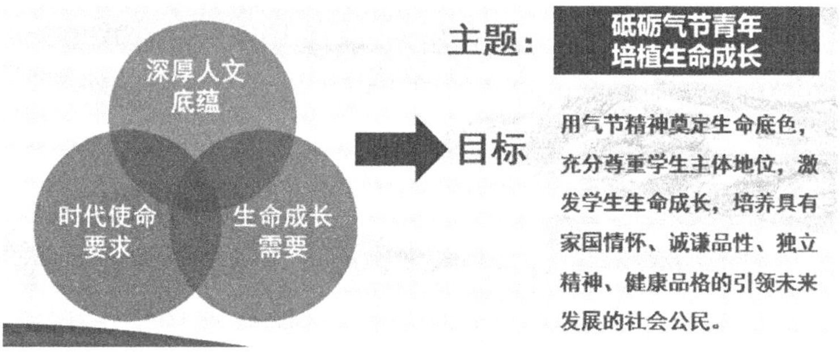

图 3.3　德育建设的主题与目标

"三全"育人课程，打破学科界限，开设"全科育人"课程。通过学科融合、综合实践课程、主题活动、社团研究等形式，进行主题融合教学。

突破时间限制，开设"全程育人"课程。学校对高中三年有意义的时间节点进行梳理，进行课程主题化设计。高一"志高课程"，带领学生树立远大志向，开启奋斗航程；高二"品谦课程"，引导学生锤炼意志品质，汲取成长力量；高三"意诚课程"，引领学生树立诚意报国，勇担使命责任。

丰富课程载体，开展"全员育人"课程。学校突破校内教育载体限制，充分利用全国名家、高校专家、著名校友、家长等校内外教育资源，形成教育合力。

专家团队。通过每月一次的科普讲堂，邀请中科院院士、海内外知名科学家，为学生带来各领域最前沿、最尖端的科学知识。在这里学生的视野被打开，探索的兴趣被激发，在这里学生体悟到什么是责任意识，什么是科学精神，更唤醒了学生立志成为具备此类品质的人的决心。

校友团队。通过校友会邀请学校优秀毕业生、知名校友，分享在学校的求学经历，以及自身在各领域做出的卓越贡献，旨在加深学生对学校文化传统的理解和认同，激发他们进取奋斗的精神。

五、融合课程设计概说

（一）多向度融合

在课程主题内容设计时，学校准确把握切口和纵深。以"研修课程"为例，在以人为本思想的指引下，各学科充分建立起可靠高效的联系，拓宽知识接收渠道。学科内融合课程核心明确，抓手有力，聚焦固定学科，促进深度学习的达成，基于国家教材拓宽视野，为后续的广泛探索夯实基础；跨学科融合课程打通学科壁垒，突破分科教学的原有屏障，设置有效教学内容，引导学生自主获得多元知识点，构建新颖知识链；主题融合课程更进一步，由学校拟定兼具研究价值和操作可行度的多个主题，点亮学生学习兴趣，激活学生高阶思维，引领学生成才发展。

与跨学科融合课程与主题融合课程相比，学科内融合课程仍以单一学科为设计中心，通过学科教师对多册教材的统筹规划实现不同学段之间的知识融通共享，使学生更高效地建立学科知识框架，自主勾勒学科学习蓝图。学科内融合课程是基于必修课程的再创造与深化，又同必修课程一道搭建起通往学科统整的桥梁，使学生高阶思维的养成成为可能。跨学科融合课程与主题融合课程则更加深刻地贯彻了学科统整观念，后者亦是前者的升级实践。跨学科融合课程是基于固定学习内容的跨学科表达尝试，学生能够在此类课程中感受不同学科的差异性与共通点，学科的分化与统整在此间协调合作。主题融合课程偏重学科统整，以合适的综合学习主题活动为载体，托举实现各学科的无隙融合。

（二）协作统一

学科统整与分化同样是对立统一的整体，它们在运行时互为补充，描绘出螺旋上升的动态发展图景。学科统整的价值在于学生高阶思维的养成。

学校设计的“大课程”系统以分科教学和融合课程为两翼，引擎强悍且创新动力不断。“必修课程”的存在为学生思维进阶创造可能，补白融合课程教学中缺乏的对于学科知识纵向的学习探究。它在统一设计中具备了精细而普适性强的特点，学科课程性质和核心素养的提炼同时对分科教学和融合课程设计进行导向。“研修课程”的进步性体现在对独立学科的再发现和塑造上。在“研修课程”的学习中，被有意弱化的学科边界会令学生在项目、专题等研究活动中不断突破已有认知，并以新眼光构建新图式。从学生素养培育的角度而言，学科之间的统整将更有益于学生综合素养的发展。

“研修课程”同样也在实践着学科的分化与统整。从课程组成来说，学科内融合课程针对性强，由学科教师负责教学，属于单一学科内的教学内容整合。于必修课程和研修课程中的其他两类课程而言起到自然过渡作用。跨学科融合课程则寻求学科统整与分化间的平衡点，逐渐予以学生更为广阔的视野，引领学生逐级而上。而阶梯的顶端就是超越学科界限的主题融合课程，此类课程将聚焦点设置为可供研讨的专题，而非某一特定学科，各学科犹如指向圆心的多条半径，共同受既定主题的牵引，形成高效的知识辐射网络，促进学生建设综合性更强的知识框架。

第三节　让生命灵动——多样化实验课程案例

一、多样化实验体系的构建及实施

江苏省常州高级中学生物组在学校“大课程、大基地、大学习、高科技”的课程建设统领下，全体教师多年来深入集体研讨并不断实践和完善，以教材实验重组课程为基础，延展出学科融合实验课程和大学先修实验课程，逐步形成了具有学校特色化的、聚焦“大概念、大单元、大任务”的、金字塔式的三级“多样化实验课程”，在课程实施中促使学生不断提升批判性的思维、主动的知识建构、有效的迁移应用及真实问题的解决等高阶能力。

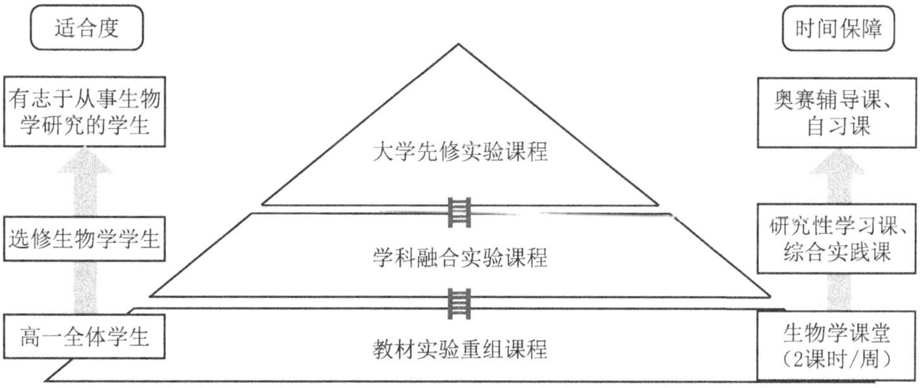

图 3.4　多样化实验体系的构建及实施

（一）教材实验重组课程

根据生物学必修 1 教材实验多的特点，生物组老师进行了教材实验的分解、拓展和重组，增加相关小实验。比如增加了植物叶片的燃烧观察无机盐的实验，虽然这个实验很简单，觉得高中生绝对没必要做，但事实相反，在实验的过程中很多学生误认为叶片燃烧时出现的黑色物质就是无机盐。由此可见再简单的实验，只要让学生动手操作，总会有收获。学校还将大型组合式实验进行拆分，因此，重组后学生分组实验数由国家课程中的 12 个增加为 19 个，这样的改变，让分组实验真正融入每一节课堂中。

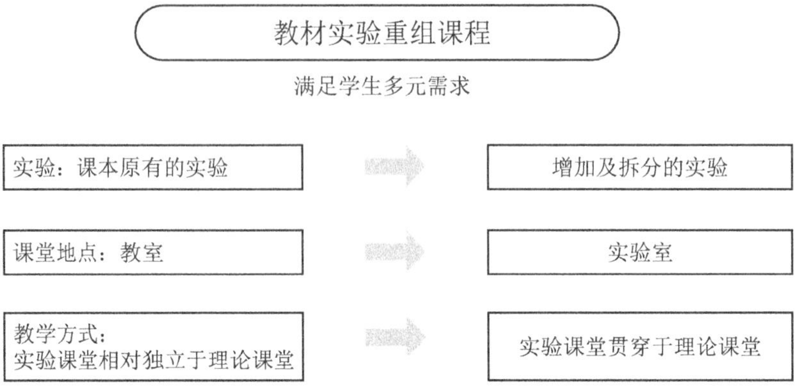

图 3.5　教材实验重组课程

该课程面向高一全体学生，是每名学生必须完成的基础实验课程，利用的是每周 2 课时的生物学课堂时间。这样每学期中高一学生完成分组实验的时间约 300 分钟，基本实现“全实验课堂”教学，学生们在课堂中尽情享受实验带给他们的各种乐趣，极大地激发了学生学习生物学的热情。

教材实验重组课程让课堂从教室延展到实验室，教学方式也由“实验课堂相对独立于理论课堂”转变为“实验课堂贯穿于理论课堂”，满足了学生多元发展的需求。

生物组老师自编一本适合“全实验课程”的学习手册，培养学生的实验操作能力，帮助学生理解生物学科大概念，进而培养学生科学思维，给学生带来了不一样的体验和感受。

例如，高二(1)班学生吴逸凡，是一名十分害怕虫子的女生，但自从踏进生物实验室，就迷上了显微镜下的“生物”，甚至将“蜘蛛观察”改编成一个节目，搬到了 2023 年元旦迎新晚会上，给大家讲述了实体显微镜下蜘蛛的故事，她说：“我之前害怕虫子，而显微镜放大了蜘蛛的光彩，它全身毛茸茸的，有着灰黑色的条纹，豆豆眼着实有趣而美丽。”吴逸凡同学观察了小蜘蛛，发现了大世界。

（二）学科融合实验课程

学科融合实验课程主要面向选修生物学的学生开设，利用研究性学习和周三学校安排的综合实践课的时间展开。该课程突破学科边界，增强学科间的渗透和互动，促进学生的个性化学习。

生物组开设的《多彩的植物世界》《我们一起观鸟吧》等项目，很好地将生物学与化学、美术等学科内容融合在一起，受到了学生们的喜爱。

2021届倪嘉舟同学则开展了大量学科融合的研究性学习，他设计了学科融合研究性学习的logo，将DNA双螺旋结构模型、球棍模型、球摆模型用山川河流包围起来，使生物学、化学、物理、地理融合在了一起。

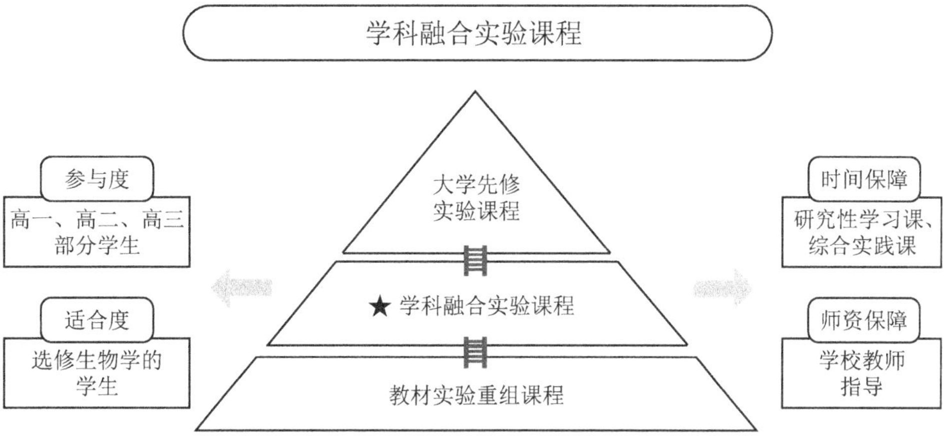

图3.6　学科融合实验课程

生物模块中有一个研究课题《石楠纯露的提取以及石楠酒的酿制》，这个课题的提出来源于学校的石楠树。石楠作为市政绿化的常见树种，具有净化空气的作用，但4、5月份石楠花开放的时候，总引起学生们对其特殊气味的不满。因此学生们通过理论分析，实验尝试，提取了石楠纯露（石楠花的水蒸馏液），发掘出了石楠花特殊气味背后的香味，让更多同学对石楠有了全面客观的了解。到了八月桂花飘香的时候，有了上一次的经验，他们还展开了对桂花清露的提取，并让全校师生体验，更难能可贵的是，他们还及时撰写了体验报告，反馈活动情况。

2019届蒋科杰同学从小爱好摄影，自从在生物实验室与孵化器相遇后，就萌生了一个强烈的想法：拍一组鸡胚胎发育的照片。于是，他开始边实验边拍摄，探究生命成长的内在力量。他拍摄的名为《生命的张力》的照片，展示了艺术与生物学融合的美感！这也是学校学科融合实验课程的内容之一。

另外，综合实践课的植物拓印、植物染料印染、植物叶画、植物标本的制作等实践活动也是多学科的融合，这些实践活动提升了学生的多学科核心素养。

学科融合打破了独立学科的边界，建立起全面、系统、立体的网络，从而促进学生走向高品质深度学习。

（三）大学先修实验课程

处于学校实验课程体系顶端的大学先修实验课程则为学生的高端发展搭建平

台，适合有志于从事生物学研究的学生利用竞赛辅导课及自习课的时间完成。

2020届潘逸扬同学在高一高二阶段为了准备生物学竞赛，申请停课后大部分时间都在生物实验室学习大学先修课程，他还给其他竞赛的同学讲课。这段特殊的学习经历不仅铸就了他优良的学习品质，更让他收获了生物奥赛银牌，并顺利被南开大学录取。

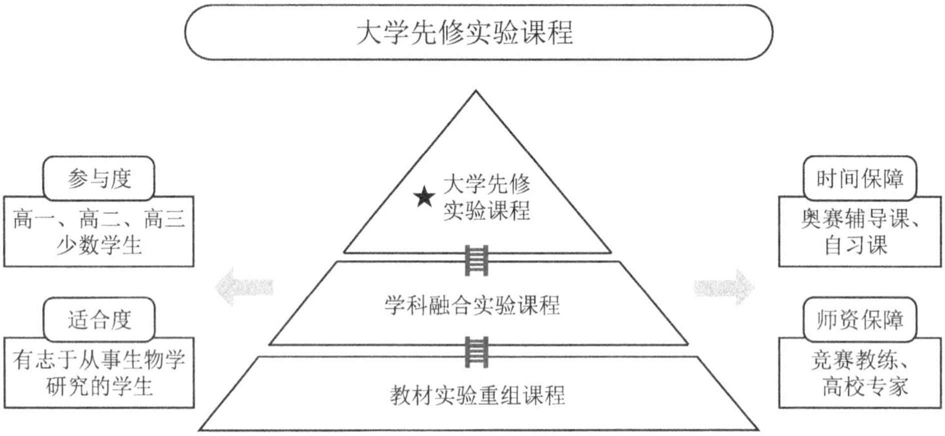

图3.7 大学先修实验课程

解剖牛蛙是奥赛学生冲击金牌路上必做的一个实验。高三(12)班学生邹沛嵘在第一次亲手解剖牛蛙后，写下这样的感悟：“我抓起牛蛙，感觉到它光滑柔软的腹部微微颤动，看见它晶莹的两只眼睛木然地凝视前方。想到接下来它的遭遇，我还是有些于心不忍……我和同伴努力着，一层一层打开牛蛙的腹腔，如同在做一台手术，掖满鲜血的纸巾，如一朵朵殷红纸花，凄惨地绽放……解剖课结束了。我收获的，不仅有在实践中探索未知的勇气，还有对无数实验动物牺牲的敬意，而我们青年，也要努力为科学的进步做贡献。”邹沛嵘同学解剖了小牛蛙，铸就了大情怀。

二、多样化实验课程实施成效

“全实验课程”的探索，促进了师生的共同发展，推进了育人范式的转型，得到了省内外专家及同行的高度认可。

教学质量方面：实施新高考的两年，学校生物学科高考成绩在G20学校中名列前茅，2022年均分排名第一，这与学校一直以来坚持的多样化实验课程是分不开的。

生物学奥赛方面：自2015年以来，不断有学生进入省队，冲击全国赛奖牌，取得不错的成绩，并顺利录取理想大学。

科技创新方面：倪嘉舟同学在2019年代表常州市参加省金钥匙比赛，并参加了第三届、第五届世界顶尖科学家论坛。高三(12)班学生杨云天等完成的研究性学习课题《关于校园消毒剂研制使用方案的探究》获 2022 年常州市研究性学习优秀成果高中组特等奖。

教学科研方面:教师们除了积极撰写论文外,还将实验课程内容整理成文字材料,汇编成册,并在 2022 年 8 月份出版了《指向育人范式转变的生物学实验课程研究》一书。课题《基于 US 模式的生物学拔尖创新人才早期培养机制及实施研究》成功申报为江苏省教育科学"十四五"规划 2021 年度重点课题。

生物组教师还积极开设公开课、示范课,参加各类教学比赛,获得了不错的成绩,还受邀开展各类讲座,获得与会教师们的一致好评,连续五年主办省高中生物学骨干教师的培训活动,这些活动的开展让教师们的多样化实验体系得到不断的实践检验,在省市范围内有了一定的影响力,尽可能发挥着辐射示范功能。

附件1:“人文研学中心”实施方案

人文研学中心，是整合人文社科类国家课程、校本课程的机构，对学科内部课程进行项目整合，并开发跨学科融合项目，以深度学习的项目研修为特征，管理和服务各人文学科领域的跨学科发展，组织研修课程实施与评价，促进学生综合人文素养的提升。努力寻求各学科的契合点，增强联系，加强融合，综合应用。

一、目标理念

从国际一流高中的高标准出发，借鉴吸收各国著名高中的先进经验，以基地建设为基础，在全国高中率先创建人文研修中心。“人文研学中心”以语文、英语、政治、历史、地理五个学科必修课程构建学科内部以及跨学科的项目研修课程体系，培养知识、能力和素质协调发展，拥有健全人格和批判思考能力，具有良好文化素养、文化自信、人文情怀、全球视野和社会责任感的人才。

二、课程内容

“人文研学中心”以语文、英语、政治、历史、地理五个学科教研组和心理辅导室为基础，下设二级中心。二级中心打破学科壁垒，开设融合性项目课程。

“人文研学中心”包括二级课程体系，分别是学科必修课程和研修课程。必修课程包括必修模块和选择性必修模块；研修课程是按照个人兴趣、特长选择深度研修的课程，包括学科内融合课程、跨学科融合课程和主题融合课程。研修课程的特点是以不同的研究中心为依托，以项目研究为抓手，以实践活动为主要形式，从普通学习室到专业功能室，再走向数字化实验室，从校内走向校外，从家庭走向博物馆、历史文化遗迹等场所，充分挖掘社会物质资源和信息技术手段，进行体验式学习和深度学习。

“人文研学中心”课程设计如下页表所示：

类别	维度	课程内容		场所	实施者
Ⅰ类 必修课程	必修模块	语、英、政、历、地 国家必修课程		数字化 学习室 研修室	学科教师
	选择性 必修模块	语、英、政、历、地 国家选择性必修课程			学科教师
Ⅱ类 研修课程	学科内 融合课程	文学创作	经典阅读与创新写作，作文比赛	人文学习室	语、英
		校史	校史与《史学入门》《史料研读》结合	校史馆	元博历史 社(历)
		名著赏析	整本书阅读	文学欣赏室	语、英
		影视欣赏	中外影视赏析，中外影视比较	小影院	语、英
		AR/VR 3D 创新实验课	中华文化(历史重大事件)	AR/VR 3D实验室	史
		家国情怀	常州史，常州历史名人	史学学习室	史
		数字化生存	遥感(RS)，全球卫星导航系统(GNSS)，地理信息系统(GIS)	数字化生存 实验室	地
		模拟法庭	社会热点法制事件	模拟法庭	政
		模拟政协	社会时事热点、民生话题	报告厅	政
	跨学科 融合课程	国学经典	传统文化经典研习	国学馆	国学研修中 心(语、历)
		演讲与辩论	演讲与辩论赛	辩论厅	辩论社 (语、英、政)
		话剧表演	经典话剧欣赏与表演，自创话剧与表演，话剧节	小剧场	话剧社 (语、英、艺)
		望星空	了解天文学工具、四季星空、恒星演化等	星空馆	地、物、 数、信
		模拟联合国	国际时事热点或重大事件	报告厅	政、英
		影视创作 项目	微影视创作	影视创作 基地	影视创作中心 (语、艺、信)
	主题 融合课程	思维通识课	批判性思维通识教育	思维实验室	思维研修 中心
		暑期文化 研修之旅	组织、设计暑期文化研修，编制文化研修专刊	历史文化 胜地	文化研修中心 (语、政、史、地)
		生涯教育	心理、学业、生活、生涯规划辅导	学生生涯 发展体验馆	生涯体验与探索 中心(心理)
		理想国	城镇布局、发展与传统文化保护、环境保护		地、历、政、 生、信
		生命之水	常州河湖等湿地调查及保护	河湖等湿地、 实验室	地、生、化

三、环境资源

人文研学中心得以运行，需要各类软硬件设备的支持。

1. 数字化学习室。高速网络接入、文史哲资源库等。

2. 专业化研修活动室。国学馆、思维实验室、AR/VR 3D 实验室、小剧场、小影院、演讲厅、辩论厅、模拟法庭、联合国模拟会场、影视创作基地、英语视听教室、英语阅览室、数字化生存实验室、星空馆、史学学习室等。

如思维实验室包括以下软硬件设施：

A. 学生课堂学习行为评价：App 教师端和课堂即时评价 App.

App 教师端，这是“互联网＋”背景下为教师提供的教学辅助软件，用以汇总学生操作 App 过程中被记录的操作数据，主要包括以下三部分分析功能：

(1) 学生的操作记录统计：包括学生对软件的探索度、探索时长等，练习题模块中学生的答题情况。

(2) 学生的问题选择记录：在思辩场景中，学生会遇到很多问题选择，这些问题选择对于判断学生的知识掌握程度和价值观有着非常重要的指导意义。

(3) 班级整体的表现情况和本校其他班级数据的对比：教师端不仅能提供班级中每个学生的数据，还能够提供校内其他班级的数据，方便教师进行横向对比。

B. 学生学科能力评价

通过关注学生在软件平台学习过程中是否掌握批判性思维的具体方法，尤其是对软件所提供的各种思辨性资料的运用情况进行评价；通过考查学生独立完成软件平台各种任务的能力来评价学生综合运用批判性思维的能力。

图 3.8　人文研学中心场馆建设

3. 在校园中设置多个便利视听设备，为学生提供浓厚的英语学习氛围。

四、运行机制

人文研学中心采取项目制、导师制、学长制、共修制、多元共建、多元评价机制、名家大讲堂等形式推动中心的运行，推动人才培养模式的改革创新，充分利用设备、资源，实现学习方式的真正转变。

项目制：以学习任务群为导向，以个性化选择为前提，以核心课程学习为基础，明确研修任务，实现任务驱动的学习。

导师制：帮助学生发现问题、确定任务，指导学生学习策略，督促学生完成项目任务，并进行评价。指导教师从校内学科教师拓展为优秀的学生教师、校外特聘专业教师、高校特聘教师等，充分利用校内外人才资源。

学长制：对与一些活动型项目，比如辩论赛、模拟联合国、模拟政协等项目，实行以老带新制度，高年级学生指导低年级学生，毕业学生指导在校学生。

共修制：研修人员包括校内教师、学生，同时也吸引了其他中学、高校的师生等前来研修。

多元共建：利用高校资源、社会有关机构共建课程和开展项目研修。

多元评价机制：评价方式从教师评价走向自主评价、生生互评、社会评价、网络评价等方式。

名家大讲堂：邀请名家定期开展专题报告。

附件2:“科技研学中心”实施方案

科技研学中心,是管理和服务各学科领域的核心课程以及以融合为特征的研修课程实施、评价的机构。科技研学中心努力寻求各学科的契合点,增强联系,加强融合,综合应用。

一、目标理念

1. 通过科技核心课程、研修课程的实施培养学生理性思维、批判质疑、勇于探究的科学精神。

2. 整合各学科的必修、选择性必修内容为核心课程,开发以融合为特征的研修课程,组织实施、评价,在培养学生扎实的学科基础的同时,拓宽学生的科学视野,提高学生的综合能力。

3. 加大引进先进设备(软件、硬件)的力度,加大培训师资的力度,加大校外资源引进和合作的力度,提升各课程实施的质量。

二、建设内容

1. 课程融合

科技研学中心设置了核心课程,拟设置以融合为特征的研修课程。

具体如下:

类别	维度	课程内容	学科/融合学科
Ⅰ类 必修课程	必修模块	新课标中的必修模块	各学科
	选择性 必修模块	新课标中的选择性必修模块	各学科
Ⅱ类 研修课程	学科内 融合课程	学科竞赛课程	各学科
		大学选修课程	各学科
		微积分初步	数学
		物理学家(IYPT)综合项目课程	物理

续表

类别	维度	课程内容	学科/融合学科
Ⅱ类研修课程	学科内融合课程	物理学前沿报告(科普讲堂)	物理
		化学前沿报告(科普讲堂)	化学
		生物前沿报告(科普讲堂)	生物
		信息应用初步	信息
	跨学科融合课程	数学建模	数学、信息
		微积分在物理中的应用初步	数学、物理
		数学与生活	数学与多学科
		AMC	数学、英语
		宇宙航天	物、信、地、天文
		智能制造课程	物理、技术
		智慧生活课程	物理、技术
		隐藏在化学微观世界里的数学秘密	化学、数学、信息
		化学视觉之旅	化学、信息、美术
		生活课程	生物、化学
	主题融合课程	影视动画(面向各年级学生)	信息、艺术
		数字媒体设计(面向各年级学生)	信息、艺术
		生存课程(面向各年级学生)	生、体、心、医等
		生态课程(面向各年级学生)	生、地、物、技等
		科学类小课题研究(土要面向高一、高二学生)	各学科

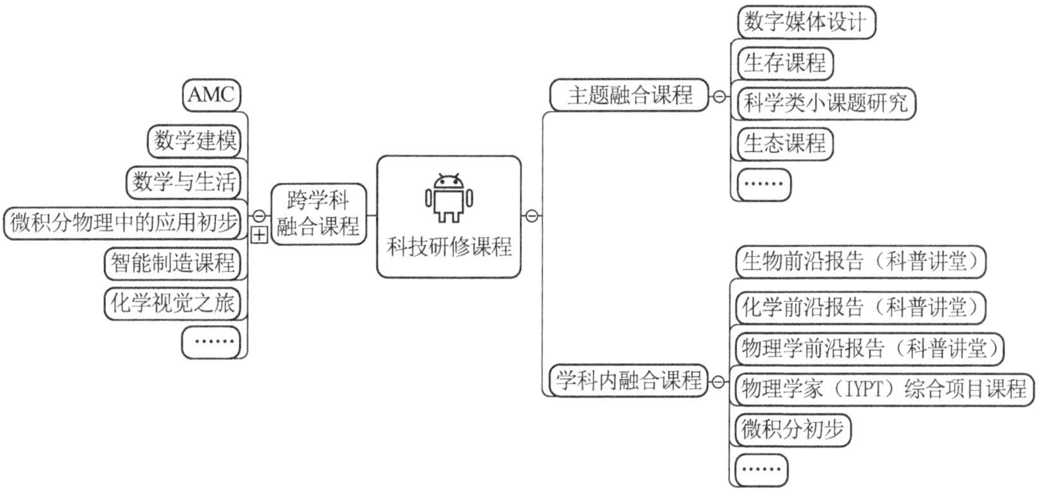

图 3.9　科技研学中心课程

2. 环境资源

科学研学中心以已经建成的两个省级课程基地为基础，整合各学科的学习场馆等资源，进一步拓展或重组融合性较强的多功能的场馆，引入相关的硬件措施，以一流的软、硬件设施为课程的实施提供条件。

科学研学中心下辖生物省级课程基地、数学省级课程基地、曹文信息思维学校、多功能科普讲堂、多学科实验综合协调部、科学综合体验馆、科学综合制作室、科学综合实验室、在数学课程基地数学智慧阅读中心的基础上引入其他学科资源、科学实践社会基地若干。

(1) 软、硬件投资：如数字化阅读设备、场地设施的建设等。

(2) 已有的但是数量不够的设备需要投入：例如高配置学生用便携式计算机、白板、超短焦距投影仪等。

(3) 缺少的专业设备需要投入：如能开展各课程所需的实验或探究的先进软件、先进器材、先进的支持系统等学科资源。

(4) 校内外的人力资源(含校友资源)引入的投资：如曹文信息思维学校的资源，各类科学讲堂可以定期邀请国家科学技术最高奖获得者侯云德院士、天文学家许敖敖院士、著名数学家恽之玮教授等校友作讲座，再如为提高数学建模课程质量需引入苏州大学数学科学学院陈中文教授领衔的专家团队等。

(5) 科学实践社会基地的投资：为各融合学科联络所需要的科学实践社会基地，需要较多的资金投入。

图 3.10　科技研学中心场馆建设

三、运行机制

各研修学科以融合为特征，多数课程采用复合式运行机制和复合式评价方式。

科技研学中心各研修课程的运行机制主要形式有小班授课制、导师制、学长制、社团活动、参观调查、社会实践、观察体验、动手制作、主题式学习等。

科技研学中心各研修课程的评价机制主要形式有笔试、学分制、写作（论文、汇报、总结、体验、调查报告）、成果（制作的成果、观察的结论、培养的成果）、比赛（参加各项比赛成绩）、实验效能（与实验达到的期望度的吻合程度）、创新性（各式学习结果的创新程度）等。

如《智慧生活课程》的内容丰富，包括节能环保设备的设计、生态家居的设计、物联网的学习、新能源汽车的研究、轨道交通的设计，所以其运行机制也是复合的，有主题式学习、体验式学习（参观）、深度学习（思考具体的模型，并思考能否优化等），评价方式也是高度复合的，有汇报总结（消化并掌握学习内容）、创新设计（思考更加优化的方案）、基地对学生优化方案的反馈等。

附件 3:“体艺研学中心”实施方案

体艺研学中心以推进“全人范式”教育为宗旨，坚持把体育健身、艺术审美、心理生涯教育融入学校大课程基地教育的全过程。

一、目标理念

1. 学校在不同成长时间段，让每个学生可以选择不同的体艺项目学习和提升。

2. 关注理念更新，注重内涵发展，融合必修课程和研修课程推进新课程实施。

3. 通过学校特色项目提升学生认识自我、发展身心、规划人生等方面的综合素质。

4. 落实珍爱生命、健全人格、自我管理、规划未来发展方向等基本要点，引导学生明确人生方向，提升生活品质，健康生活。

5. 加大引进先进设备(包括各种软件、硬件)的力度，加大培训师资的力度，加大校外资源引进和合作力度，提升各课程实施的质量。

二、建设内容

(一) 课程融合

类 别	维 度	课程内容	学 科
Ⅰ类 必修课程	必修模块	国家课程标准中的必修模块	音、体、美、心理
	选择性 必修模块	国家课程标准中的选择性必修模块	音、体、美、心理
Ⅱ类 研修课程	学科内 融合课程	春播秋收、翻轮胎接力、左右逢源、旱地龙舟	体育
		美术鉴赏、绘画(油画、中国画)、手绘课程(绘瓷、画扇、绘石头、手绘T恤、手绘鞋、手绘衣服、手绘抱枕)、装饰艺术(纸绳装饰画、衍纸画)、中国画的诗情画意、合唱;创意制作(仿金属雕塑、创意灯具、建筑模型制作、仿石膏立体制作、黏土创意制作、非洲面具创意制作)、工艺美术(石膏浮雕、金属浮雕)、民间美术(剪纸)、篆刻、新媒体艺术(艺术模仿秀)等项目	音乐、艺术
		自我认知与分析、目标设定与管理、专业职业探索、生涯能力与心理素质训练、团体心理辅导	心理

续表

类　别	维　度	课程内容	学　科
Ⅱ类 研修课程	跨学科 融合课程	民族传统项目课程、体操、艺术体育、瑜伽、音乐与舞蹈	体育
		印象音画、音乐与戏剧表演、美术与化学、美术与生物、美术与物理、美术＋音乐＋心理健康教育	音乐、艺术
		生活辅导、全学科生涯指导课程、积极心理品质养成课程	心理
	主题 融合课程	武术与民族民间传统体育、新兴体育类运动、游泳、飞盘课程、舞龙舞狮	体育
		美术与传统文化、美术音乐与非物质文化遗产、电脑绘画挑战“造型表现”、流行软件实施“设计应用”	音乐、艺术
		生涯规划辅导、美术＋音乐＋德育品格培育、生涯发展关键能力训练课程、生涯体验课程、生涯探索课程等	心理

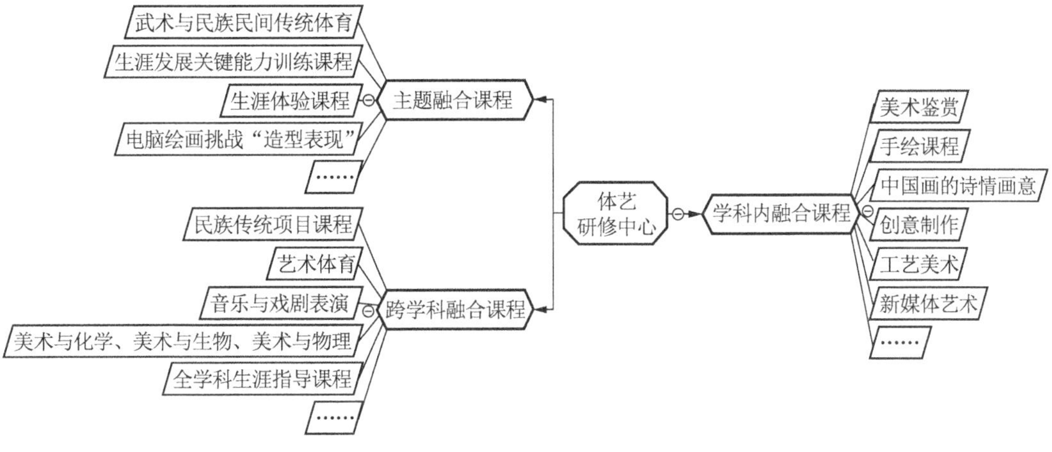

图 3.11　体艺研学中心课程

（二）环境资源

体艺研学中心主要建设“一中心两课程三馆”，进行多学科大融合，以音乐、体育、美术、心理健康等课程体系为基础，融合国家课程、地方课程和校本课程开设Ⅰ类必修课程和Ⅱ类研修课程，建设以数字化技术为核心的综合智慧体育馆、数字艺术鉴赏馆和高中生心理发展学校等。

综合智慧体育馆：以智能化和数字化为基础的现代化的体育健身馆，场馆设施能满足学校所有体育Ⅰ、Ⅱ类课程开设，同时能提供可靠、高速和灵活开放的传输管理平台，提供一个安全、便捷、功能齐全的体能测试和训练比赛及办公环境。

数字艺术鉴赏馆：不仅能让每位学生可根据自己的艺术爱好和特长自行选择项目学习，还能提供环境给他们艺术创作、音乐作曲、文化表演等，建立了一套智慧云评价系统并对学生作品进行分析评价。场馆布局有美术创作、音乐鉴赏、数字作曲、多功能演练、优秀作品展览厅等，部分以刘天华、刘半农等知名校友名字命名。

图 3.12　体艺研学中心场馆建设

高中生心理发展学校:不仅能满足心理教育课程和高中生生涯体验与探索的需求,同时还能借助高科技手段支持下的生涯教育平台,使场馆内容丰富、富有创意和实效,能提供让学生体验未来职业、规划未来发展方向的场所,享受快乐学习、健康生活的高中。

三、运行机制

智慧体育重在构建一个现实生活世界中塑造自我、提升自我、快乐自我的现代基地,主要依靠自身优势,充分利用优秀校友、校外企业资源,分项目实施,采取导师制、学分制、学长制、活动制等方式实施和多元评价。

数字艺术开设项目制和活动制的评价方式,定期开展艺术文化活动,开设优秀作品展览、主题沙龙等活动,为学生提供创作、交流、展示的平台,也为学校打造一条艺术文化长廊。

智能成长将选拔聘请一批校友、各行各业的优秀家长等作为学生的校外成长导师,根据导师的特点、特长来发挥他们的独特作用,帮助高中生健康发展,在特定的时间和场合为学生宣讲相关经验,给学生提供专业的职业体验机会。

参考文献

[1] 张莹.以“新工科”为抓手探索高中创新人才培养[J].人民教育,2022(18):51－52.

[2] 杨军,王春玉.以“健康生长、融通一体”理念构建拔尖创新后备人才培养机制[J].人民教育,2021(24):23－24.

[3] 张笑予.西南联大拔尖人才培养研究[J].学理论,2012(20):2.

[4] 唐盛昌.拔尖创新人才早期培育的八个核心要素[J].上海教育,2012(16).

[5] 杨晓云,周宏.让创新成为学校的生活方式:关于普通中学培养拔尖创新人才的思考[J].创新人才教育,2013(03):36－40.

第四章
基于创新人才培养的育人方式变革

第一节　学习方式变革

学习方式是指学生在进行学习活动的过程中所表现出的具有偏好性的行为方式以及行为特征。学习方式可以反映学生在参与学习活动阶段的差异性，这与学生的个人习惯产生一定的关联，同时会影响学生的学习质量以及学习效率。所以在教学过程中，需要充分关注学生的学习方式，采取科学且有效的措施帮助学生转变学习方式，有助于教学工作质量的提升。深刻认识基础教育在创新人才培养中的奠基性作用，深刻认识基础教育在创新人才培养整个工程中起到的基石作用。

中学阶段是学生发展的黄金时期，是思维方式、学习方式、学习习惯、学习兴趣、科学素养等培养与形成的关键期，基础教育阶段科学素养、创新思维和能力的培养对学生后续发展有着深刻影响。基础教育不仅是教授学生基础学科知识，为进入后续教育阶段做准备，更重要的是在促进学生全面发展、培养创新人才方面发挥的奠基性作用，包括发现学生的个体独特性，激发学生的主体能动性和创造性，促进学生创新思维和能力的培养，提升学生科学素养。学校转变学习方式，积极开展教学方式变革的研究与实践，推进以学习者为中心的教学改革，实行启发式、探究式、项目式学习，探索适合学生主动、有效学习的教学范式，其中范式研究有省级及以上课题成果作支撑。学校在教学范式、教学方法和教学手段等方面的改革获得省级及以上奖励，成功经验可借鉴推广。

一、打造“大学习”平台，创新学习方式

依托“大基地”、“大课程”及“高科技”平台环境，教师团队合作、资源设施整合、教学行为的发生都围绕“学生为中心”来建构，为学习者提供了丰富的软硬件资源支持，以此突破传统意义上学习时空的限制，让学生的学习活动进一步走向了自主、自律和自由的更高境界，助力学生的个性化学习、选择性学习、深度学习和创新学习，进而以“大学习”方式实现学习形态的转型变革。

（一）重构物理空间的跨界学习

基于“大基地”项目，以“一室四中心”为基本框架重构学习空间，即把学习者置于

中心地位，将原有“行政班教室”升级改造成集上课、阅览、活动、讨论、教研等多种功能为一体的“学习室”，并构建以学科联动为特征、跨学科互动与资源融合的四大“研学中心”，打破学科壁垒，突破行政班、年级段的时空局限，统整课程、基地、技术、环境、教学、评价等资源，实现跨界学习。

目前，学校数学、物理、化学、生物学等学科建有数字化实验室及其他专用教室，进一步丰富了学生的学习方式，优化了学习体验，为课程的创新实施和学生多样化发展需求的满足提供了便利条件。各学科数字化教室包括数学课程基地（数学建模中心、智慧阅读中心、数学探究中心）、物理数字化教室（3D打印室、DIS实验室、慧鱼机器人实验室、精密线切割室）、化学数字化教室、生物数字化教室（细胞探究实验室、生态探究实验室、分子生化探究实验室、标本模型制作体验馆）。

（二）重组课程内容的融合学习

基于“大课程”项目，以跨学科的课程融合为显著特征重组课程内容，即基于学科融合和跨学科融合，促发各学科知识之间有意义的关联，透过学科间的互动、影响和渗透，超越学科间的各种限制，构建分层分类的学校课程体系，支持学生开展走班选课，为学生提供多种选择的学习路径，实现融合学习。

借力各类资源，实现多元学习方式。“大课程”、“大基地”为学习者提供了丰富的软硬件资源支持，突破了传统意义上学习时空的边界，使得课内课外、校内校外、线上线下相结合的“大学习”成为可能，具体包括重构物理空间的跨界学习、重组课程内容的融合学习、基于主题项目的合作学习、信息技术支撑的泛在学习等。

构建思维课堂，促进高品质学习。我们采用项目制的管理方式，引导教师按照生命课堂的要求，针对学科教学变革的核心问题，积极探索课堂转型的可行路径与有效策略。学校倡导让课堂形态发生变革，让对话、思辨、探究、实验等成为课堂常态，推动大概念统领下的校本资源建设，重构大单元大任务的课堂建设；积极开展批判性思维与学科教学融合的教学改革，提升学生批判性思维品质，以此为着力点，促进学校思维课堂模式的形成。目前，各大学科均形成了一定的教学特色，如语文的思辨课堂、数学的思维课堂、英语的对话课堂、理化生的实验课堂、历史的“互联网＋”课堂、政治的议题课堂等，进一步推进了自主、合作、探究等学习方式的深度融合。

坚守课堂主阵地，努力打造生命课堂。学校以课程融合为理念，以“聚焦关键能力、推进深度学习、尊重生命成长”为思路，努力推进“知识课堂”到“智慧课堂”再到“生命课堂”的转型升级，“促进学生的生命成长”已经成为学校课堂教学的内在品性。

（三）基于主题项目的合作学习

中学生合作学习的理论基础由来已久，包括建构主义、社会凝聚力理论、群体动力理论等。建构主义的思想来源于认知加工学说以及维果斯基、皮亚杰和布鲁纳等人的思想。一切知识都必须建立在原有认知的基础上，按照人类先天的逻辑能力基础重建新的知识体系。引导中学生从原有经验出发，建立新的经验体系就是建构主义学习的核心观点。所以学习也一定是一个循序渐进的过程，知识也需要铺垫，概念是判断、推理的基础。建构主义注重概念工具的建立，用概念当工具解决未知的问题，在解决未知问题的困境中寻求新的概念工具，这就是知识的创新和革新。建构主义学习理论显然对教育方法和内容提出了非常有益和具体的指导意义。

凝聚力一词常用于修饰一个团体或组织，单个个体一般不说凝聚力。凝聚力的强弱直接关系到组织的生存和发展，古往今来，很多组织都把凝聚力作为发展的重要目标，并努力寻求增强凝聚力的方法。没有凝聚力的组织是松散的，不长久的。那如何增强凝聚力呢？一是要有共同的理想目标。这个理想和目标是组织内每个人都向往和追求的，并愿意为之努力奋斗的。二是要有强有力的领导。领头羊的作用至关重要，他必须德高才众，让人信服，具有较高的威信和影响力。三是要有严格的规章制度。制度严密，赏罚分明，分工明确，责任具体，执行有力。四是要有和谐的氛围。个体在组织中能够获得安全感，得到关怀、激励，整合组织团结、积极、向上。对于中学生合作学习来说，小组之间形成的凝聚力对于合作学习的开展有着重要影响，只有小组之间的成员有着共同的目标，并向着目标共同进步，才能够取得良好的学习效果。群体动力基于社会认同理论，群体行动具有一定的原则。人们努力实现和保持积极的社会身份认同。积极的社会身份认同是给予个体所属群体（内群体）和非所属群体（外群体）之间的倾斜比较而产生的。如果社会身份令人不满，人们会努力离开所属群体并加入更有利的群体，或者他们会努力使现有群体令人满意。通俗地说，我们会努力维护自己所在的群体，而如果群体引起了不满，则会离开这个群体而去努力加入优势群体。

经过长期的认知心理学专家研究证明，想要让信息、知识在脑中长期保留，并且和记忆中已有的信息、知识相互联系，学习者就必须对掌握的知识和信息进行精制、重组。通过将信息、知识进行形式的转换，能够使得学习的东西更加充实而有意义，在形式转换的过程中，还会有其他信息的补充和添加，这对于人的成长是很有必要的。诺恩里·韦伯在研究中发现，合作学习的过程中，受益最大的是为他人讲解的那一个，相对于接受知识的小组成员，表达自己想法的领头人才是成长最快的。因此，中学教师应当重视合作学习，并且更加注重每一个中学生的自我表达，以及认知精制。在活动进行过程中，通过自己对材料、活动的认识，将自己的想法向其他成员解释，这样一来，全员都将受益匪浅。

在课程形态上，力图从程序型课程向项目型课程发展。即以学习者的经验、个体生活和核心素养为基础，打破学科的固有界限，以真实问题为核心进行课程重组，以“主题项目学习”的方式推进学科的互动与知识整合，为学生提供更加丰富的、有层次的、立体多元的课程选择，让学习与生活联结，聚焦问题解决、批判性思考、团队协作、跨界交流合作等。通过建立科学规范的高中阶段拔尖创新人才的选拔机制，组建“英才团队”，并根据学生的特点建立“学科专项学习共同体”，学会更好地合作学习，更好地完成项目研究，让一群有共同志趣的高中生相互帮助，实现合作共赢。目前，学校已先后立项了15个“校级重点创新项目”，并将继续立项研究。

（四）信息技术支撑的泛在学习

基于“高科技”的智慧云校园项目，让数字技术与学习直接连接，成为师生教与学的底层支撑，实现学习的精准供给。即让技术贯穿学习的整个过程，促进信息技术与教育教学的深度融合，使得课内课外、校内校外、线上线下、正式与非正式的“泛在学习”成为可能，即让任何人在任何时间在适切的地方学习适切的内容。同时，“互联网＋”时代背景下，通过开发“数学化校园”、“数字化教室”、“数字化交互系统”、云课堂、云直播，以及运用人工智能的VR/AR(即虚拟现实技术/增强现实技术)技术等手段，增强学习过程的体验感和情境性，搭建学生深度学习和创新学习的信息化平台，实现科技赋能教育。

面对互联网的挑战，面对传统教育的挑战，在教育信息化、教育现代化方面，在课程建设、教学方式方面，在教育技术与教育融合方面，学校做了大量的探索和实践，建成全新的e学习平台，变革学生学习方式。通过平台，沟通课内课外学习，激发学生学习兴趣，引导学生主动积极地投入满足个性化需求的选择性学习与合作协同学习，为学生创造更多的实践、创造与表现的机会，激发学生的创造意识、创造激情和创造潜能，使教育教学效果更加明显。开展基于个性化学习的校园网络学习资源建设，通过师生共建校园网络学习资源，充分发挥数字化学习资源在促进学生改变学习方式、教师转变教学方式的推进作用，挖掘微视频的补充教学功能，以技术手段帮助学生完成知识的归纳和整理，促进学习资源的交流与共享，为学生的选择性学习提供资源保障和学习指导。通过“互联网＋”背景下的高中历史课程实施，建成三个中心(历史学科研发中心、体验中心、培训中心)、搭建三个平台(中国传统文化网络学习平台、常州历史文化网络学习平台、江苏省常州高级中学校史网络学习平台)、取得三类成果(理论成果、实践成果、推广成果)。

提升网络基础设施。2018年学校成为江苏省普通高中课程基地高峰学校(全省仅四所)，接着提出了“大基地”“大课程”的基本框架，以信息技术为支撑建设“一室四中心”的总体构想，在信息技术建设层面具体体现在建设智慧云校园等方面。2019 年，学校建成符合当前需求并具有拓展性和前瞻性的微模块一体化机房，保证学校网络的高可用性、稳定性和高冗余度。学校内部网络采用先进的全光网络方案，光纤到教室、办公室，使得有线网络更加稳定、后期扩展性强，有线和无线实现深度融合。

丰富教学技术手段。全部教室装有先进的智慧黑板，便捷的操作让教师可以有更多的精力打造个性化课堂，提高学习效率。基于超融合架构的桌面云，方便教师在课堂、办公室等不同地方通过不同终端随时接入专属桌面，快捷获取教学资源，实现移动化教学与备课。此外，便携式无线录播系统应用场景更为广泛和灵活，能够满足数字时代教师录课、点播和校内直播的需求。其中非常重要且迫切的是关于各学习室智能交互黑板的建设。学校目前各个教室的黑板是在 2007 年建设并投入使用的，由于当时技术的局限性，这些黑板仅仅只能满足传统教学的需要，不能满足广大教师在信息化条件下的教学需求，妨碍了现代教育技术在课堂上的应用，再加上这些传统黑板使用已经十几年，装备老化，各种问题频出，影响正常教学。基于目前的实际条件和现实需求，学校已为各学习室建设智能交互黑板共计 54 块。为了满足日益增长的信息化教学需求，学校在 2020 学年进行了相关的信息化改造，在教师应用层面比较有特色的要数桌面云系统的实现。传统 PC 的办公模式属于独立计算模式，操作系统、应用程序及数据都与每台硬件设备紧密关联，即各组件绑定于每台用户 PC 上，只要其中一个环节出现问题，桌面将无法正常使用。针对传统桌面面临的上述问题，深信服提出了 aDesk 桌面云解决方案，将计算、网络和存储等资源作为基本组成元素，根据系统需求进行选择和预定义的一种技术架构，具体实现方式上一般是指在同一套单元节点(x86 服务器)中融入软件虚拟化技术(包括计算、网络、存储、安全等虚拟化)，而每一套单元节点可以通过网络聚合起来，实现模块化的无缝横向扩展(scale-out)，构建统一的资源池，提升学校在数据安全建设、终端用户体验、业务连续性等方面的价值，让学校充分享受云计算所带来的优质体验和业务效率提升。通过提供统一的虚拟化管理平台(VMP)和虚拟桌面控制器(VDC)来保证桌面管理和运维工作的简化，大大减少了维护成本。同时，虚拟化管理平台可直观地看到计算、网络、存储及桌面的各项资源使用情况，虚拟桌面控制器上可对桌面用户、桌面资源、桌面权限等进行相关配置。此外，深信服提供 aDesk 瘦终端，用于接入桌面资源。瘦终端配置简单，终端用户只需使用用户名和密码进行登录即可。桌面云是基于超融合架构的新型桌面模式，通过深度整合服务器虚拟化、桌面虚拟化及存储虚拟化，也就是说桌面云就相当于是在云上的一台独享的电脑。桌面云在学校的应用场景主要是解决了老师到班级上课所带U盘容易感染病毒和教师教学软件与班级智慧黑板软件不兼容的问题。

二、基于“参与式”实践，变革学习路径

通过创设多元、开放的“参与式”实践活动，变革学生参与学习的路径。

（一）文化参与：观念＋课程

1. 观念上文化参与

首先转变文化观。如何看待文化决定了如何用文化。任何文化都是因“人”而生的，忽略了“人”的本质，文化传承或学习方式就无从谈起。学习主体的内在诉求是寻找社会存在感，而社会存在感的实质是个体与他者“共在”的具体表现。百年老校无疑提供了这样一个“共在”的基础。哲学家黑格尔曾言：“传统并不是一尊不动的石像，而是生命洋溢的，有如一道洪流，离开它的源头愈远，它就膨胀得愈大。”为此，要树立起“文化是活的传统、信息是新的文化”的大文化观，百年老校所传递的文化内涵和意蕴要和“人”也就是学生相结合，空谈过去的积淀，脱离了“人”的实践，都不能真正打动学习者。利用线上学习距离缩短、学习路径拓展的特质，将其灵活地融入基于“人”的文化，可实践、可延伸，才能最大限度地体现百年老校为学生线上学习方式变革提供的内涵价值。

其次转变工具观。时至今日，绝大部分教育工作者、学生都将技术的应用作为掌握其他知识的触手。我们并不是否认技术的工具性，但认为更应该全方位地认识技术带来的变革：技术是实现目标的工具，也是学习载体和学习客体。在信息时代，学生是“数字土著”，网络语言是他们的“母语”，掌握新的技术本身是学生的内在诉求。因此，在新的环境下，技术在学生学习方式变革中绝不仅仅是中介，而应该将其纳入学习客体，这样的“双向奔赴”更有助于线上学习方式的变革。

2. 课程上文化参与

学者徐梓认为，把中小学的传统文化教育设置成独立的必修科目的最大好处在于：基于课程和教学的系统性，能够进行整体擘画、全局组织，教授的是系统而非支离破碎的知识，能确保传统文化教育目的的实现。我们认为在课程的规划、建设和实施过程中，我们应该更多地去关注“人本”，更多地把文化元素纳入其中，将百年老校的学校文化作为一个课程去创设，而不仅仅是将百年老校作为历史和品牌。“用好”百年老校，“用活”精神实质，以小观大，形塑和调整线上教育课程内容，充实文化底蕴，才能由内而外地助推线上学习方式的变革。

（二）具身参与：过程＋评价

“具身认知”是近年来比较热门的概念，强调在学习过程中身体的参与有助于提高学习效能。借用具身认知的理念，我们主张“身心”积极参与学习过程，增强学生的主体意识，这是变革学习方式的集中体现。

1. 在课程组织上，基于项目主动学习

实践证明，项目式学习是一种自主学习方式，能够更大限度地激发学生的学习需求。教师在课程组织上注重提高学习的趣味性、时效性、参与性，让学生积极投入学习过程。陈丽教授提出，在线上学习过程中，概念交互是最高水平的交互，只有实现概念交互才能产生真正意义的学习。一个完整的项目设计能够引起学生的内在动力，将学生从与媒介的互动引向概念互动，让学生从“听中学”变成“做中学”，从“要我学”变成“我要学”。

2. 在课程设计上，基于真实深度学习

针对碎片化、浅表化学习，我们主张通过主题式教学设计和任务驱动让学生深度参与，进行深层次的问题解决学习。我们认为“真实”一定是源自生活，学生生活的最大来源是学校，那么从学生生活经验中提炼出的课程设计就是学生在“身心”上参与的重要契机，也是将“静态知识”转变为“动态知识”的良好路径。

3. 在课程评价上，基于数据智慧学习

有效评价是提高教育质量的难点和痛点，但随着技术的发展，我们也看到了突围路径——利用教育大数据的学习分析推动学习方式变革。通过大数据决策平台，汇聚教师教、学生学的全方位数据，为基于数据的智慧学习提供了可能。大数据分析能够为学生提供阶梯式的课程内容，让学生在线上学习过程中实现过程性评价，提高学习评价的效度和信度；使教师和学生及时调整方向，让学习过程从“经验”走向“实证”。

（三）翻转参与：思维＋创新

学习方式是学生的思想观念、行为选择和学习活动按一定的方法和程序表现出来的定型化实践样态。思维方式变革是学习方式变革的前提和必要条件，也是学习方式变革的根本动力。

1. 翻转实施主体

在传统教育环境下，教育模式几乎是固定的，教师在课程实施过程中应更多地让出课堂时间，充分利用技术（如思维导图、自主学习单、微课等）为学生提供思考空间，让学生能够在自主学习的过程中有独立思考的机会，自主控制课程的进度，把课堂权力让渡给学生，释放学生潜能。

2. 翻转思维方式

在教师的引导下一步步推理论证的线性思维方式是课堂教学的必然产物。然而，在信息指数级爆炸时代，学生的信息接受量远超以往，再依赖原有的思维方式就很难有突破。新媒体、计算机以及人工智能逐渐成为人脑思维的辅助工具，部分地代替了人的智力活动，改变了人类认识、理解世界的方式和途径，在某种程度上来说，它们已经成为新时代学生的主体思维方式。我们认为，新时代主体思维方式应该是计算思维、设计思维、编程思维等一系列的发散性思维方式，而课堂教学更多地着重于线性思维的阐发。为此，课堂就是思维方式发生变革的主阵地，打破学习环境的泛在学习、基于大数据的个性学习都有助于思维方式的转变，推动学习方式的变革。

案例

学习方式变革案例1:江苏省常州高级中学研究性学习实践案例

为了促进学生学习方式转型，我校积极开展研究性学习，形成了具有我校特色的“研究性学习活动”课程方案。每年的省常中新生踏入校园之际都会聆听关于研究性学习和科研科创的动员和引导讲座，在内心勾画这三年的研究方向，然后正式提交课题申报，审核通过课题论证，完善和践行研究计划，总结和归纳一次次实验数据和成果，论证、答辩、汇报、反思。每年学生研究性学习课题有近200个，在历年的常州市中小学研究性学习优秀成果评选中都获得了很高的评价。2020年、2021年连续两年在常州市研究性学习优秀成果评选中获得特等奖的项数超过半数。

1. 课程规划

研究性学习是学生在比较广泛的教育资源背景下所开展的自主的、开放的、探究式的学习活动，《普通高中课程方案(2017年版)》将研究性学习和社会实践、志愿服务归类为综合实践活动，是普通高中的必修课程，必修学分为6学分。它对于改变学生的学习方式、促进教师教学方式的变化、培养学生的创新精神和实践能力具有重要的作用。结合我校实际，特制定本规划。

(1) 价值取向

① 服务于学校的育人目标和教育使命，为学生构建开放的学习环境，提供自主合作探究的机会与空间，促进学习方式的转变，培养创新精神和实践能力。

② 建立符合新课程理念的协作、指导和教学相长的新型师生关系。

（2）课程目标

① 帮助学生熟悉课题研究和方案设计的一般流程。

② 为学生获得参与研究探索的体验搭建平台，培养学生发现问题和解决问题的能力，培养收集、分析和利用信息的能力，学会分享与合作，培养科学态度和科学道德，培养对社会的责任心和使命感。

③ 激发学生主动学习的兴趣，转变学习方式，构建研究性学习课程与网络的整合平台，逐步形成网络课程。

（3）发展策略

① 强调研究性学习参与的全体性，高一年级以小组合作研究、高二年级以小组合作研究与个人独立研究相结合、高三年级以个人研究的形式参与研究性学习。

② 以多学科、跨学科内容为载体，“统整”现有课程资源，打造具备引领性的经典项目，提升研究性学习课题的深刻性，促进学生主动深入开展研究。

③ 改变研究性学习的短期行为，高一、高二年级除“自主创新实验”外（必选课题），每人每学年还要完成一个研究性学习课题（自选课题），以此促进研究的深入开展。

④ 成立研究性学习指导中心，加强对研究性学习活动的指导与管理。

2. 课程开发

（1）内容选择与设计

① 科学技术类“自主创新实验”。

② 单一学科背景的研究课题。

③ 科技生活类课题。

④ 人文社科类课题。

⑤ 校园生活类课题。

（2）知识管理与分享

师生在研究性学习中所获取的信息、采用的方法策略、得到的体验和取得的成果，对于本人和他人，对于以后的各届学生，都具有宝贵的启示、借鉴作用。学校将建立研究性学习主题网页，对研究性学习课题分类展示，以此作为过程呈现、成果展示、资料积累、经验传承的平台，成为广大师生共享并能加以利用的学习资源，并作为学校进行研究性学习课程建设的重要途径。

3. 课题实施

（1）组织形式

研究性学习活动的组织形式主要有三种类型：小组合作研究、个人独立研究、个人研究与全班集体讨论相结合。我校高一年级以小组合作研究、高二年级以小组合作研究与个人独立研究相结合、高三年级以个人研究与全班集体讨论相结合的形式参与研究性学习。

（2）组织机构

学校成立“研究性学习活动”领导小组，组织制定研究性学习总方案和各学年实施计划，领导校研究性学习指导中心的工作，协调与家长委员会、社区有关部门机构的关系，确保研究性学习的实施。成立“研究性学习活动”指导中心，负责研究性学习课题选题指导、方案评审和本年级研究性学习的实施、协调，协助班主任做好组织和管理工作以及资料积累和保存。成立“研究性学习活动”工作组，每个班选两个课题组组长作为班级研究性学习负责人，做好研究性学习日常工作的收缴、督促。

（3）实施程序

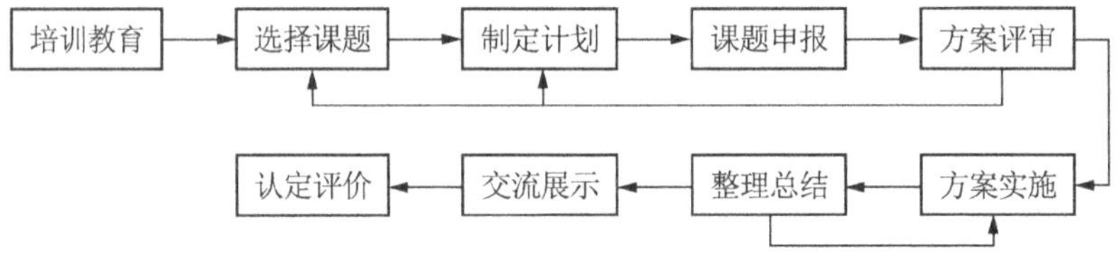

图 4.1　江苏省常州高级中学研究性学习实施程序

4. 评价

（1）学习评价

坚持评价主体的多元化和评价内容的多样性。

学分认定。学校按《综合实践活动学分认定办法》的规定对学生研究性学习活动学分进行认定，并记入学生素质报告单和学生学习成长档案中。

（2）指导者工作评价

对本校研究性学习指导者的工作评价，将纳入学校教师评价标准和方案。

对校外研究性学习指导者的工作评价，将另行制定方案。通过邀请、确认和评价，逐渐构建起指导学生研究性学习的人才资源库。

（3）课程实施情况评价

研究性学习课程领导小组主要通过各年级研究性学习指导中心在指导学生展开研究性学习上所积累的资料，对课程实施情况作出评价。

5. 推进大中学校合作，链接各种资源

我校与上海交通大学合作开发研究性学习课题，上海交通大学的教授和我校学科教师一起携手助力学生在课题上的研究和进步，为我校研究性学习提供主题、方案、导师、过程指导和实践支持。开拓了学生的视野，提升了研究性学习的平台和高度，让学生提前体验大学课程和前沿科技的现实应用。

课题一：常见表面活性剂分子在溶液中聚集结构的分子动力学模拟

简介：表面活性剂（如洗衣粉、洗涤剂等）是一类广泛用于生产和生活中的物质，其微观结构决定了其在溶液中的聚集态结构，从而决定了其性能。但是实验上通常很难原位地直接观察表面活性剂分子在溶液中的聚集结构，所以，本项目拟利用计算机模拟方法，构建不同类型表面活性剂的分子模型和力场参数，研究其在溶液中的组装动力学，为新型表面活性剂的结构设计提供理论依据。

指导老师：上海交通大学化学化工学院于春阳

课题二：恩格列净对心肌成纤维细胞的影响

心血管疾病是2型糖尿病患者死亡的首要原因。糖尿病患者心血管并发症的发病率、死亡率均高，严重降低患者的生活质量，增加了家庭经济负担。几年研究证实，钠葡萄糖协同转运蛋白2（SGLT-2）抑制剂（恩格列净）是一种新型的口服降糖药。本研究在细胞水平研究SGLT-2抑制剂恩格列净对心肌成纤维细胞的影响，为临床恩格列净的潜在作用提供支持，为其对2型糖尿病心肌病的治疗提供理论证据。

指导老师：上海交通大学系统生物医学研究院崔晓芳

课题三：漆树酸对肺癌细胞增殖能力的影响

银杏是现存最古老的孑遗植物，是裸子植物的活化石，也是我国特有的古老树种之一。银杏叶的药用价值高，其提取物被运用到医药、食品、化妆品等方面。漆树酸是银杏叶提取物的活性成分之一，具有抗菌消炎的作用。中药治疗肿瘤的作用正越来越受到研究者的重视。本研究主要聚焦漆树酸对肺癌细胞增殖能力的影响，为漆树酸在肿瘤治疗中的作用提供理论依据和数据支持。

指导老师：上海交通大学系统生物医学研究院崔晓芳

课题四：便携式垂直水样采集机器人

我国湖泊众多，然而人均可利用水资源匮乏。水质污染、过度开发、水资源分布不均等都是导致水资源匮乏的原因。加强对现有湖泊水资源水质的监控，获取水质相关大数据，对于预判湖泊水资源质量，提前作出水治理措施，具有重大意义。

定期采集水样并分析水质，是获取数据的最直接和最有效的途径。传统水样采集方法是采用人工划船的方式，在湖泊水面分区域采集水样。该方法存在人员安全隐患、操作不便等缺点，同时只能采集湖泊表面的水样，无法获取垂直方向不同层深的水样。然而获取不同层深的水样，有助于更精准地分析湖泊整体水质状况。因此本研究主要聚焦湖泊垂直水样的采集需求，研究一种新型的便携式垂直水样采集机器人，通过预定层深数据，实现自动分层水样采集功能，为水质分析工作提供不同层深水样品,提高水质分析的精准性。

指导老师:上海交通大学船舶海洋与建筑工程学院王健

课题五:新能源技术对海洋运输行业碳排放量的影响

在海洋运输行业,船舶是最重要的运载器,是全球货物贸易不可或缺的关键载体。传统船舶采用内燃机作为主要动力,燃烧化石燃料会带来大量的碳排放。随着我国“碳达峰、碳中和”战略目标的制定,“双碳”对海洋运输业特别是船舶领域提出了新的期望。随着新能源技术在汽车、机器人等领域的成功应用,其在海洋运输业的应用也越来越受到研究者的重视。本研究主要聚焦新能源技术对海洋运输行业碳排放量的影响,研究新能源技术对未来海洋运输行业“双碳”目标的影响趋势,并提供数据支持。

指导老师:上海交通大学船舶海洋与建筑工程学院王健

课题六:语音信号采集及简单处理方法探究

语音信号采集的意义在哪里?战国时代的《墨子》记载了“听瓮”的故事。古代作战,特别是军队驻守时,为防备敌军偷袭、掌握敌军动态,就在驻地人员活动少的地方挖个坑,把瓮正放埋入,土踩实,瓮口与地面相平,派人用耳朵在瓮口听,这样能听到几里甚至几十里外敌人活动的声音,如脚步声、马蹄声等。

语音信号处理是语音学和数字信号处理相结合的交叉学科,是一门在电子类专业中很重要的学科,广泛应用于通讯、自动化等领域。本研究拟借助生活中随处可见的摄像头,通过监测说话者附近物体(如玻璃杯、桌面绿植)的微米级微幅振动信息,实现对声音信息的反演重构,建立基于高速视觉的微幅振动提取方法,具有一定的趣味性和前沿性。

指导老师:上海交通大学深海科技研究院温斌荣

课题七:常州古桥图鉴研究

常州有记载最早的桥梁是阖闾桥,为春秋吴王阖闾建造。到南宋时,常州城里有名称的桥梁就有58座。到了晚清时,常州古桥数量更是达到了创纪录的1283座。作为江南水乡,常州水网密布,并形成了“城依水、水连桥、桥满城”的城市格局。常州地区目前现存100多座古桥,其中列入各级文保单位的古桥有58座,这些桥承载了常州人的回忆,也承载了这座城市的记忆。

本课题拟带领学生:

* 通过文献调研结合实地考察,搜集常州古桥的图片、图画、文字、回忆等信息,汇集成一幅关于常州古桥梁的记忆图鉴。

* 从常州古桥梁的历史变迁出发,了解常州城市规划、水网水系、历史纵深等多方面的变迁与发展。

＊通过该研究也可以培养同学们对于基本建筑物结构的认知。

指导老师：上海交通大学设计学院严亦禹

学习方式变革案例2：江苏省常州高级中学社团学习活动案例

学校社团是实施素质教育和提升学生素养的重要途径，是学校发现和培育科技后备人才的重要载体，也是丰富校园创新文化和学校科技品牌的有效途径。近几年来，我校在科技社团建设上进行了有效的实践探索，构建了社团课程及其运行管理体系，极大地丰富了素质教育的内容和形式，使学校科技教育特色更加鲜明，更具规范性、操作性和可持续发展性。

1. 规划引领，确定清晰的发展方向

学校在"立德树人"理念指引下，结合新课程改革背景，通过学校资源、社会资源等，为学生成长搭建各类实践创新平台，构建以专题科技教育促进创新人才早期培养的教育体系。创新需要环境，拔尖需要展示的平台，学生社团作为学生自己的组织为学生展现自我、学会合作提供了实践的基地。社团活动使创新成为学生们自主选择的生活。学校组织学生成立社团，通过丰富多样的活动形式，让社团成员在了解知识的同时，提升创新水平，培养创新意识。一些兴趣趋同、学习意愿强烈的学生，按领域的不同，开始组建各类社团，自主运作，民主管理，在社团教师的指导下亲历现实生活中实际问题的发现与解决。我校充分发挥社团作用，学校70余个不同类别的社团让学生能够充分挖掘自己的才能，发挥主观能动性，在实践与活动中，达到兴趣发展与能力锻炼的高度融合，让学生成为主动发展的个体与积极协作的团队中不可或缺的部分。

2. 类型丰富，融合课程内容

我校社团活动类型多样，数量充足，满足不同学生的兴趣、爱好和需求；学生参与面广，形成一批高水平、在省内外有较大影响的艺术团体、体育团队、科技社团等品牌社团和项目。

以社团运营为载体，以培育气节青年为目标，利用我校独有的红色资源，赓续红色血脉，突出融合学科，以丰富多彩的活动为平台，强化学生的自主体验。在持续不断的探索与实践中，确立以学生为主体，学校科学统筹、教师个性指导、专家客座传授，以优促先、以先带众的"一体多翼"的运营模式，形成了利用智慧社团积极联动，学生个体充分发展的良好势态。在学校育人模式转型的新形势下，促进气节青年的培养。

(1) 主体式联动，突出生命体验：学校的70余个社团均由学生自发组织成立，各式各样的社团活动均由学生自主策划，充分体现学生主体在社团发展中的主观能动性，使得学生在探索与创新的过程中，挖掘自我的优秀品质，在合作与实践中，体验学习与发现的乐趣，实现学生主体间的相互联动，突出每个个体的自我体验。

(2) 场景式实践，铸就思想内核：在校园两杰广场、读书长廊、秋白厅、太雷厅、升旗台等处寻觅革命先辈的足迹，为学生的优秀思想内化提供了支持，并影响学生的行动。

(3) 融合式创造，创新活动模式：各色活动与学科课程融合的模式，既有利于丰富社团活动的内涵，也能促进课程形式的多样化发展。结合不同学科的特点，夯实社团建设的内容，培养新时代青年敢于实践的品格。

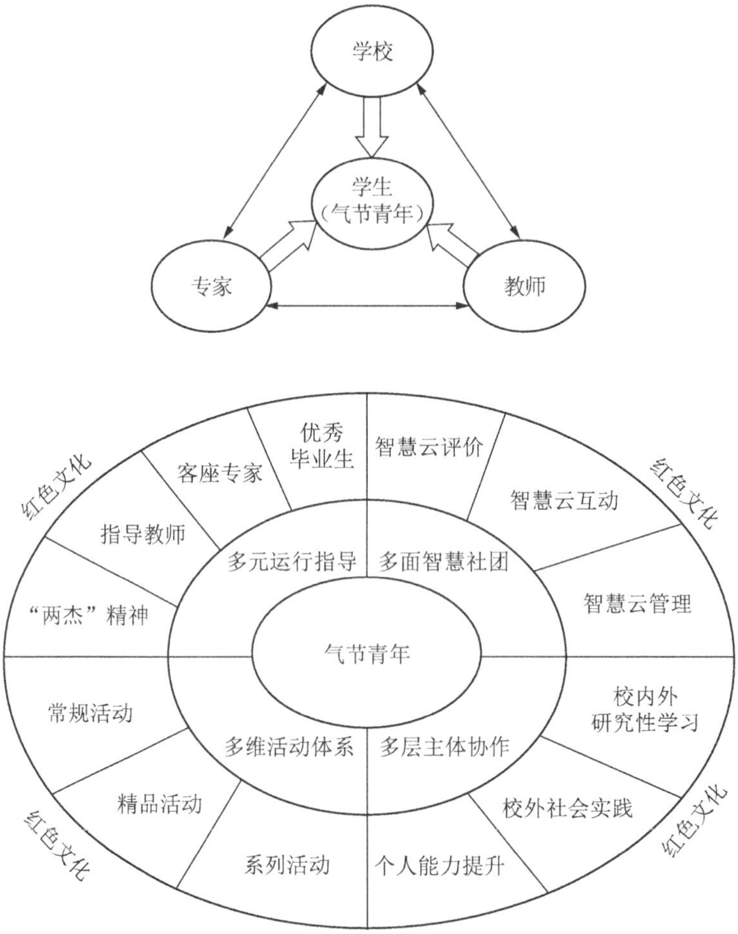

图 4.2　江苏省常州高级中学社团运营机制示意图

省常中学生社团是一个拥有着巨大的吸引力、号召力和凝聚力的青年学生的集合，它是一个分享、交流、展示、学习、提升的舞台，更是提升公民意识、学术气质、创新思维和团队精神的平台。

表 4.1　江苏省常州高级中学社团类别分布

类　别	社团名称
公益服务类	星火志愿服务社、心海扬帆社、春风导学社、阳光社、环保社
科技创新类	头脑奥林匹克社、Feblab、科技社、机器人社、人工智能社、科创社、STEM
模拟议政类	模拟联合国社、模拟政协社、模拟法庭
文化艺术类	GLEE 歌舞、健美操、象棋社、太极社、玉梅广播社、汉服社、长生殿、礼仪社、D&S、光影俱乐部、天华艺术团、半农话剧社、动漫社、电影社、围棋社、墨雅书法社、文创社、C-beats 说唱社、相声社、音乐剧社、常州运河文化研究社
操作技能类	烹饪社、烘焙社、篆刻社、烙画社、视频社、航拍社、剪纸社、魔方社
语言文学类	哲学社、辩论社、溆湘语言社、秋白文学社、思勉国学社、外国文学社、公共演讲社
学科课程类	AMC、元博历史社、物理实验社、数学建模、天文社、焕庸地理学社、S.T.、本草阁、青年学习社、观鸟社、昆虫社、生物科研社
体育运动类	篮球社、足球社、Frisbee 飞盘社、搏击操社、排球社、乒乓球社、羽毛球社、棒球社、女篮社、女排社、攀岩社、骑行社、皮划艇社

其中，模拟政协社团于 2021 年、2022 年连续获得“最佳组织奖”，于 2022 年获“最佳社团”“最佳提案”“最佳调研报告”“最佳创意制作”“最佳展示团队”等多个团体奖项，社团成员斩获“最佳风采个人”“最佳记者”“最佳创意制作人”“最佳委员”等多项大奖；学校获颁 2022 年“首批全国青少年模拟政协活动示范基地”。学校辩论社获得 2022 年“星锐杯国际中学生华语辩论赛”季军、“第五届全国中学生华语辩论锦标赛（江苏赛区）”亚军；模拟联合国社团获评常州市“十佳社团”；我校星火志愿服务社项目“用我们的爱唤醒更多人的爱”获评市级优秀项目。

3. 精品团队打造，形成示范引领

（1）体育团队：“跑进清华，跳进北大，投进奥运”

学校认真研究体育发展模式，多人通过短跑、跳高项目的优秀表现进入清华大学、北京大学学习，其中高阳在奥运会铅球比赛中取得佳绩。2020—2022 年，我校体育工作取得不断突破与创新。以“聚焦体育能力，培养锻炼习惯，尊重生命成长”为主旨，学校精心设计“让生命灵动”特色体育活动：多彩体育社团大课间、课外活动、春季体育节、秋季田径运动会、冬季小型体育竞赛等。学生在省级各类比赛中奋勇拼搏，38 个项目获得省前六名，共获得 11 枚金牌，10 枚银牌，10 枚铜牌。2020 年我校获评“常州市深化体育改革学校”称号，2022 年我校获评“常州市体育传统学校（乒乓球类）”称号，2023 年 1 月我校被评为“常州市体教融合先进学校”。

（2）艺术团队：“画笔灵动，术业专攻，奏响最强音”

学生获奖成绩显著，大合唱、小合唱、话剧、器乐、舞蹈、乐团表演均获艺术展演一等奖;“三独”(独唱、独舞、独奏)比赛每年都有6～8名同学荣获一等奖。每年有二十余名同学荣获全国、省、市书法绘画竞赛一等奖。以2022年为例,第二十六届全国中小学生绘画书法作品比赛我校有8人荣获一等奖,15人荣获二等奖,29人荣获三等奖;市艺术节美术作品评选活动,荣获2个特等奖,2个一等奖,2个二等奖;省艺术展演学校推荐的美术作品荣获省一等奖;市舞蹈比赛《国风墨韵》荣获一等奖;市音乐“三独”比赛荣获6个一等奖、6个二等奖;校天华艺术团荣获常州市器乐比赛特等奖第一名。学校的艺术教育和艺术活动不仅为学生展现风采、提升能力提供了舞台,而且得到了学生和家长的广泛认可。

(3) 科技团队:“专注实验,走进央视,对话世界”

倪嘉舟同学与一群热爱科技创新的同学一起建立了创新实验基地“输电站”(Power Station of Books & Technology),他们将学科实验与个人的兴趣发展相结合,完成自主实验超过100个,团队成员共同编写了图书《一片叠层石》,呈现他们的研究成果。此外,倪同学三次参与世界顶级科学家论坛,对话诺贝尔化学奖得主、世界顶级科学家协会主席罗杰·科恩伯格教授(Roger D.Kornberg),中央电视台播放了倪嘉舟同学阐述科学见解的片段。此外,学校观鸟社的同学们专注探究,撰写多篇学术论文并发表,社团的其中一个图例被清华大学教授应用于自己的论文图例当中,并在国际期刊发表,飞向世界的小鸟展现着省常中学子热忱探索、专注探索的优秀品质。曹文信息学校在各类信息奥赛中喜讯不断,多人斩获信息学竞赛金牌,进入清华大学姚班学习;2020年学校有3名同学入选英才计划,2021年有11名同学入选。学校良好的科技创新氛围为同学们的成长成才提供了肥沃的土壤。

4. 健全机制,系统管理

完善运行机制。学校在原有教育管理格局下,重点建设以指导教师为核心的科技社团教学实践团队,同时制定了《社团课程申报要求》《社团管理章程》等多项规章制度,并逐渐探索出了一系列社团课程教学成果及与学生综合素质评价、自主招生、师生学期末评优等挂钩的实施办法,确保了社团课程的规范化、流程化、制度化和常态化。

规范教学管理。每个社团课程都有明确的教学大纲、具体的教学实施策略和可行的教学评价方案,在学期初先由课程处审核通过后,再由学校设置学期社团课程表,要求上课教师和学生分别按照《科技社团教师成长档案》和《科技社团学生培养手册》记录学习过程,并在期中、期末对学生开展问卷调查和访谈等活动。系统规范的教学组织形式和课程管理方式,确保了科技社团课程的有序开展。

案例

江苏省常州高级中学社团管理章程(以文艺部为例)

一、总则

1. 社团所有活动及行为需遵守法律法规及学校规章制度,不得有违纪行为。

2. 社团应建立完善的运行机制,完善自我管理,确保社团健康稳定发展。

3. 社团活动不能影响正常的教学活动,所有正式社团活动必须向老师及社团文体部提出书面申请,批准后方可进行。

4. 所有社团应积极配合社团工作。

5. 社团不能强行干预社员的正常学习生活,活动必须以社员自愿为前提。

违反以上条例的社团,校社团文体部将根据实际情况给予提醒或警告,若两次警告无效或情节特别严重者,社团文体部拥有在讨论审议后解散该违纪社团的权利。

二、社团创立

1. 新社团需有至少 6 名学生发起,正常情况下社团成员不得少于 15 名(特殊性质的社团除外,如小型乐队)。

2. 社团应符合学生组织的性质,社团由江苏省常州高级中学学生会社团文体部统一管理。

3. 社团内部事务由社团负责人自行讨论决定,原则上应遵循民主制度。

4. 社团必须邀请一名指导教师,且需要经过教师本人同意。

5. 社团创立者在填写申请表后交学生会社团文体部审议,团委确认,全校公示并在一周内无异议后方可正式成立。

6. 社团创立需要在申请表上写明未来一年大致的活动计划,并在无特殊情况下积极开展。

7. 社团大规模招新时间在暑假开始至开学一个月内,招新方式可以通过社团官方 QQ 宣传,或者张贴海报,海报要发给社团文体部报备。

三、社团活动

1. 社团进行活动前须向社团部提交申请(包括时间、地点、规模等),通过并公示后方可进行。在活动结束后社团负责人需要向社团文体部提交书面形式的总结汇报。

2. 社团活动未获得批准不得擅自进行,情况严重(违纪、影响教学)的社团将被取消。

3. 社团需保持活跃度,所有社团活动均须进行记录(要求活动记录包括活动照片及相关文字记录)。

4. 社团均应参与社团汇演和社团节，除此之外每学期至少开展两次活动，长期无活动组织开展、连续一个学期没有进行任何有效活动的社团，社团文体部将在讨论审议通过后取消该社团。

5. 社团活动中，外出活动和实验类活动需要有安全预案，并有指导老师参与。

6. 社团负责人应积极配合《社团手册》的编写工作。

7. 社团负责人无正当理由情况下，超过两次未及时参与社团会议或未及时上交报告，取消星级社团评选资格。

四、社团管理

1. 各社团每学期需上交至少一次活动的情况记录、活动报告与总结。

2. 换届时，社团负责人建议通过社团成员民主投票选举产生，为保证学业成绩，原则上不建议高三学生继任社长。

3. 连续一个学期没有进行任何有效活动的社团，社团将在讨论审议通过后取消该社团。

4. 社团公示成立后，社团负责人进社团 QQ 群，按照群内公告或者通知管理社团，参与活动。

5. 社团活动产生的后果由社团自行承担，若在活动中出现学生违纪现象，该学生及社团负责人需承担相应责任。

五、社团与社团文体部关系

1. 社团文体部：省常中社团文体部隶属于省常中学生会，其主要职责是根据学校总体要求，并结合学生特点开展社团活动，同时负责监督社团运作，维护社团秩序，协调各社团之间关系，保证社团在统一的秩序下运行。

2. 社团：各社团以社长及指导老师为主要管理者，在其组织下开展各项活动，以发展学生特长，激发学生兴趣，提升学生能力、素养。

3. 关系：社团文体部不同于社团。社团文体部隶属于学生会，负责管理各社团，并指导、监督其活动。严禁任何社团未经允许以社团文体部名义开展活动。

4. 社团沟通：社团间关系处理、矛盾处理，应通过社团文体部，不可网络骂战，提倡当面沟通。

5. 提供帮助：公示社团成立，帮助招新宣传；接受社团活动申请，帮助申请活动场地，社团文体部成员现场参与活动，进行记录，活动后通过社团官方 QQ 帮助宣传；促进社团间合作，调解社团间关系。

第二节　教学方式变革

“三新”背景下的教学改革建议教学基于活动，指向高阶思维，引导学生深度学习。因此，在教学实践中我们积极开展基于活动的深度教学，并形成了一些具有创造性的教学方式。

一、思维课堂

中国科学技术部原副部长、创新方法研究会理事长刘燕华认为，在教学中不同的思维方法会产生不同的效果。

创新人才的培养需要培养创新思维，课堂是教育的主阵地，自然是创新人才培养的主阵地。那么课堂教学自然应着力培养学生的创新思维，在课堂上训练学生的创新思维是培养创新人才的突破口。

然而正如美国芝加哥大学心理学教授盖译尔斯所指出的那样，“学校本应是赏识和培养创造性才能的场所，然而事实却不是如此”。各级各类教育机构可能过分注重学业上的表现，尤其是过分注重考试成绩，以致教育机构不仅混淆了潜在的创造才能，而且压制了创造性才能的发挥。

教育家尼尔·波斯特曼说：“孩子们入学时像个‘问号’，而毕业时像个‘句号’，这只能是学校教育的失败”。事实上，凡事只有一个正确答案的想法，不仅有碍“创造性”的发挥，而且也与高竞争、高弹性、多变化的现代社会格格不入。

因此，为培养创新人才，我们的课堂必须进行变革。

省常中自 2012 年开始了基于批判性思维培养的课堂教学变革，从一门学科逐渐发展到多门学科，逐渐构建了思维课堂的教学模型，开展了丰富多彩的思维课堂教学探索。

（一）创新人才培养必须角力思维之根

培养卓越人才，需要培养创新能力，而创新能力离不开批判性思维。批判性思维强调质疑和反思，创新往往建立在对既有思想或事物进行批判的基础之上。批判性思维能够为创新提供思维方法，拓展思维空间，畅通思维渠道，提高思维效率。批判性思维是素质教育、通识教育的核心要素，是卓越人才的必备能力，具备它的人更能创造知识、解决问题、开拓事业、合理决策。

长期以来，人的机械记忆力、同质化思想力受到超值推崇，这二者就逐渐形成了学校所追捧、天下考生所传承的复制性“应试力”，却偏废了化解未来挑战的创新思想力。学生就像一棵树，成绩只是暴露在地表外的枝桠，思维模式才是深埋地下的树之根本。课程改革、减负增效最终需要落实到课堂变革上。

于是，学校以加强学生思维能力的培养为目标，开展了批判性思维教学（语文）、议题式教学（政治）、对话式教学（英语）、思辨教学（数学）等研究，引导学生主动参与、深入探究，促进高阶思维、创新能力等综合素养的发展与提升。这一变革也贴合了国家课程改革的发展方向。

2016 年，教育部发布《中国学生发展核心素养》，明确界定了核心素养；2017 年新课程标准进一步明确了普通高中教育的任务是促进学生全面而有个性的发展。这次改革着力发展核心素养，倡导课程的开放性、活动性和自主性，更重视学生主动探究和自主学习的能力，强调学习互动，培养学生的创新能力。

而落实培育核心素养，需要着力发展学生的思维能力。学校进一步将思维课堂的重心聚焦到核心素养的培育上，培养学生的批判性思维能力，提升学生的思维品质，发展创新能力，促进学生的多样化自我发展和高层次的精神需求，从而培养学生的健全人格和理性精神。

探究性的批判性思维教学，就要包含这样的着力点：批判性阅读、实证课题研究、正反正研究论文写作和问题导向教学法。而问题导向教学法，自然就要求用启发、讨论、研究等教学手段。

（二）聚焦批判性思维的教学应呈现怎样的典型结构

基于对批判性思维的不断学习以及课程的实践研究，我们逐渐明确了思维课堂的基本内涵，即思维课堂是以批判性思维为核心，综合运用逻辑思维、辩证思维、发散思维等多种思维方法进行教学的课堂模式。其特点是：具有丰富的思维教学情境，多样化的潜在认知冲突，显性化的思维技能运用，促进思维技能的迁移，有效激发学生的学习动机与态度，帮助学生从传统的记忆、理解型学习向深度学习发展。

思维课堂中，批判性思维作为一种高阶思维活动，是学生达成深度学习的重要保障和基本路径。深度学习各项要素的实现，有赖于高阶认知活动的介入，对知识的批判性建构与运用，是深度学习进行的基础。同时，批判性思维是深度学习的基本要素和目标。深度学习能力由众多要素构成，批判性思维位列其中，且具有一定的特殊性：作为一种优秀的思维品质，它可以渗透于深度学习的其他要素。

着力批判性思维的课堂教学究竟呈现怎样的结构？通过长期的实践与研究，我们发现必须经历一定的课堂教学过程，经历创设真实问题情境，进行学习问题驱动和项目设计探究，要求学生在新的问题情境中运用所学知识界定问题、分析问题、提出假设、行动反思，蕴含着批判性思维的基本过程。

我们把批判性思维的课堂教学模型总结如下(图 4.3)。

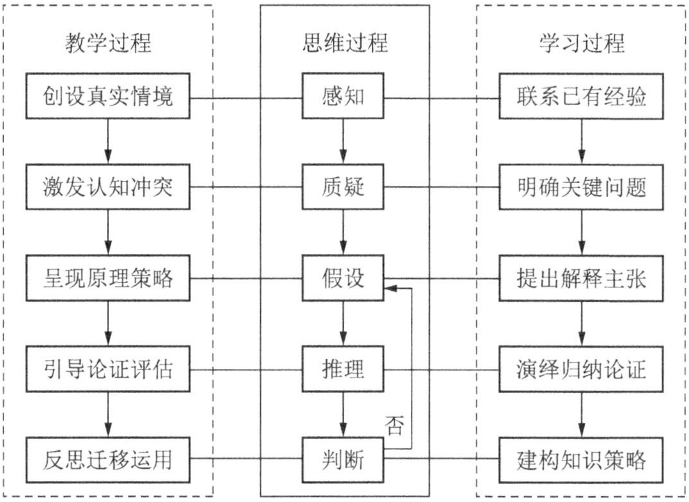

图 4.3　批判性思维的课堂教学模型

素养导向的批判性思维教学模型的左侧虚线框与右侧虚线框分别对应的是教学活动流程与学习活动流程，中间实线框描述了培育学科核心素养时对批判性思维活动的一般过程，整个框架呈现了思维课堂的建构模式。分述如下：

1. 感知。通过提供与主题相关概念和原理的材料，创设与学习主题相关的情境。学生联系已有经验(即激活原有知识)，感知、收集、梳理与当前所学知识相关的信息内容，将注意力引向重要的内容细节，开始于真实问题解决的活动。

2. 质疑。通过问题情境的创设，引导学生联系已有经验，剖析原因，形成认知冲突，激发学生质疑，明确关键问题。这个过程中，学生将知识与产生的问题背景相联系，明晰知识产生的目标价值取向，并且通过深度剖析知识产生的来龙去脉，有效避免了知识的孤立学习，为知识的抽象提炼提供更为丰富、深刻的经验背景。

3. 假设。学生通过评估、整合信息，将新学知识与相关旧知建立内在关联，形成合理的判断，即建立有关概念、原理、策略的理性认识，尝试提出问题解决方案，或提出观点，得出结论。

4. 推理。通过演绎、归纳等思维方法，对假设进行论证、评估、验证，借助有效反馈，学生不断修正、改进，形成理性认识，将新学知识融入已有的认知结构。

5. 判断。“迁移运用”与“判断”(问题解决)最能体现深度学习的基本特征。两类活动促使学生突破知识的简单记忆,达成知识的深刻理解与灵活运用。通过持续反思,做出合理判断,进而达成知识的深度建构。

课堂教学模型并非线性发展模式,评价与反思贯穿所有思维发展环节,学生的元认知监控也是贯穿学习始终的。通过批判性思维的运用,学习者基于相关信息,有效分析问题的关键因素,提出解决方案的合理假设,然后基于演绎推理或实践检验,获得有关方案施行的结果信息,并在不断的反思检验中逐步深入认识问题。经由理解、应用、反思历程,学生得以从多样角度、多重层次理解知识,实现知识的迁移。

(三) 思维发展目标如何在学科教学中自然实现

思维课堂将批判性思维与学科内容的教学相结合,优化整合教学内容,用批判性思维策略指导教学设计,促进学科知识的教学。学生通过对所学知识进行理解与创造,实现自身认知结构的完善、关键能力的发展和复杂情感的体验。这个过程具体体现在学科教学中如何实现批判性思维的发展。下面以物理中“自由落体运动”教学为例,来诠释物理学科思维课堂模型教学流程。

深度学习强调学习的真实性,要求学习发生在一个相对复杂的真实环境中。具体到物理学科,就是基于生活中的“原始问题”,让学生充分感知这种非良构的问题情景,综合应用物理概念和规律进行拟合。复杂环境能够最大化地促使学习者内化知识,实现知识的有效迁移。在“自由落体运动”教学中,一方面联系学生的经验世界,通过视频观察一片树叶落下、一个苹果落地、一块陨石撞击地面等;另一方面通过现实生活激发学生的问题意识,教师通过制造一把“反应时间尺”,测出不同学生的不同应激反应时间,让他们充分感知落体运动,从而很自然地引出研究主题:落体运动的快慢与什么因素相关?

质疑是物理学习中猜想和假设的先导环节。在学生通过迷思概念得出“重的物体下落快”之后,先肯定学生与古希腊先哲亚里士多德认识一致,再质疑通过经验观察落体运动结论的可靠性,接着介绍伽利略的质疑方式:①落体佯谬;②比萨斜塔自由落体实验;③冲淡重力斜面实验。此环节中教师呈现相关资料信息,诱发学生思考,学生则是学习策略方法,逐步聚焦问题的关键。

在假设阶段,教师呈现有关概念与原理,学生努力建立新学知识与已有知识之间的内在关联。教师通过提供相关的巩固练习或变式练习,促进学生经由不断反复的“假设—验证”过程,将新学知识融入已有的认知结构,或是形成一定的能力。学生通过分析、整合与问题相关的各类知识和信息,初步提出解答问题方案的各种主张。这一过程中，学生能够获得对知识、问题或现象更为深刻和丰富的认识，获得经验的增长和见识的拓展。

具体到落体运动的假设中，可能有三种情况：①重的物体下落快；②轻重不同而下落快慢相同；③轻重相同而下落快慢不同。然后过渡到：忽略空气阻力，落体加速度相同。教师需要提供思维进阶的实验设计：①钢球和乒乓球（形状）；②钢球和钢球（大小）；③纸片和纸团（质量）；④牛顿管（真空）等。学生不同，抽象概括能力可能不同。教学中还可设计有强烈思维张力的实验（如小钢球与一大团棉花），增强学生的具象感，突出思维情感与具身认知的融合，激发学生的猜想与假设。

推理环节，教师充分利用实验的证实与证伪功能，引导学生从理论和实验两个层面，一步一步地展开其所设想的问题解决方案或方法，以推断假设方案是否合理，理解是否准确，理由是否充足，诠释是否正确，进而形成科学的合理认识。学生的方案假设不一定正确，教师需要引导学生合理地使用演绎、归纳等论证方式对之加以验证。借助教师的有效反馈，学生不断修正、改进，进而形成更为理性的认识。

在落体运动教学中，学生可自主设计实验，如选择实验器材：①打点计时器；②光电门传感器；③手机加速度传感器。引导学生运用匀变速直线运动规律进行分析推导，得出自由落体运动规律。经过这样的验证推理过程，知识逐渐融入已有认知系统，已有认知结构获得拓展深化或改组升级。推理的过程应由学生在教师的指导下自主完成，以便其切身体会创造性思维活动所带来的积极体验和认知生长。

最后，教师通过恰当的评价标准，创设问题解决情境，引导学生公开、公正评价或作出结论，接受质疑和分享协作，并通过持续的反思评价，形成更为合理、全面、客观的认识，进而达成知识的深度建构。

实验和理论都表明，在同一地点，一切物体自由下落的加速度都相同。此后，教师可以让学生继续观看宇航员月球上落体实验的视频——铁锤和羽毛同时落地，进一步验证自由落体运动的规律。判断可以关联综合运用、解决实际问题的环节，比如让学生解释“反应时间尺”的原理，应用落体规律解决生活中的实践问题，等等。教师可以进行延伸提问，让学生尝试解释在地球上不同地点重力加速度各不相同的原因，诱发学生新的思考与猜想，使学生继续深度思考，让课堂始终呈现一种“愤悱”状态。

因此，判断阶段并不是深度学习的终结，而是一个可以不间断持续评价的过程，是促进学生高阶思维生长的关键环节。

二、实验课堂

实验是理科教学的灵魂。一直以来，实验既是理科教学的基础，也是科学研究的重要方法，同样是理科教学的重要手段。实验教学是指教师将实验置于一定的教学情境下，为实现一定的教学目的，而展开的一系列教学活动。

下面以高中化学苏教版必修二“乙烯”为例，展示高中化学教学过程中实验课堂教学的开展及模式创新。

教学环节一　水果的催熟与保鲜

[**实验 1**]课前探究：播放学生用手机延迟摄影技术拍摄的用熟香蕉催熟青香蕉的实验全过程。

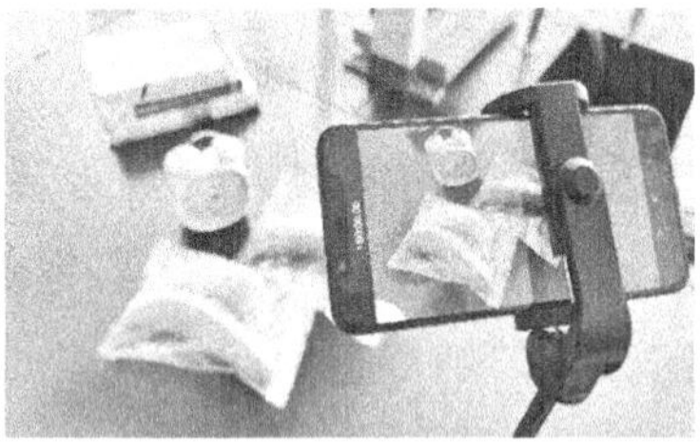

图 4.4　手机记录香蕉催熟过程

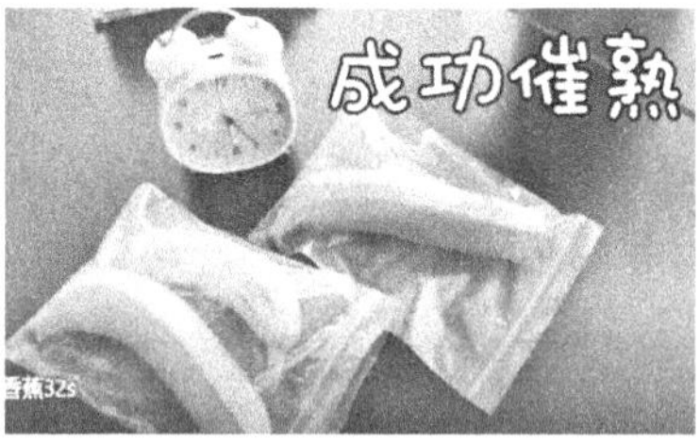

图 4.5　3 天后和熟香蕉放在一起的青香蕉更快成熟

设计意图：从文献研究来看，以往“乙烯”的教学中也用到了教材中乙烯催熟水果的素材，但主要方式以图片对比展示为主，如：鞠霞老师的《科学设计驱动问题　促进学科观念建构——“乙烯”的教学设计与反思》一文中提到，将密封在塑料袋中的熟苹果和黄香蕉与三天前所拍的熟苹果和青香蕉照片进行对比。刘汉国老师在《基于情境教学有效设问的“乙烯”教学设计及反思》一文中则是直接放出三幅彩图。

而基于新课标“能从问题出发，依据探究目的，设计探究方案，运用化学实验等方法进行实验探究”的倡导，本节课设计在课前组织学生通过分组实验对课本问题进行探究。多次尝试后，学生选用香蕉作为本实验的研究对象，因其颜色从成熟前的青色变为成熟后的黄色，变化非常明显，便于观察和判断实验的进程。再者，学生利用手机延时摄影代替了图片记录，保留了用熟香蕉催熟青香蕉的全过程，并能有效还原和展示，实现了实验过程的可视化。由于实验过程的画面是相对静止的，学生还在画面中放上了一个小闹钟，指针的转动给静态画面增添了动态的效果，体现了时间的流逝。实验装置与结果如图 4.4 和图 4.5 所示。将书本中的实验与日常生活中的现象结合，帮助学生从化学内容和原理的角度理解生活中的现象，体会到化学与生活密切关联的同时，增强了学生的实验设计能力和操作技能，实现了在自我探索的过程中逻辑思维的培养，有效提升了“科学探究与创新意识”的学科核心素养。

[**实验 2**]分组实验：乙烯能加速水果的成熟，但也给长途运输过程中水果的保鲜带来了难题，这又该如何解决呢？水果经销商是如何解决这个问题的？

图 4.6　香蕉用保鲜剂——乙烯吸收剂

探究商用乙烯吸收剂的效果：①将少量固体乙烯吸收剂置于扎有小孔的内盖上；②将小瓶内的氢氧化钠溶液全部倒入空试剂瓶中，再将另一小瓶中的商品乙烯利全部倒入；③迅速将装有乙烯吸收剂的内盖置于瓶口，并盖上表面皿；④观察乙烯吸收剂的颜色变化，并记录现象。实验装置和实验前后乙烯吸收剂的颜色变化如图 4.7 所示。

图 4.7　商用乙烯吸收剂成分及吸收效果的探究

设计意图：乙烯与高锰酸钾的反应是实验改进与创新的热点。如应春晓老师的《乙烯性质实验的再改进》、陈彩萍老师的《乙烯的教学理解与实验改进》中均涉及了该反应，实验改进的方向以微型化为主，借助注射器完成乙烯与高锰酸钾溶液的反应。但“针筒实验”对气密性要求较高，操作较为复杂，不利于分组实验的开展，实验仪器使用的重复性不高。

基于文献研究的再思考，对乙烯与高锰酸钾的反应做进一步改进。首先，给予了实验探究真实的情境与意义，将高锰酸钾溶液换成了商用乙烯吸收剂——高锰酸钾氧化铝球。其次，乙烯的来源则用商品乙烯利(40%)和氢氧化钠浓溶液反应，可快速获得乙烯，用量少，产气速率快；再者，实验仪器均为常规仪器，方便易得、可重复使用，且实验过程对气密性要求不高，学生易操作。经此改进后作为分组实验，增加了学生动手实验和近距离观察的机会，让学生由“旁观者”变为真正的“参与者”，使学生的学习方式从认知走向体验，凸显学生的主体地位，实现真正意义上的学习。

[**实验 3**]视频实验：高锰酸钾在乙烯的吸收过程中起到了什么作用，表现了什么性质？向收集好的一瓶乙烯气体内加入酸性高锰酸钾溶液，连接二氧化碳传感器，可看到随着时间的推移，二氧化碳的含量上升，如图 4.8 所示。

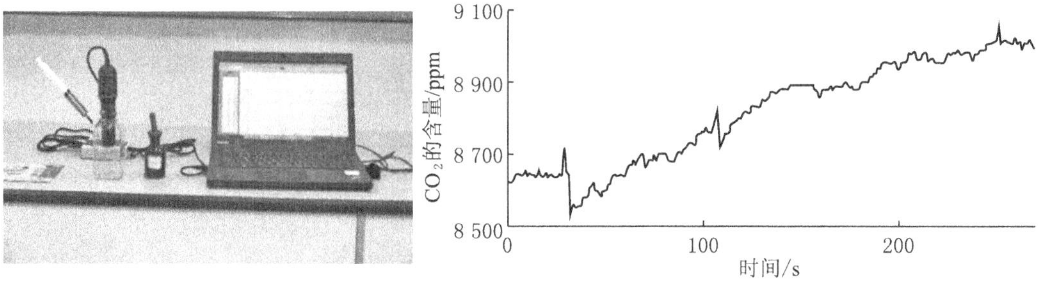

图 4.8　酸性高锰酸钾溶液吸收乙烯所得产物的探究

设计意图：通过数字化实验的应用，得出更加直观和精确的实验结论，将抽象转化为具体，使学生学会在分析图像、数据的过程中深化对实验过程及乙烯与高锰酸钾反应本质的理解。本实验有效验证了学生的预测，强化了学生基于证据的推理论证意识。尽管在教材中对高锰酸钾与乙烯反应产物的认识没有特别要求，但本实验的设计有助于对氧化还原反应理论在有机化学反应中的渗透，为学生后续学习有机化学中的氧化反应做好铺垫，同时有效提升课堂教学质量，增强了教学效果。

教学环节二　乙烯性质与结构关系的探寻

［**实验 4**］演示实验：乙烯的燃烧实验，如图 4.9 所示。将乙烯利与氢氧化钠浓溶液反应生成的乙烯气体通入肥皂水。点燃吹出的含有乙烯气体的气泡。

图 4.9　乙烯的燃烧实验

设计意图：本实验可快速制取乙烯气体，并能通过分液漏斗控制氢氧化钠溶液的加入量，从而控制乙烯的产气量和速度，燃烧现象非常明显，且操作安全，可重复进行。

［**实验 5**］分组实验：分别搭建乙烷和甲烷、乙烯的球棍模型。

设计意图：宏观辨识与微观探析是化学学科核心素养的内容之一。宏观辨识是学生认识化学的出发点，微观探析则是对事物本质的理解。分子模型搭建实验，直观对比了甲烷、乙烷、乙烯分子中原子的连接方式及三种分子中各原子的空间位置分布。从微观视角探寻和理解决定乙烯性质的本质原因，为后续理解乙烯在有机化工领域的应用有效做好铺垫，强化了“结构决定性质，性质体现结构”的学科观念。打开了从分子、原子水平认识物质的组成、结构、性质和变化的学科视角，从不同层次认识物质的多样性。

教学环节三　乙烯在有机化工生产中的作用

[**实验 6**]演示实验：将配好的溴的四氯化碳溶液倒入装有乙烯的集气瓶，再次盖好玻璃片，轻轻振荡集气瓶，使两者充分接触(20 秒左右即可看到溴的四氯化碳溶液褪色)。

设计意图：在认识乙烯工业应用的基础上，了解乙烯与溴的四氯化碳溶液的反应特点。教材中是将乙烯气体通入试管中的溴的四氯化碳溶液。通过尝试发现，一方面，乙烯使溴的四氯化碳溶液褪色较慢，换成溴水褪色虽快，但存在次卤酸与乙烯加成的副反应，所以这也是教材将溴水换为溴的四氯化碳溶液的原因；另一方面，该实验是在敞口环境下完成的，过程中可能会有溴的挥发，而溴是有毒有害物质。基于上述存在的问题，课堂演示实验时改变了气液两相的接触方式，一方面能快速看到反应现象，有利于演示实验的开展，另一方面也减少了实验过程中有害物质的外逸，相对安全环保。

[**实验 7**]课后探究实验：如何通过实验论证乙烯与溴的反应为加成反应？

设计意图：对于必修学习来说，较难在课堂教学中展开深入讨论。因此，改为在课堂结尾处提出问题，放置课后留给有兴趣的学生做进一步的探讨，培养学生实验探究的兴趣。

实验教学方式变革需注意以下几点：

1. 充分发挥实验的教育功能

根据实验主体和实验目的的差异，可将化学实验分为科研和教学两大类。不同于科研类实验，教学类实验的主体是化学教育中的教师和学生，是将人类已有的化学知识和经验，向下一代简约、高效、重复再现或模拟的过程，应为化学教学目的而服务。因此，实验教学的开展不是教师对实验简单地展示，而是要借助于实验，让更多的学生参与到实验过程中来，从而充分发挥实验的教育教学功能。

本节课突破了以演示实验为主的传统实验教学形式，融入了学生课前的自主探究实验、实验拍摄，还有课内学生分组实验、教师课前录制的实验视频、课堂进行的实验演示，培养了学生实验操作能力的同时也丰富了实验的形式，努力践行“学生为主体、教师为主导”的教学方法，以满足学生探究的兴趣。

2. 实验项目化，建立思维模型

实验教学是教学手段的一种，其核心在于实验过程中思维的培养，而项目式实验的设计是一种有效的方法。本节课设计在教师的指导下，学生以认识乙烯的性质为目的，进行了一系列的实验探究与论证。实验与实验之间彼此关联、层层递进，并从课前到课堂再延伸到课后。学生在真实的情境中一次次经历了发现问题、分析问题、解决问题的科学探究过程。引导学生通过观察实验现象，深度认识乙烯相关反应的本质，发展科学思维；带领学生多视角、多维度地进行对比论证，促进师生和生生间的思维碰撞，发展学生的发散思维；鼓励学生借助技术手段进行实验记录和改进，培养学生的创新思维。

3. 打破传统形式，重构知识体系

从结构到性质再到用途是比较常见的化学教学中知识构建的逻辑顺序。本节课的设计突破了固有形式，首先从乙烯在生活中的用途入手，初步认识乙烯的性质，接着从结构的差异理解乙烯与甲烷性质的不同，再结合乙烯在有机化工中的用途，进一步认识乙烯的化学性质，深刻理解乙烯分子中碳碳双键对其化学性质的影响。在结构、性质、用途间反复跳转和切换，而每一个过程都通过相关的实验推进学生对乙烯认识的不断深入，再结合板书，理顺内在的逻辑关系，完整建构有关乙烯的知识体系（如图 4.10）。

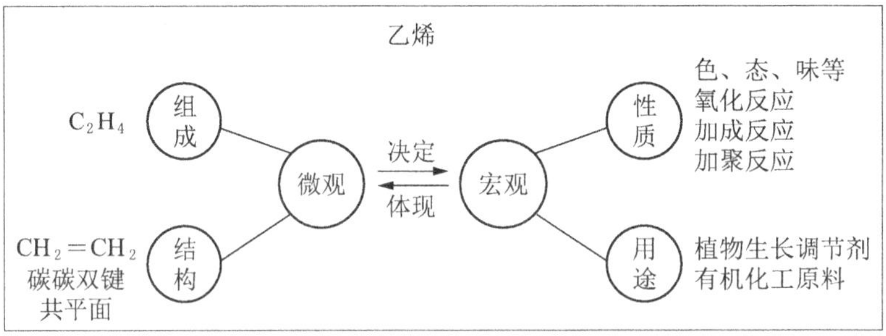

图 4.10 “乙烯”板书设计

三、生动课堂

（一）“生动课堂”的教学要求

1. 原则上坚持以生为本、扶放有度

“生动课堂”遵循以生为本的教育理念，强化对学科特质的理解，要求教学面向全体学生，因材施教。扶放有度，指在教学过程中始终着眼学生的最近发展区，为学生学习搭建“脚手架”；在发展性任务的设置上，突出学生自主学习，师生、生生合作与探究学习；在评价上，注重客观的发展性评价。譬如，英语教师在讲授英语读后续写的题型时，教师与学生共同按照记叙文体裁特点对故事进行梳理，依据弗雷塔格金字塔和续写的两段首句进行合理的情节推断，通过支架的搭建，并运用拼图阅读教学法组织学生进行小组合作段落写作。

2. 设计上注重知识类型、评价驱动

“生动课堂”扭转之前追求知识“全而浅”范式，在教学设计上注重知识类型的均衡培养，主要包括陈述性知识、程序性知识、认知性知识、跨学科知识等。陈述性知识指各学科中可借助于语言描述而直接陈述的知识，程序性知识则侧重操作属性，认知性知识主要包括认知策略、学习策略与元认知策略，跨学科知识强调融合不同学科对知识进行学习。譬如“生动课堂”教学范式的化学学科主张基于学科大概念的论证式教学强调程序性知识，即化学知识的由来。评价驱动强调在教授不同知识类型的教学过程中，评价贯穿始终，充分发挥教育评价指挥棒的调节作用，既包含评价主体的多元，也包含评价方式的多样与综合。譬如探索增值评价，关注学生个性化成长；健全综合评价，促进学生全面发展。

3. 模式上强调一体多变、学科特质

“生动课堂”教学范式包含真实性情境、发展性任务、理解性建构、表现性评价四个步骤。这是一个简约、普适的操作范式，体现学科共同体属性。但各学科在实践操作中，还要能融合学科特质，充分挖掘本学科本质，体现本学科特性，彰显教学范式操作的灵活性和适用性。以物理学科为例，物理学科发展中心构建“参与（Engagement）、探究（Exploration）、解释（Explanation）、精致化（Elaboration）、评价（Evaluation）”的“融5E生动课堂”教学模式，有助于学生提高观察分析技能、语言表达技能、科学思维能力，同时提高学习兴趣，培养科学态度与责任。

4. 实施上凸显双向通道、价值深化

“生动课堂”教学范式在其实施过程中凸显双向通道，提倡为学生提供足够真实的教学情境，并让学生进行以概念为本的协同思考，实现双向通道的联动。以化学学科发展中心的基于学科大概念的论证式教学为例，学生初步学会通过观察、实验、调查、研究等手段收集证据，基于事实和证据，论证、说明化学现象的本质或规律。该范式能够促进学生形成科学的思维方式，提升论证能力与学科核心素养，养成科学态度与决策能力。“生动课堂”教学范式通过认知双向通道的联动，能有效提升学生的学科素养与必备品格，其育人价值得以深化。

（二）“生动课堂”的行动路径

1. 溯源教学历史，确定特色化的范式主题

“生动课堂”教学范式的凝练根植于学校自2000年起探索的“主体性教学模式”，主要包含两层含义：一是学生主动参与的状态，是学生主动求知的过程；课堂上要让学生“动”起来，动手、动脑、动嘴、动情，引导学生主动参与，在学习目标的任务驱动

下，积极预习、质疑、思考、讨论、归纳、迁移；二是课堂生动活泼的样态，是课堂师生互动的结果。课堂呈现“生动”活泼、师生和谐共生的状态。

2. 开展课例研究，析出适切化的教学方法

“生动课堂”教学范式强调丰富的课例研究，进而从中析出有效的教学模式。首先，基于特定主题共同开发课例，备课人通过前辈、专家的指导对给定的教学主题进行备课、磨课。然后，基于课例的深度研讨优化课例，开课过程学科发展中心的全体教师参与听课，并尽可能在教室进行录课，作为课程资源以便复盘、打磨。开课后全体教师参与评课，共同做好教学反思。也可通过同题异构、异课同构的方式不断改进课例，最终得到被学科教师认可的优质课例。最后，借助于省级、市级、区级名师工作室平台，通过与业内专家交流研讨等活动，依托优质课例资源析出适切化的教学方法。譬如，省常中生物学科发展中心倡导指向大概念的主题式情境教学模式，主张在校内加强学科组教研活动，以围绕主题式情境教学的教学模式，博物馆研学为特色方向的组内研修，践行活动育人、实践育人、指导育人、协同育人的理念。

3. 耦合教学理论，完善线索化的操作流程

耦合教学理论首先要选择合适的教学理论，然后经过专家论证和实践验证，逐渐完善线索化的操作流程。以英语学科发展中心提出的基于深度对话的“生动课堂”教学范式为例，该模式的教学理论是深度汇谈理论，即“通过对话探讨某项议题时，旨在探寻和反思自己和他人的思维模式，使个人思维达到共通共融的同时，汇集成一种强大的集体思维，进而体现主动创造的、过程本质的对话方式”。其教学模式主要分为五步。首先，与文本对话强调以问导学，促进学生与文本的经验勾连；其次，师生对话引问而探，促进教师与学生的深度对话；第三，生生对话协作学习，促进生生之间的思维互动；第四，师生再次对话，倡导学生个性展示，促进师生之间的思维碰撞；第五，与自己对话，学生迁移应用，促进学生对自我元学习的深度反思。“生动课堂”教学范式的凝练耦合教学理论，完善了线索化的操作流程。

4. 追问素养生成，构建深层次的意义叙事

在“生动课堂”教学范式下，教师通过记录、回溯课堂故事，发掘课堂教学的闪光点，将其作为学科核心素养的生长点融入新的教学案例，从而实现学科育人目标。同时关注生活实践，具备综合融通意识，将生活现象和情境引入教学。譬如物理学科发展中心形成并逐渐完善以项目式实践的方式激发学生学习兴趣，让学生构建和学习新的概念、规律和方法。教师通过引进新的概念或作概念澄清，让学生能够将所学知识应用于不同的情境，之后再利用形成性评价完善学习，从而形成“融 5E 生动课堂”教学模式，以此构建深层次的意义叙事，从而实现“立德树人”的教育目标。

第三节 评价方式变革

为了实现立德树人的根本任务，必须坚决克服唯分数、唯升学、唯文凭、唯论文、唯帽子的顽瘴痼疾，坚持牢记为党育人、为国育才使命，以学生为主体，以发展为目标，以活动为载体，促进学生充分主动而有个性的发展。发掘学习潜能，培养支撑终身发展、适应时代要求的必备品格、关键能力和核心素养，需要我们对评价方式进行变革。为此，我们构建了基于核心素养、基于生命成长的，面向全体学生、全方位、全过程的评价机制。具体包括：

1. 学分制管理。学生高中毕业学分必须达到“必修课程”130 学分(必修 88 学分＋选择性必修 42 学分)，“研修课程”14 学分，共 144 学分，并增设特长类学生研修学分。

学分依据模块达成成绩进行评定，模块达成成绩反映学生模块基本知识的掌握情况，指学习表现×20%＋任务完成×20%＋模块达成性测试分换算成百分制×60%，其中模块达成性测试分指期中(期末)考试原始分，学习表现和任务完成是每个学段过程性评价的两个方面。

2. 项目制量化。每一名学生高中三年学习期间要求至少完成“8 个 100%”的项目量化研修任务，即：100%的学生做 100 小时义工服务；100%的学生阅读 100 本中外名著；100%的学生完成 100 个自主实验；100%的学生完成 1 项科创类作品；100%的学生参与 1 次才艺类表演；100%的学生参与 1 项小课题研究；100%的学生参与 1 个项目或社团；100%的学生学会游泳等。

3. 制度化支持。多年来，我们坚持建立完善并实施相关制度，有导师制、学长制、合作制、免修制、自管制等，这些制度促进了学生学习成长，也让评价成为他们学会学习、体验成长和深度对话的过程。

4. 特色化展评。以丰富多彩的评价方式，如生涯规划展评、杰出学生评选、社团考评制等，撬动学生生命持续成长，凸显评价的过程性与发展性。

结合学校教育教学实际，我们将德育评价和教学评价进行分列，并创新了评价方式，具体如下。

一、德育评价方式变革

（一）评价理念原则

始终围绕“立德树人”的育人目标，坚持主体、多元、全程和发展四大基本原则，努力将学生的综合素养放在评价体系的核心位置，引领学生多元化发展，促进学生全面而有个性地成长。

主体性原则：学校从“以人为本、和谐发展”的办学理念出发，以学生活动为主要抓手，让学生通过在活动设计、参与实践中评价自我，使学生个体真正成为评价主体。

多元性原则：学校为保障评价客观公正，将社会评价、校园评价、家庭评价、学生互评及自我评价等全部纳入评价体系，力求多维度地全面客观评价学生发展。

全程性原则：学校坚持科学有效为目的，不断改进和完善结果评价标准，进一步强化过程评价，积极探索增值评价以健全学生综合素质评价。

发展性原则：学校针对不同主体和不同学段、不同类型的教育特点统筹兼顾，对学生发展性评价进行细化分类设计，努力实现层层推进、逐步深化的教育目的。

（二）评价体系设计

学生综合素质评价体系是学校以各类评价方案创新设计和实践为基础，不断完善和丰富评价内容，通过学生自主管理平台建设，将传统学生评价和特色学生评价相融合，从而形成的相对系统和完整的评价体系。

1. 学生评价双维度融合

传统评价体系：主要以传统优秀表彰为主，在全校范围内开展以“校三好学生”“市三好学生”“省市五四优秀青年”“省最美中学生”等项目评选。

特色评价体系：基于校情、生情，在全校范围内开展“德、智、体、美、劳”各方面个性化发展突出的优秀学生评选，具体有“××之星”“优秀毕业生”“学校新青年”等项目。

2. 学生评价机制保障

学校以校长室为核心，依托学生发展处、团委、学生会、家委会等力量，对学生发展制定了具体目标，并设计相关量表（如优秀毕业生评选量表），研制各类评价方案（如《学校月度“××之星”评选条件、流程》《××学校十大“年度之星”评选活动方案》等），确保评价落地有力、科学合理，以真正实现“以评促发展”的基本功能。

3. 学生评价内容创新

学校借助“江苏省综合素质评价”，进一步完善具有学校特色的学生发展评价体系，从目标、行动、过程、表现、激励五个维度去评判学生发展，促进学生发展，力争通过三年培养让每一名学子都成为最亮的“星”。

（1）争章——目标评价

学生发展评价中心在设计学年工作目标时，以“争章”为载体，设计“责”“仁”系列章，例如“责”字系列：知责、懂责、感责、悟责；“仁”字系列：仁爱、谦逊、勇毅。在目标上引领学生向“笃责致仁”方向发展，并引导学生在活动中不断丰富“笃责致仁”的内涵。每学期获得的“责”“仁”系列章的数量，作为对学生“德、智、体、美、劳”发展方面的评价依据。

（2）App——行动评价

为促进学生的实践体验有效开展与可量化评价，设计新公益行动“星评价 App”，线上线下相结合，对学生新公益行动中的活动、任务进行打卡，充分利用电子信息化平台将学生的活动足迹、心得体会、表现情况等都清晰直观地展现出来，调动学生的积极性，同时在过程中塑造学生的“笃责致仁”品格。

（3）量表——过程评价

学生发展评价中心通过问卷、访谈、观察量表测评等方式对项目决策、实施、现场参与活动等情况进行过程性评价，设计有《校园帮帮团行动观察量表》《校外公益联盟行动观察量表》《家庭亲子公益行动评价量表》。

（4）报告——表现评价

项目结束后，形成项目小组评价报告和个人公益实践体悟报告。改变原来单一的他人评价方式，强化团队合作和个体感悟，从而改善自身行为，提升综合素养。

（5）星项——激励评价

对学校月度和年度之星进行改革，以“××之星”为学校新时代青年的精神表征：形象鲜亮、精神明亮、行动照亮。设立“××之星”星项系列：璀璨奖、星汉奖、星辉奖、星辰奖……

将以上评价结果作为学生综合素质评价、校优秀学生、校优秀毕业生等评选的重要依据。

二、教学评价方式变革

（一）评价理念原则

1. 坚持形成性评价与终结性评价相结合的原则，突出过程性评价的功能和价值；

2. 坚持质性评价和定量评价相结合的原则，提倡评价方式的多元化；

3. 坚持全面发展和特长发展相结合的原则，既统一要求，又关注差异，为学生有个性、有特色发展提供更大空间；

4. 坚持实事求是、诚信公正的原则；

5. 发挥学生评价的主体作用，促进学生主动发展。

（二） 评价领域

学科领域：语文、数学、外语、物理、化学、生物学、政治、历史、地理、体育、美术、音乐、信息技术、通用技术、拓展课程及五科奥赛辅导等。

综合领域：综合实践活动、综合素质及社团活动。

（三） 评价办法

A. 学科领域评价

学科领域评价以模块为基本单元进行评价。

Ⅰ. 评价的内容

1. 模块成绩（总分 100 分）

模块达成成绩＝学习过程（40％）＋达成性测试（不含附加分）（60％）。

模块水平成绩＝学习过程（40％）＋达成性测试（含附加分）（60％）。

其中学习过程＝学习表现（20％）＋任务完成（20％）。

（1）模块学习过程性评价

模块学习过程性评价主要内容是学生的平时学习状况，包括学习表现评价、任务完成评价两项，由师生共同完成。学生评价由个人自评和由学习小组内同伴互评两部分组成，以质性评价的方式对自己和同伴的模块学习过程作出评价和建议，文字材料放入学生成长记录袋存档。教师根据日常观察记录和评价内容对每一名学生的模块学习过程作出客观定量评价。

① 学习表现评价的主要内容有出勤、学习态度（自觉性、主动性）、合作学习、积极思维以及对学习内容的理解和掌握情况（如单元测验成绩）等进行评价。根据不同学科的特点，原则上语文、数学、外语、物理、化学、生物学、政治、历史、地理等课程的学习表现评价在每一模块学习结束阶段进行，体育、艺术、信息技术、拓展课程及五科奥赛辅导的学习表现评价在每一学期结束阶段进行。

② 任务完成评价由书面作业评价（10％）和学科活动评价（10％）组成，任课教师根据书面作业安排及评分标准以及学科内研究性学习、各类学科活动、各级各类比赛来评定（部分可安排学生参与评定），相关要求和标准在每学期初向学生公布。

学生在每一模块学习中，若存在作业无故缺交次数超过 5 次、考试作弊等不良学习表现，该生学习过程性评价分值不得超过该项总分值的 50％，学校并视情节轻重给予警告等行政处分。

学生在任务完成中有突出优异表现和创新，教师有权给予奖励分，原则上不突破总分 10 分，若突破总分须向课程与教学处说明，经同意后方可实行。

③ 教师完成评价任务后应将学习过程评价结果（分别以 100 分制呈现）通知学生本人，且在教室里以适当方式公示，征求学生意见。校园网将自动记录、汇总教师评价活动情况。学生、家长、导师等人可随时上网查看记录，如有异议可向有关记录人或主管部门提出申诉。

（2）模块学习达成性评价

各教研组、备课组在进行教学前应编制模块学习达成性评价方案并向学生公布。

模块学习要求原则上以国家学科课程标准为基准。拓展课程、奥赛辅导依据学校制定的学习要求进行。

模块学习达成性测试由学校统一组织实施。

教研组根据评价的基本原则设计适合本学科特点的模块（含拓展、学科竞赛）学习评价细则。

2. 学期成绩

本学期该课程各模块成绩的平均值。

3. 学年成绩

本学年该课程各模块成绩（拓展、竞赛成绩）的平均值。

4. 学分

学分是对学生课程修习完成状况的描述。学生模块达成成绩合格，则获得相应的模块学分。一般而言，学生每修完课程 36 课时左右的学习内容，且模块成绩等级达到及格或以上，则可获得 2 个学分，否则不能获得学分；每修完 18 课时左右的学习内容，模块成绩达到及格或以上，则可获得 1 个学分，否则不能获得学分。

学生必须达到规定的学分总数，方可毕业。

5. 绩点

绩点是对学生的课程修习水平状况的描述，通过对不同等级的成绩给予相应的绩点（见附件 1“学科领域模块成绩等级划分及对应绩点列表”），用来反映学生在高中阶段的修习成绩及差异状况。

6. 学分绩点

学校采用学分绩点作为评价学生不同课程修习水平差异性的主要指标。

学分绩点＝学分×绩点

7. 学段学分绩点总量与学科累积学分绩点总量

学校同时采用学段学分绩点总量和学科累积学分绩点作为评价学生学段课程修

习完成差异性和学科能力差异性的一个指标。

8. 平均学分绩点

平均学分绩点=学分绩点总和÷学分总和

Ⅱ. 评价结果的使用

1. 模块(学段)学习结束后,课程与教学处将处理有关学生学业成绩的各类数据,生成“学生学业报告单”(附件2)。

2. 累计学分达不到国家规定者不能毕业,学校将不给办理毕业证(经回校补考达及格标准可发给其毕业证)。没有毕业证对升学、就业、出国等会造成实质性影响,责任由学生自负。

3. 学科领域的各种评价对学生高中阶段各级、各类评优,高校自主招生,保送生推荐产生直接影响,原则上高分优先。

4. 根据学校学生素质普遍较高的实际情况,在升学、就业、出国等过程中需要出具成绩证明时,学校负责将学生的等级转化为相应分数。

5. 模块达成成绩达不到60分,得不到相应学分,学校安排在寒、暑假期对学生进行相应模块的补修后,组织补考。补考的命题要求与正考完全相同,学校对补考仍然不及格的部分同学实行重修制度,重修后参加学校为下届学生组织的统一考试或考查,合格后方可获得学分。

6. 学科领域课程允许学生免修,具体按《关于学生免修、免试的规定》执行。原则上免修不免试,校内免试必须参加相应学科省级以上竞赛。

获得免试资格的学生的模块考核成绩以年级获得10个绩点分的学生的模块考试平均成绩作为考核成绩记录考核档案。

7. AP课程班、数学思维学校、信息学校等学校特别课程班的学生发展性评价参照上述评价方案实施,如有特别要求学校将另行制定补充方案。特别课程班外校学籍的学生,学校同样建立相应的成长记录档案。

8. 其他:见《关于学生学科成绩评定、学籍管理的补充规定》。

B. 综合领域评价

Ⅰ. 综合素质

1. 评价的内容

学生综合素质评价包括道德品质、公民素养、学习能力、交流与合作、运动与健康、审美与表现等6个维度和24个要素。

2. 评价等第

① 道德品质和公民素养方面的评定有优、合格与暂不评定三种。

在上述两方面表现优异,且能在班级中起到模范带头作用的同学,评为优,该类学生在各班的比例不超过35%；凡基本符合标准者，可视为合格；凡有突出问题，不符合教育部规定的基本标准，由班主任与该学生交换意见，并经学校领导小组审核后，该学期可暂不评等第，但要将突出问题如实记载，如学生在高一、高二年级有两次以上，高三年级有一次未评定合格，即该项目三年总评仍不能评定为合格。

凡有下列情况，可将具体内容填写在相应评价项目的“突出表现记录”栏中：拾金不昧、见义勇为等行为得到学校以上单位表彰；在关心集体、爱护国家和集体财产、保护环境、积极参加公益劳动等方面有突出表现并得到学校以上单位嘉奖。

② 交流与合作等方面的评定有优、良、合格与暂不评定四种，视具体情况由同伴和老师评定。

③ 学习能力、运动与健康、审美与表现等方面的评定分为A、B、C、D四级。凡基本符合标准者，视情况可得B或C；凡不符合基本要求者，由班主任与该学生交换意见，并经学校领导小组审核后，该学期得D，但须将评定原因简单填写在“突出表现记录”栏中。如学生在高中三年内有四次以上D(含四次)、高三年级两次D，即该项目三年总评为D；凡得A的学生，必须有突出表现的有效记载，并经学发处审核批准，否则视为无效。

凡有下列情况之一者，可在该学期和三年总评“学习能力”方面得A：(1)在研究性学习过程中积极探索，在学校以上评比中获得优秀等级；(2)学习主动积极，各科成绩一贯优秀(平均学分绩点在年级中前40%)，或学习认真刻苦，在一学期的学习中成绩持续进步，获校“勇于攀登奖”；(3)在校科技节活动中获得一等奖；(4)在市级及以上报纸杂志发表作品；(5)在省级及以上教育行政部门批准的竞赛活动中获得等级奖，如数、理、化、生、信息奥赛，头脑奥林匹克，模拟联合国等；(6)其他。

凡有下列情况之一者，可在该学期和三年总评“运动与健康”方面得A：(1)校队主力队员；(2)参加校运会或体育节获单项前三名或集体前两名主力队员；(3)市教育部门组织或认可的体育竞赛活动获单项前四名或集体前四名主力队员；(4)其他。

凡有下列情况之一者，可在该学期和三年总评“审美与表现”方面得A：(1)在校内外大型文艺活动中有突出表现，如市“三独”比赛中成绩优异，在校“常中之春”艺术节、话剧节、合唱节获一等奖；(2)参加省教育部门组织或认可的各项音乐、美术等比赛中获二等奖及以上(含集体项目，合唱除外)；(3)参加市教育行政部门组织或认可的各项音乐、美术等比赛中获一等奖(含集体项目)；(4)其他。

3. 评价实施

① 每学期期末，由领导小组组织实施。职能部门为学发处，教学与课程处、团委、年级部等配合。重大问题由领导小组共同研究决定。

② 统一使用《普通高中学生综合素质评价表》。每名学生每学期一张，并在六个学期分表的基础上形成高中三年的总表。学校（学发处）为每名学生建立成长档案，包括每学期的评价分表、三年总表。学生在班主任指导下，按照学校统一“成长记录袋”样式，记载并保存道德品质、公民素养、学习能力、交流与合作、运动与健康、审美与表现等六个方面突出表现的材料及其他有价值的材料，以备查验和提交。重要佐证材料进入学生档案。

③ 在实施综合素质评价过程中，充分发扬民主，采取学生自评、同伴互评、任课教师评价、班主任评价、学校评价等方式进行评定。通过评价激励学生成长。

④ 在学期末和毕业前，学校以书面形式将评价结果通知学生本人及家长。在各评价内容中得“A”等第及“暂不评定”的学生名单在校园内公示 15 日以上。

学生及其家长若对评价结果有异议，应以书面形式在公示期间向校综合素质评价工作领导小组提出申诉或复议，领导小组在收到申诉或复议之日起 7 日内给予书面答复。学生及其家长若对领导小组的复议仍有异议，可以通过正常途径和程序向上级教育主管部门反映。

⑤ 学校指定专人负责学生综合素质评价档案，及时将每学期的评价情况输入全省统一的普通高中新课程教务管理信息系统。

4. 评价运用

① 统一填写《普通高中学生综合素质评价表》（总表），作为高校招生考生信息之一。学校（学发处）将根据招生部门规定时间和要求提供电子表格。

② 在综合素质评价中，普通高中学生的“道德品德”和“公民素养”达不到“合格”，不能填报高校志愿。

③ 在综合素质评价中，普通高中学生的“学习能力”“运动与健康”“审美与表现”单项达到 A 级且其他三项均合格者，高校在同等条件下可优先录取；以上三项均为 D 级者，高校可不录取。

④ 学生如参加高校自主招生和面试，学校负责提供学生档案，学生负责提供成长记录袋。

⑤ 学校向高校提供的学生档案材料，包含学生成长记录袋中的重要佐证材料。

Ⅱ. 综合实践活动

1. 综合实践活动的内容和学分配置

综合实践活动包括国防教育、80 里坚韧行野外拉练、野外拓展训练、一日体验活动、研究性学习和社区服务。

国防教育是全体学生的必修项目，安排在高一第一学期开学之初，共一周时间，完成者得 2 个学分；80 里坚韧行野外拉练安排在高二第一学期，共一天时间，完成者得1个学分;野外拓展训练安排在高二第二学期暑假,完成者得1个学分;其他2个学分由学生根据个人的主客观条件和兴趣爱好,利用双休日、节假日或假期时间自主安排一日体验活动或参加学校社团活动得到,时间累计不得少于7日。这2个学分的认定时间为高二第二学期末。

研究性学习中,每个研究性学习的研究课题等级"合格"为3个基础学分,课题负责人得1个奖励学分,研究课题等级"优"得2个奖励学分,研究课题等级"良"得1个奖励学分。学生研究性学习高中阶段必须修满15个学分。

社区服务要求每名学生每学年社区服务的时间不少于五天,等级合格认定1个学分,高中阶段总计2个学分(毕业要求),要求学生在高一、高二学年完成。等级"优"得1个奖励学分。

2. 评价方法

实施档案袋评价。学生建立个人成长档案袋,里面应装有能反映个人和小组活动过程的种种记录和其他证明材料,并提供核实方法或途径(如实践单位的地址和电话,相关人员的姓名和联系电话等)。在进行考核评价时,活动小组和学生个人提供如下考评依据:

国防教育评价。国防教育评价由出勤情况、学习或训练态度、军事知识和军事技能考核情况、个人国防教育日记或小结等方面构成。

各类主题活动评价。详细的小组活动方案和个人活动计划,小组社会实践报告与个人活动小结,活动记录与活动证明,主题活动的成果,相关单位的评价和同伴的评价材料。

Ⅲ. 社团活动

在进行社团招募时,学生应认真阅读每个社团的章程和考评制度,根据自己的兴趣特长选择加入社团。加入社团后,会(社)员应履行相应的权利和义务,积极认真地投入每次的社团活动中。在每学期末,社团根据该社团的考评制度对社员进行评定优秀会(社)员及积极分子。

学生参与社团情况评价每学期末进行一次,评定结果将记入每名同学的《学生成长记录册》。

三、高中数学模块评价改革

学业评价增设了过程成绩评价、模块成绩评价、综合等第评价。

措施一:过程成绩评价

过程成绩的设置有以下三个意图:

① 将部分数学学科活动纳入学习过程评价体系。近年来学校对基础类课程与综合类课程进行统整,进一步完善、丰富了课程体系。从课程建设的角度必须相应完善这些课程的评价制度,是顺应课程建设不断丰富的需要。

② 加强对学生学习习惯、学习态度的培养。通过过程性评价引领学校倡导的主流价值观、学习方式的形成。

③ 凸显任课教师的过程管理、责任意识。作为教学活动的组织者、实施者,学科教学质量的责任人必须强化过程评价的意识,及时给学生提供反馈、调控和纠偏的机会,促进学生学习过程朝良性方向发展。

具体内容:

数学模块学习过程性评价主要包括学习表现评价、任务完成评价两项,评价主体由教师和学生两部分组成。

学生评价由个人或同伴以质性评价的方式对模块学习过程作出评价和建议,文字材料放入学生成长记录袋存档。

教师评价是在教研组制定的数学学科课程方案的指导下,教师根据备课组统一制定的《模块学习过程性评价细则》,以量性评价的方式对学生的模块学习过程作出评价。

其中,我们特别关注学生学习态度、学科规范、合作学习、研究性学习的引导与要求。

学校在数学学科课程方案的基础上制定了模块学习过程性评价细则,在细则中进一步明确了学生的学习态度、学科规范、合作学习评价指标以及学科内研究性学习、学科活动评价指标(见附件 3)。

措施二:模块成绩评价

模块成绩的设置有以下两个意图:

① 关注与尊重学生的个体差异。学校针对部分同学在数学学科学习能力上存在的差异,分别开设了拓展课程与预习指导课程供学生选择。在评价中,相应以模块达成成绩作为国家标准达成的重要指标,模块水平成绩作为满足更高需求的学科能力指标。以此引领学生重视基础、发展特长。

② 通过课程参与、评价方式等环节中提供的选择性,引导学生对自身学习现状的认识与定位。在评价中,一方面通过附加题加强对拓展内容的考查;另一方面由于学生对附加题有选择作答的权利,增加了基础薄弱学生作答基础题的时间,进一步强化该部分同学对基础知识的掌握,增强学科学习的信心。以此引领学生重视基础、发展特长。

具体内容:

模块成绩分达成成绩和水平成绩:

模块达成成绩＝学习过程(40％)＋达成性测试(不含附加分)(60％)。

模块水平成绩＝学习过程(40％)＋达成性测试(含附加分)(60％)。

措施三:综合等第评价(绩点评价)

综合等第的设置有以下三个意图:

① 绩点体现的是相对位置,学分绩点则体现了不同课时(学分)背景下学习能力的差异,进一步完善了评价结果的科学性。

② 原先评价方式中同一学科内不同模块的评价是独立的,较难体现对该学科的综合评价,学科累积学分绩点的设置初步解决了学科内部不同模块之间的连续性评价问题,体现了对该学科学习素养和能力的综合评价。

③ 累积平均学分绩点(GPA)的设置是解决不同学科间的综合评价问题,促进学生对学习能力的自我估计与选修课程的选择与规划。鼓励学生不但要学得多,更要学得好。

具体内容:

绩点的评价方式区别于国家课程模块评价的学分评价和传统意义上的原始分评价,学校设置了学科领域成绩等级划分及对应绩点(附件1)。

在具体评价指标上增设了:①模块综合等第(绩点);②学科累积学分绩点;③累积平均学分绩点(GPA)。

四、高中数学模块改革的制度重建

为从制度层面推动学生自主学习、主动学习习惯的养成和个性特长的培养,学校制定并完善了重修和免修制度。

重修:模块达成成绩达不到60分,得不到相应学分,学校安排在寒、暑假期间对学生进行相应模块的补习后,组织补考。补考的命题要求与正考完全相同,学校对补考仍然不及格的部分同学实行重修制度,重修后参加学校为下届学生组织的统一考试或考查,合格后方可获得学分。

免修:数学学科允许学生免修,原则上免修不免试,校内免试必须通过相应学科省级以上奥赛考试。

获得免试资格的学生的模块考核成绩以年级获得10个绩点分的学生的模块考试的平均成绩作为考核成绩记录考核档案。

学校在学期结束前向学生公布下学期免修的模块内容和考核方式,并在开学前对申请免修的学生组织形式多样的考核。

免修与重修制度的确立体现了学校对差异学生学习方式的引领,以及对学生学习态度的规范。

在实施数学模块的评价过程中，也暴露出了以下现实的问题，需要进一步完善。

1. 过程性评价的公正性问题：学科过程性评价细则、成长记录要有教师、同学、家长开放性的参与，如何切实体现诚信的原则，使记录的情况典型、客观、真实。

2. 教师观念意识的更新与转变：新的模块评价需要教师在教学中更多关注细节，给教师正常的教学管理增加了难度，也对课堂教学的形态造成了一定影响，需要教师更新传统观念，加强评价意识。

附件 1：学科领域模块成绩等级划分及对应绩点列表

学科领域模块水平成绩排位	等级	输出成绩	学分	绩点
前 8%	A+	95～100	根据《国家普通高中课程方案》的学分设置标准赋予学分	10
前 8%～15%	A	90～94		8
前 15%～35%	B+	85～89		6
前 35%～60%	B	80～84		4
前 60%～80%	C	70～79		2
后 20%	D	60～69		1

附件 2：学生学业报告单

学号________ 姓名________ 班级________ 学段名________

学习领域	科目	模块	课程学分	学习过程成绩		模块达成性测试分	模块达成成绩	模块水平成绩	模块综合等级	获得学分	学分绩点	累积学分绩点
				学习表现	任务完成							
语言与文学	语文											
	外语											
数学	数学											
人文与社会	政治											
	历史											
	地理											
科学	物理											
	化学											
	生物学											
技术	信息技术											
	通用技术											

续表

学习领域	科目	模块	课程学分	学习过程成绩		模块达成性测试分	模块达成成绩	模块水平成绩	模块综合等级	获得学分	学分绩点	累积学分绩点
				学习表现	任务完成							
艺术	音乐											
	美术											
体育与健康	体育与健康											
综合实践活动	研究性学习											
	社区服务											
	社会实践											
选修Ⅱ	××拓展											
	××拓展											
	××奥赛											
学段总学分： 累积总学分：				学段学分绩点： 累积学分绩点：					学段平均学分绩点： 累积平均学分绩点：			
教师评语									签名：			

附件 3:模块学习过程性评价细则

一、学习表现评价细则

分值:满分 30 分(占模块综合成绩 30%),满分以百分制呈现。

平时表现的评价旨在体现每个学生个性化的品质,对学生的要求因人而异。在充分尊重学生学习个性的基础上,培养其科学素养与人文素养并进行评价。一般采取抓两头促中间,记录表现突出的同学。课堂教学中根据学生回答问题、交流讨论、听课状态等表现给予及时纪录,我们鼓励以下行为(平时表现加分):善于向教师大胆质疑、善于与同学讨论问题、善于表达自己、听讲专注且善于自己钻研问题等行为。

(1) 出勤记录由任课教师记录并汇总

分值:考勤分是学业成绩的一部分,考勤分总分 5 分(占模块综合成绩 5%),考勤分满分以百分制呈现。

① 考勤每节课记录一次,任何科目的旷课、请假、迟到、早退都会被扣除该科目的考勤分,每个科目的考勤分扣完为止。

② 旷课每节扣 2 分,请事假每节扣 1 分,请病假每节扣 1 分,迟到每次扣 0.5 分,早退每次扣 0.5 分。

(2) 学习态度评价细则

分值:满分5分(占模块综合成绩5%),满分以百分制呈现。

态度端正,尊重教师,严格要求自己,按时作息,认真完成听课等学习任务。上课有睡觉、玩手机等不良行为扣1分,扣完为止。

(3) 合作学习评价细则

分值:满分5分(占模块综合成绩5%),满分以百分制呈现。

小组合作学习评价标准:

组员姓名	参与热情		学习态度		合作意识		对下次活动表现的一点期望(同伴填写)
	自评	组评	自评	组评	自评	组评	

评分指标:

等级	很好(90～100分)	较好(80～90分)	一般(60～80分)	不理想(60分以下)
参与热情	主动挑起重担,积极配合分工,认真完成任务,积极举手发言	服从工作分配,完成任务,有举手发言	在组员的提醒督促下基本完成任务	不肯参加小组讨论,拒绝接受任务
学习态度	认真钻研问题,积极开动脑筋,提出问题并努力寻求解决	能在组员影响下借助辅导书或现成答案回答问题	可以旁听讨论,并记下别人的答案	不关心问题的探究,玩笑对待活动,甚至影响他人学习
合作意识	尊重他人,协调分工,及时发现自身与他人的优缺点	能完成自己的任务,回应他人提出的合作要求	只管完成分配的任务,再不愿多做	独揽大权、不服从小组工作分配,或不参加合作探究

(4) 积极思维评价细则

分值:满分5分(占模块综合成绩5%),满分以百分制呈现。

积极主动回答问题,积极参与课堂讨论,能大胆地提出问题,根据学生的不同表现,给予A、B、C、D四个等级分的评分。

A	能主动提出有价值的问题;独立发表自己的观点	4分以上
B	能主动质疑,积极回答较难的问题	3～4分
C	能积极思考,比较积极地回答问题	2～3分
D	思考问题不太积极,从不主动回答问题	2分以下

(5) 学习内容的理解和掌握(如单元测验成绩)评价细则

分值:满分10分(占模块综合成绩10%),满分以百分制呈现。

二、任务完成评价细则

分值:满分 10 分(占模块综合成绩 10%),满分以百分制呈现。

由书面作业评价(10%)和学科活动评价(10%)组成,任课教师根据书面作业安排及评分标准以及学科内研究性学习、各类学科活动、各级各类比赛来评定(部分可安排学生参与评定)。

(1) 书面作业评价细则

分值:满分 5 分(占模块综合成绩 5%),满分以百分制呈现。

在任课教师对平时作业评分(建议平时作业评分以百分制,或等级制折算成百分制)汇总的基础上,作业缺交一次扣 1 分,迟交一次扣 0.5 分,作业不订正一次扣 0.5 分。

(2) 学科活动评价细则

分值:满分 5 分(占模块综合成绩 5%),满分以百分制呈现。

任课教师根据学科内研究性学习、各类学科活动、各级各类比赛制定评分标准来评定(部分可安排学生参与评定)。

问题	信息收集	信息整理	信息分析	最终作品	分数比重
学生能够生成课程领域内的问题	从多种途径(包括文本、电子信源、访谈、问卷、实验)收集信息并合理引用	学生自己开发分类整理结构,并进行合并、筛选	学生自行分析信息并得出结论	学生利用多种媒介,多感官表达他们的发现并在网上发布	2
学生根据教师给定的课题生成问题	从多种途径(包括文本、电子信源、访谈、问卷、实验)收集信息	学生与教师一起开发分类整理结构,自己进行合并、筛选	学生自行分析信息,在教师的指导下得出结论	学生利用多种媒介,多感官表达他们的发现	1.5
学生在教师的帮助下生成问题	从有限的电子及非电子信源收集信息	学生与教师一起开发分类整理结构,进行合并、筛选	学生在教师的指导下分析信息,得出结论	学生利用多种媒介表达他们的发现	1
问题由教师生成	仅从非电子信源收集信息	教师开发分类整理结构,并指导学生进行合并、筛选有关信息	学生复述所收集的信息,如简单复述事实	学生利用有限的媒介表达他们的发现,如书面报告等	0.5

学生在每一模块学习中,出现作业无故缺交次数超过 5 次、考试作弊等不良学习表现,该生学习过程性评价分值不得超过该项总分值的 50%,学校并视情节轻重给予警告等处分。

学生在任务完成中有突出优异表现和创新,教师有权给予奖励分,原则上不超出总分 10 分,若超出总分需向课程与教学处说明,经同意后方可实行。

第五章

科技创新人才培养实践

第一节　五大学科竞赛

学科竞赛是锻炼人智力的、超出课本范围的一种特殊的考试，是培养拔尖创新人才的平台。全国五大学科竞赛包括数学、物理、化学、生物学和信息学五门学科，是由中国科学技术协会所属中国数学会、中国物理学会、中国化学会、中国计算机学会、中国动物学会和中国植物学会等六个学会主办，并得到教育部及各级教育主管部门支持的、在国内具有广泛影响的、面向在校高中学生的课外活动。其宗旨是：向中学生普及科学知识，激发他们学习学科知识的兴趣和积极性，为优秀学生提供相互交流和学习的机会，促进中等学校科学教育改革。通过竞赛和相关活动培养优秀学生，为参加国际奥林匹克学科竞赛选拔参赛选手。学科竞赛属于课外活动，始终坚持学有余力、对学科学习有兴趣的学生自愿参加的原则，是学生在教师指导下进行研究性学习的重要方式。

多年来，常州先后在国际、国内各级奥林匹克竞赛中取得过骄人的成绩，在省内外有着较大的影响。随着国家、省、市各级教育规划纲要的陆续出台，创新人才培养的深入推进，学科奥林匹克竞赛政策的不断调整，综评评价、强基计划等高校招生的政策不断变化，学科奥林匹克竞赛工作面临着前所未有的机遇与挑战。江苏省常州高级中学作为江苏省创新拔尖人才培养试点学校，结合竞赛，整合现有教学资源，挖掘潜在资源，练好内功，抓住机遇，迎接挑战，为更多学有余力而又有一定特长的学生提供展示自我的平台，彰显个性。

一、创新竞赛人才培养机制，不断突破已有体系

完善的组织机构和健全的制度机制，是深入开展学科竞赛活动的重要保障。江苏省常州高级中学从竞赛选拔到竞赛班级的组建，从竞赛班级的集体授课到个别辅导，从学生的自我探究到导师制的实行，从年级主教练管理到竞赛团队的协作，从不同年级的分层到最终高水平人才的定向培养，都有一套完善的规章制度，让人才培养成为一种良性规律的存在，在有效时间内达到最显著的效果。学科竞赛的发展，以“选才—育才—成才—用才”为主线，在招生制度、课程开发、教学方式、评价策略和环境资源建设等方面大胆实践与创新，满足学科特长人才的早期成长和发展

需要。

1. 选才

（1）创新招生制度：与初高中协同培养的强基实验班、创新实验班及体艺特长生招生相结合，及早发现特长学生。

（2）打造品牌活动：与常州市中小学“我们爱科学”、STEAM课程及头脑奥林匹克、模拟联合国、模拟政协等活动相结合，开设科学思维选修课程，培养和提高学生兴趣，发展学科特长。

（3）学业专长评估：推进学科特长学生选拔的研究，可将学校组织的选拔考试、老师主动出击面试有潜质的学生和学生主动要求加入竞赛班三者有机结合，形成科学合理的评估方案。

2. 育才

（1）课程资源建设：制订五大学科竞赛课程和科学思维选修课程方案，开发竞赛课程、创新班课程、强基班课程、提优课程、科技创新课程、“我们爱科学”活动课程；开发兴趣类、人文类、方法类、技能类、特长类等丰富多元的校本课程；在“模块化体育”基础上针对性地开设田径、游泳等特长项目课程；依托“天华艺术团”开设管弦器乐、油画、版画等体艺特色课程等。

（2）教学方式创新：探索实施有利于学科特长学生成长的导师制、项目制、选课制、学分制、学长制、合作制等教学方式；与选科分班相结合，探索新课程、新教材、新高考背景下合理的分层教学方式，使学科竞赛与日常教学更加有机融合。

（3）教师队伍建设：引进经验丰富的优秀教练；选拔培养新教师；课务安排适当倾斜；开辟专职教练员成长通道。

（4）合作机制建设：加强项目内的学校合作；组织竞赛主教练、特色项目教师外出交流学习；选拔部分参加学科竞赛、项目活动的学生外出培训交流；定期邀请国内知名学者来校讲学；与大学、科研院所、大企业对接，利用他们的软硬件资源，努力形成战略伙伴关系。

3. 成才

（1）重视全面发展：学科特长发展是建立在全面发展的基础上的，始终坚持德育为先，五育并举。

（2）规划学生发展：加强生涯规划中特长学生学科发展的分析和规划，促进学生主动发展。研究学科竞赛、强基计划、综评评价、特长专长等高校招生的政策，对接升学平台，为学生未来的升学发展指明方向，并提供帮助。

（3）关注长远发展：升学不是最终目的，要关注学生未来的发展和追求，做学生未来的良师益友，努力成为学生发展的人生导师。

4. 用才

(1) 成长数据追踪：了解学科拔尖人才进入大学及社会之后的发展情况，从那些成为社会栋梁之才的校友身上，汲取影响学科拔尖人才的重要因素，然后在选才、育才方面予以回应；拟用三年的实践，跟踪、汇总近10年竞赛省级一等奖以上学生和特长专长学生的成长路径。

(2) 杰出校友引领：榜样的力量是无穷的，利用学校科普讲堂、开学第一课等平台，促进杰出校友对学科特长生主动发展的引领。

(3) 优秀经验传承：多数优秀学长乐于帮助学弟学妹，部分竞赛和社团采用“学长制”的兵教兵模式定期授课，与优秀学长结对互助，收到良好的效果。

二、创新课程资源建设，完善学校竞赛体系

为了抓住学科特长人才早期培养的黄金期，立足学校丰富的优质资源，以人才培养模式、课程体系、教学内容等改革为手段，目标引领，分类指导，强化过程，师资为本，以战略性思维来完善和重建学校的竞赛课程体系，同时不断完善竞赛课程体系与竞赛课程资源。

1. 竞赛课程体系

竞赛课程是竞赛开展的载体与核心内容。学校从课程建设、教学组织、活动开展、测量评价等方面整体布局，架构一个针对竞赛学习的课程体系。

(1) 丰富多样的课程建设

建立竞赛课程开发机制，形成竞赛背景下的学科文化课程、基础课程、培优课程、创新课程四个类型。学科文化课程是在竞赛背景下了解学科历史、学科文化以及学科前沿等，拓宽学生视野，激发学生兴趣；基础课程是基于高考大纲要求开设的课内提优课程；培优课程是基于竞赛大纲要求开设的拓展课程；创新课程是针对竞赛中的优秀学生开设的竞赛提升课程。

① 学科文化课程

学科文化一直以来也是学校的特色，竞赛的培养目标是高素质人才，所以学习学科文化有助于激发学生的兴趣与动力。学科文化主要包含学科历史、学科中的美欣赏、科学家和名人典故、学科前沿简介等。

② 基础课程

基础课程分成两个方面的内容：通识课程和补偿课程。通识课程主要以高考大纲为标准，进行一定的提高与拓展；补偿课程是在通识课程的基础上作进一步的拔高，不拘泥于高考范围。

③ 培优课程

培优课程重点针对竞赛，以高中学科联赛大纲为基本标准，旨在提高学生的竞赛

水平与综合能力。

④ 创新课程

创新课程主要是对学生高位的引领，一方面可以通过学生讲坛让学生成为资源的分享者，同时学校也会适时邀请专家开展讲座以促进学生的更高发展。

（2）基于个性学习的教学组织

竞赛的教学组织形式更加多样化，可以按照兴趣爱好将学生分成若干小组，每个小组重点攻克相关内容，在课堂上进行交流分享，在课后帮助其他同学解决问题，根据学生层次的不同需要进行个性学习。竞赛教学组织形式不同于高中传统教学，它以讨论、互助等形式解决实际难点，并根据实际需要开展专家讲座。

（3）基于学习社团的活动开展

为了提升学生的个性化学习，有关学科竞赛的社团活动在学生之间展开，包括数学竞赛社团、AMC（美国数学竞赛）社团以及与竞赛相关的各类建模社团，从学科活动延伸到社会协作，发挥社团活动的社会性、合作性和自主性，培养学生的社会适应能力，为学生竞赛学习提供更大的空间。

（4）基于数据分析的测量评价

学科竞赛的开展离不开对学生的评价，在引导学生参加各种竞赛时要对学生进行多元评价，包括课堂表现、兴趣动机、团队合作等，一方面提升学生的兴趣，更多的是激发他们的学习热情，引导他们积极主动地参加全国高中联赛等各种比赛。

2. 课程资源的开发与建设

课程资源是竞赛课程中非常重要的内容，资源的建设有利于课程的不断开展与完善，有利于竞赛活动的持续性发展。课程资源主要分成三类：竞赛课程集、数字化平台、竞赛图书室。

（1）竞赛课程集

通过学科组的通力合作以及竞赛教练的投入付出，学校不断完善与竞赛课程相关的《竞赛课程方案》《竞赛习题集》《学科文化赏析》等各类教案、学案、习题集。根据不同的课程类型制订与学生配套的课程方案，不管对于班级教学还是个性化自主学习都至关重要。这些资源不仅仅用于班级授课，同时与数字网络化平台相结合，让师生更好地利用资源，积极开展个性化学习。

（2）竞赛图书室

借助江苏省课程基地建设的机遇和资源，专门配置图书阅览室、理科学科中心、创新实验室等场所，通过搜集、购置古今中外的各类学科专业图书、通俗读物、报纸杂志、电子图书、网站资源等，经过系统化归类整理和数字技术处理，与课程资源有机整合，并统整到数字化学习平台，创建数字阅览室。通过阅读吸收，让师生感受到学科之美趣、思维之严谨、知识之实用。通过平台记录的数据分析，多维度、发展性地评价每个学习者的学习能力、学习成效和发展状态。

(3) 建设数字化学习平台

立足于选择性课程结构的整体架构，推进个性化自主学习和差异化精准教学的教学结构、多元化发展性评价结构的变革，建设一个课程引导、个性学习、协作分享、进程跟踪、智能交互的数字化学习平台，为每位学习者的个性化自主学习提供信息化环境和服务支持。

引进竞赛的资料库，能够让学生第一时间找到相关知识类型，同时有及时答疑的互动模式，充分发挥个性化学习下的数字化学习平台的作用。建立视频资源库，竞赛教练把一些经典的好题通过制作微视频的方式积累保存，一方面可以让学生进行学习，同时也为竞赛的后续发展提供更多的网络资源，给教师的教学以及学生的自学都提供了一个良好的平台。创建一个以学生自主学术交流分享为主、专家讲座报告为辅，兼顾数字化微课堂分析的小型直播录播厅，让思维碰撞，智慧交融，让学术研究和科学创新流行起来。

三、创新教学方式，立足多元化个性学习

探索实施有利于学科特长生成长的导师制、项目制、选课制、学分制、学长制、合作制等教学方式；与选科分班相结合，探索新课程、新教材、新高考背景下合理的分层教学方式，使学科竞赛与日常教学更加有机融合。

1. 坚持育人为本，整体架构教育的结构

教育的终极目标是促进人的全面发展、个性发展、主动发展和终身发展。从课程建设、教学组织、活动开展、测量评价等方面对学校竞赛教育结构整体布局，通过竞赛课程体系结构化建设，借助数字化学习平台的有力支撑，构建多元化发展性评价体系，以目标引领和项目驱动的方式推动基于个性化学习的教学变革。

2. 突出多样选择，努力形成个性化的学科特色

根据学生的个性特点、能力差异和发展需求，立足于个性化学习，开发建设丰富多彩的竞赛特色课程，让学生在学习竞赛知识的同时了解学科文化，探索未知，培养兴趣。学生通过个性化学习，学会用更宽广的视野去看待问题，研究问题并解决问题，提升理性思维和创新能力。

3. 立足个性发展，培养学科领域的高端人才

学科竞赛是针对在学科学习中学有余力的学生开展的课程，参加学科竞赛，不仅能提升学生的能力，同时对学生也是一个极大的挑战。为学生提供一个平台，让他们提前接触更深入、更前沿的知识，更多地去研究问题背后的真相，以更好地适应个性化发展，更快地成才，从而为成为高端人才打下基石。

4. 立足个性学习,全面推进教学方式的变革

基于丰富的个性化特色课程和竞赛本身的特性,竞赛课程不拘泥于教师的讲解,个性化自主学习或者翻转课堂教学都可以成为竞赛学习的特色,让学生成为学习的主体,更大地发挥学生的主观能动性,让学生成为课程资源的一部分,相互分享,相互欣赏,全面推进教学方式的变革。

5. 组建学习社团,重点培养社会协作能力

个人成就的大小、发展程度的高低,主要取决于社会适应能力,特别是合作能力、竞争能力和创新能力。组建一系列的学习社团或者学习小组,积极开展对不同问题的研究,合作中有竞争,竞争中相互学习,共同成长,发挥社团活动的社会性、合作性和自主性,培养学生的社会适应能力。

6. 积极探索师生发展新模式

个性化学习模式能够更大程度上激发师生的个性需求和主观能动性,有效培养他们的自学自研能力以及分析问题、解决问题的能力,能够激发和提升他们协作、创新、探索的精神,培养他们的团队精神和协作能力,以及较强的沟通表达能力,能够在很大程度上增强学生的自信心,有效地实现知识和能力的统一,并形成可持续发展的能力。

四、创新竞赛教练培养模式,建设专业化团队

创新教育实施的好坏,教师是关键。竞赛的发展离不开学科竞赛教练的中坚力量。没有富有创新精神的教师,就不可能培养出创新型人才。为此,必须高度重视竞赛教练的队伍建设,努力形成有利于教师发展的竞争激励机制。要加强创新型教师的培养,逐步使他们具有较强的创新教育意识和创新教育观念,具有广博的知识修养和合理的知识结构,具有较高的教学、科研创新能力。通过创新型教师的言传身教,把敢于并善于创新的理念贯穿到整个教学之中,贯穿于教育过程的始终。

1. 引进成熟优秀教练

邀请全国知名的教练加盟我校,充分利用常州市人才引进政策机制,在住房、家属工作、薪酬等方面由上级主管部门予以特殊政策保障。

2. 选拔培养新教师

在理科教师引进时,将能否适当承担学校奥林匹克竞赛工作作为条件之一,入职后自然进入教练组见习,平时跟着教练组听课、做题,一般 3 年后正式进入教练组,再 2 年后完成江苏省初赛的教学任务,入职 5 年后即可根据教学能力和个人意愿,由学校确定成为奥林匹克竞赛中心组成员。

3. 课务安排适当倾斜

奥林匹克竞赛教练原则上至少承担一个创新班的教学,努力成为能担任创新班

班主任的教练。

4. 开辟专职教练员成长通道

对于成熟的奥林匹克竞赛教练，学校支持他们成为专职奥林匹克竞赛教练。

竞赛教练团队作为竞赛发展传承的重要环节，需要团队的通力协作，而竞赛的难度以及学生培养的多样化与个性化更是让我们看到竞赛的发展需要集体的智慧，学生的培养需要每一个优秀教练的贡献，因此省常中竞赛教练团队逐步实施总教练总指挥，主教练主负责，助理教练协助完成的三级教练制度。

（1）总教练：1 人

① 对所有年级的竞赛进行统筹安排，包括竞赛课程的选择、竞赛教练的课程分配，尤其是不同年级的竞赛教练的交叉协作。

② 总负责竞赛资源的积累：集中所有教练的力量进行竞赛题库的积累，对好的竞赛题进行分类与解析，形成可供学生自学的学习资源。

③ 给所有学生提供一个长期性的解题平台，通过每周一题或者多题的形式让学生思考并进行及时反馈，给每个学生提供一个更好的突破自己的平台。

④ 组织竞赛教练开展常规的教研活动，交流竞赛中的各种问题和学生培养中的一些现象，给团队的发展提供一个长期的开放性交流平台。

（2）主教练：每个固定的竞赛班级确定主教练 1 人

① 对于自己主负责的班级进行长期性的班级管理，一般是从组建开始一直到高三九月份联赛结束。

② 竞赛课程的开展主要由主教练负责，同时在团队的协作下进行合理分工。

③ 对班级学生进行档案管理和长期的追踪了解，利用这些资源为省常中竞赛的长远发展作铺垫。

（3）助理教练：根据个人意愿以及年轻教师的发展需要，在一定时期内确定为助理教练，可以多人

① 协作同年级主教练进行竞赛教学的开展工作。

② 在团队安排下进行各类竞赛活动的开展，积累竞赛资源。

省常中竞赛教练团队现已具备形成专职教练的条件，如信息技术竞赛的曹文老师全面负责全校的信息技术竞赛，再如清华硕士（化学竞赛国决银牌）和中科大（少年班）硕士发挥所长成为专职教练，同时以前的主教练适时进行传承，做好“传帮带”的工作。完成三轮竞赛任务后，及时将竞赛相关工作交给年轻教师，给予年轻教师更多的机会，给他们压担子、促成长，帮助他们完成年级负责主教练到专职教练的过渡。

竞赛工作是常州教育工作的重点特色项目，团队积极进取，不断创新，以创新拔尖人才培养为基本目标，在良性机制中寻求不断创新与突破。

第二节 强基计划

2020年，教育部推出了致力于培养基础学科拔尖创新人才的"强基计划"，旨在从基础教育阶段对创新人才进行早期识别与培养，这一举措对于深化落实人才强国与科教兴国战略具有重要意义。2021年中共中央发布的《中华人民共和国国民经济和社会发展第十四个五年规划和2035年远景目标纲要》中指出要"加强基础学科拔尖学生培养"，强调了创新型人才培养在科技兴国战略中的重要作用。在基础教育阶段进行创新型人才的早期识别与培养，有利于为学生提供因材施教的教育模式，更好地培养其创新思维，提高创新能力。这既符合个人发展需要，也适应国际教育实践的发展趋势。

在此背景下，结合常州市的教育实践，对"强基计划"中创新人才的选拔与培养现状开展了讨论，并据此分别提出了进一步优化的具体建议。就人才选拔而言，应提高考查科目与未来培养目标间的适配性；就人才培养而言，应科学设置必修课的节奏与难度，充分发挥选修课对学生兴趣方向的引导作用，并且完善竞赛人才的选拔和淘汰机制。

一、人才选拔考查重点

目前常州强基班的选拔测试是在初二应届生中开展的，以笔试为主，考查的科目为语文、数学、英语、物理、历史和政治。从笔试科目和分数占比看，文科占比较大，部分文科基础较好的考生即使数学、物理的分数落后，也能凭借文科优势考入强基班。在强基班的物理教学中，部分同学在学习九年级物理知识时，已经相当吃力，相比之下，另外一部分同学即使学到高中内容，仍有余力。在开始学习高中必修一内容阶段，差距已经显现，这说明学习吃力的同学物理基础比较薄弱，理科思维较差。据了解，这部分学生大部分是凭借各自在文科上的优势进入强基班的。

也许有人会说拔尖创新人才项目不限于理科，同样强基计划的招生专业也不止有理科。但纵观国内外众多拔尖创新人才项目，基本上都是围绕数学、物理等理科展开的。另一方面，强基计划的招生专业主要是数学、物理、化学和生物等基础学科，部分学校招收历史学、哲学和汉语言文学（古文字学方向）等文科专业。但这些文科类专业，只有历史学是基础教育真正涉及的，其他学科如哲学、考古学以及汉语言文学(古文字学方向)都和基础教育联系不密切。从强基计划的试点名单看,大部分高校属于理工科强势的院校,甚至一部分学校只开放理科专业招生。因此,强基班的选拔测试应该重点关注数学和物理两门理科科目。除了笔试,还应该组织分数占比不低于30%的面试,面试的考查内容应当经过精心设计,能对学生的综合素质进行全面了解,尤其是思维品质、发展意向、表达能力、个性特点和心理发展水平等方面,这对判断学生是否适合拔尖创新人才的培养至关重要。因此,通过针对性的面试考查,有利于有效选拔拔尖创新人才。

如果希望选拔出适合向历史学、哲学等文科专业方向发展的人才,可以制订专门的选拔方案,很明显这类方案应区别于针对理科型人才的选拔方案。

二、拔尖创新人才培养体系

拔尖创新人才的培养方式需要有明确的培养目标,这个目标的建立不是一蹴而就的。初期的培养模式可以统一,经过一段时间,学生掌握了一定的基础知识和基本技能,分析和解决问题的能力得到提升,各自的个性也得到充分释放和展示,这时就需要有针对性地制订培养目标和方案。实践证明,培养拔尖创新人才的重要方式是因材施教,而因材施教的重点就是课程设置。

课程设置应分成三部分,分别是必修课、选修课和竞赛课。必修课程的建设一般由国家课程改革主导。在拔尖创新人才的培养方案中,必修课的教学推进以高效为原则,具有科学性,遵循学习规律和学科规律。选修课的建设是因材施教的体现,一般是由校本课程改革主导。学生可以凭自己的兴趣选课,及早确定自己的兴趣和专长。因此,选修课程的建设极为重要。同样,竞赛课程的建设也很重要。一方面,新课程、新高考模式下,学科竞赛对高考的同向影响将会加大。另一方面,针对高考的训练难以满足优秀学生的需求,优质竞赛课程的建设迫在眉睫。因此,优化各学科竞赛人才的选拔和淘汰机制是拔尖创新人才培养的重要方式。

中学阶段是学生价值观念趋于成熟、自主性增强的重要时期,因此,“强基计划”的实施对于培养学生的创新思维模式和综合素质具有重要意义,这一点在现有的教学实践中已经得到了反映。但是,要遴选出真正具有科学兴趣的拔尖创新人才,现有的选拔方案仍存在改进空间。并且,在创新人才的培养体系上,应充分尊重学习规律及学科规律,引导学生以更广泛的视野认识到自身兴趣及特长所在。

第三节　科技创新

一、中学信息编程创新人才培养体系研究

近 20 年以来，常州信息编程创新人才培养体系研究团队通过构建课程内容与实施体系，创新"一体两翼"人才培养模式，开发"以学生发展为中心"的评价体系，形成"高校指导、校际协同、校内互助"的教研共同体，解决了课程理念与定位不匹配、内容与教学方式滞后、教师课程规划与实践能力不足的问题。

如今，江苏省常州高级中学已出版五部信息竞赛类专著，这五部专著在全国竞赛选手中使用率达 90%；搭建学生练习平台，供全国百余所中学使用；研发评测软件，成为江苏省竞赛指定软件；接待同行交流访问 200 余次。成果惠及学生获得国际程序设计竞赛金牌，团队培养了一批蜚声海内外的计算机科学家，各级各类媒体争相报道，信息学已成为常州教育最靓丽的名片。

（一）培养推广周期

先行探索期：明确学科定位，重塑课程形态。本阶段的主要工作是为信息编程创新人才发展奠基。围绕中学信息编程课程教学的"一体化""衔接性"，以纵向连贯性成长为目标，从个案研究开始，结合国内外理论与实践研究成果，明确中学信息编程学科定位，为重塑课程形态，建构创新育人体系奠定理论基础。对信息素养、计算思维、人才培养体系、教育范式、创新意识等相关概念进行文献研究，以把握中学信息编程的学科本质与育人价值。

体系完善期：建构育人体系，深入教学改革。本阶段以学校重大教改项目、市基础教育特色项目为依托，深入开展行动研究，创建曹文信息学校，确定以信息编程促进学生信息素养与计算思维发展为计算机科学领域创新人才奠基的实践路径，逐步打造以"跨学科课程、数字化课程、个性化课程"为主体的课程群，构建"一体两翼"创新人才培养模式、"以学生发展为中心"的评价体系以及三层教学支持服务体系。依托学校资源，深入开展实践改革研究，以破解信息编程课程"定位偏重知识与技能""课程内容缺乏纵向关联且相对滞后""教学方式单一""学生创新创造能力不足"等问题。

辐射推广期：成果辐射推广，反思迭代优化。在高校、科研所、教育行政部门与研究团队的多方协作配合下，依托信息化环境，以体系化课程与项目化教师研修为两大抓手，开展规模化推广实践。进一步提炼中学信息编程创新人才培养体系的核心理念，开发中学信息编程课程教学案例库，构建“高校指导、校际协同、校内互助”的学习教研共同体。创新性形成包括教师培训、学生选拔及联合培养、信息编程教学生态创设等一系列措施的教学保障机制，实现中学信息编程创新人才一体化培养，破解“师资薄弱”“区域发展不均衡”等问题。

（二）中学信息编程创新人才培养体系主要内容

1. 构建信息编程课程内容体系，重塑课程形态

中学信息编程课程内容设置的主要任务不是把学生打造成掌握丰富编程知识与技能的人，而是使他们在变幻不定的信息时代能够深谋远虑，历经考验。秉持“研究型”教学的理念，开展信息编程创新人才培养课程体系构建，以大概念驱动课程设计线索，以大问题引导课程目标落实，以多元表征促进关键概念学习，打造以“跨学科课程、数字化课程、个性化课程”为主体的课程群。重构以创新教育为主线的信息编程课程体系（图 5.1），通过课程新形态激发师生的学习力与创造力。

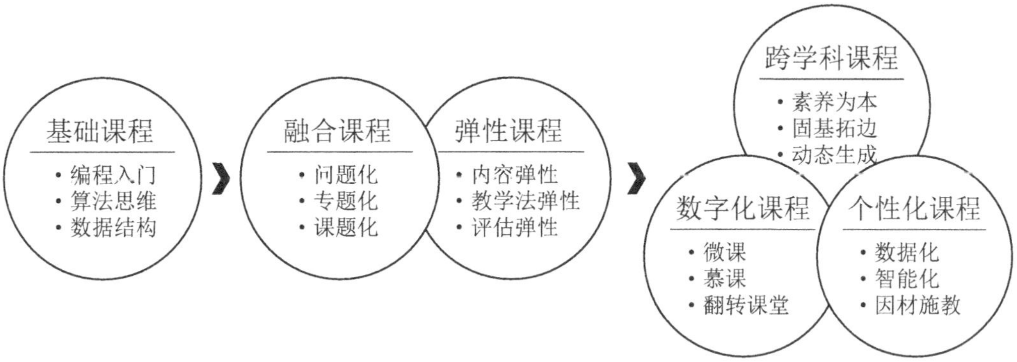

图 5.1　信息编程创新人才培养课程内容体系

基础课程是国定课程中的信息编程内容，定位是基础知识与技能。课程设计体现生活逻辑，引领学生走进现实世界，注重课堂生成，培养学生面对真实情境解决现实问题的能力，突出对学科思想方法的领悟。

融合课程和弹性课程是基础课程的发展，立足信息编程课程核心内容的同时强调学科间课程内容的横向联系。同时，关注学生的需求与能力，从课程内容、课程教学法、课程评估等方面提升课程弹性，为学生提供多样化选择，以满足个性化需求。

跨学科课程、数字化课程与个性化课程是信息编程课程内容体系在当前时代背

景下的发展。它既注重课程的“上下贯通，有机衔接”，使课程内容具有连续性与层次性，又做到与其他学科横向联合，开展多维度实践，挖掘学生的创新潜力。另外，它还支持学生参与课程设计，成为资源的生产者，提升课程的适应性，实现可持续发展。

2. 构建信息编程课程实施体系，提升学生素养

经过多年信息编程创新人才培养课程探索，立足课程内容与学生身心发展规律，构建课程实施体系(图 5.2)。推进信息编程课程改革，促进学生获得适应信息时代的个人和社会发展所需的正确价值观念、必备品格和关键能力，培育有创新精神、实践能力的一代新人。

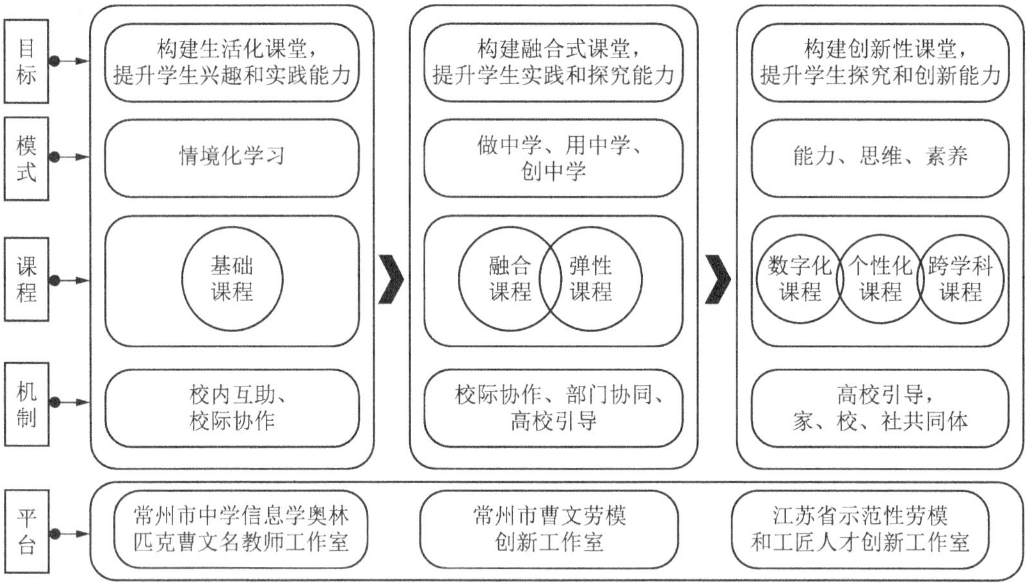

图 5.2　信息编程创新人才培养课程实施体系

生活化课堂注重建立现实生活与信息编程之间的联系，引导学生在情境中体验用编程解决问题的过程，提升深入学习的兴趣。

融合式课堂强调以问题、专题和课题等多种形式开展信息编程学习。超越原有知识分科观念，强调综合性、实践性与探究性，加强做中学、用中学、创中学。

创新性课堂以人的全面发展为旨趣，指向科学和生活世界中问题的创新性解决。在教学过程中充分发挥技术效能，借助学习者画像、资源画像和知识图谱实现学习资源、学习服务个性化推荐。利用信息技术创建虚实融合的学习交互情境，支持突破时空限制的自主学习、协作学习、探究学习等多种活动。

3. 构建“一体两翼”创新人才培养模式，助力学生发展

人才培养模式是进一步推动学生计算思维与创新能力发展的重要基础，更新人

才培养理念，转变培养方式是信息编程创新人才培养模式的本质内涵。立足学生实际成长需求，将第一课堂与第二课堂有机融合，构建“一体两翼”信息编程创新人才培养模式（图5.3）。

图5.3　“一体两翼”信息编程创新人才培养模式

一体即以学生为主体。强调人才培养活动指向学生计算思维与创新能力发展的同一目标，为拔尖创新人才培养奠基。

图5.4　第一课堂教学模式

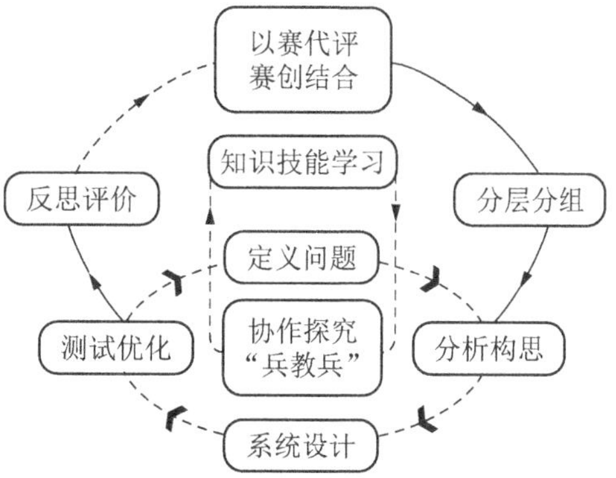

图5.5　第二课堂教学模式

两翼即两个课堂。第一课堂：学与教（见图5.4），在建构主义学习理论与协作学习理论指导下，以项目与问题驱动为导向，采用混合学习方式，针对不同课程内容与学习者需求采取不同教学模式，培育学生在以信息编程学科核心内容为主体的多学科交叉空间内的问题解决系统观念。第二课堂：赛和创（见图 5.5），采用以赛代评机制激发人才创新活力。借助大学生 ACM 程序设计开放式团体赛等契机，形成以学生自主探究学习为核心，包含分层分组、协作探究、反思评价等阶段的团队活动，促进学生知识与能力发展的多元化。“良弓之子，必先为箕；良冶之子，必先为裘”，团队成员通常都会经历“边缘性参与”向心性地向“完全参与”的过程，使得团队专业能力发展呈现分布性与传承性特征。

4. 构建“以学生发展为中心”的评价体系，保障教学评一致

中学生的创新素质普遍处于初步发展阶段。因此，成果确立以“学生发展为中心”的教学评价体系，探索技术推动下的“过程监控＋多元”教学评价创新实践，构建渗透于信息编程教学中的创新素质评价体系（图 5.6）。

一级指标	权重系数	二级指标	权重系数	总权重系数
知识掌握	0.1	信息编程基础知识水平	0.2	0.02
		新知识获取	0.3	0.03
		知识组织	0.5	0.05
思维力	0.4	发散思维	0.7	0.28
		聚合思维	0.3	0.12
自我监控	0.2	评价	0.2	0.04
		反思	0.4	0.08
		调节	0.4	0.08
实践能力	0.2	发现和提出信息编程问题	0.5	0.10
		设计和执行问题解决方案	0.3	0.06
		资源利用与管理	0.2	0.04
沟通交流	0.1	获取观点	0.5	0.05
		表达观点	0.5	0.05

图 5.6　中学生信息编程创新素质评价体系

该评价体系基于线上线下一体化信息编程学习空间，进行伴随式数据采集与分析，将评价渗透到教学环节中，促进教学数据全过程采集和效果及时反馈，充分发挥评价的导向和激励作用，逐步实现基于数据分析的差异化和适应性教学。同时利用信息技术和大数据构建中学信息编程创新人才培养与高等教育人才选拔相互衔接的综合评价机制，对学生的创新成果进行综合评价，促进形成大中小学共育信息编程创新人才机制。

中学生信息编程创新素质评价体系倡导基于数据的多元评价。一是评价指标多元，构建包含五个一级指标、十三个二级指标的评价指标体系，实现为学生全面画像；

二是评价主体多元，将自主评价、家长评价、教师评价、机器评价、社会评价等结果综合纳入评价数据中，根据评价内容恰当设置比重，实现评价主体的因时而异；三是评价方法多元，借助以赛代评、过程评价、结果评价、非标准化测试等方法对学生的信息编程学习情况进行目标达成度评价，推进教学持续改进。

5. 构建信息编程三层教学支持服务体系，形成人才培育新生态

教学支持服务是中学信息编程创新人才培养过程中一项极其重要的研究和实践内容，是影响人才培养质量的关键因素，也是持续提高人才培养水平的必然要求。以"个性成长＋内生发展"为宗旨，构建包含"基础服务、功能服务和个性服务"的三层教学支持服务体系（图 5.7）。

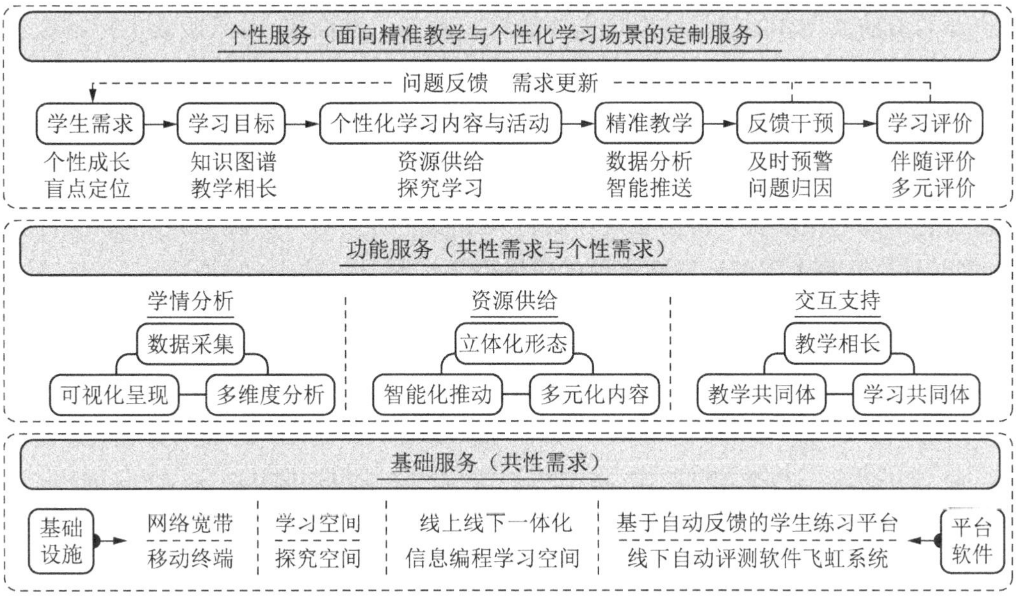

图 5.7　中学信息编程创新人才培养教学支持服务体系

基础服务是支持共性需求的公共服务，处于教学支持服务体系的底层，提供基础设施与平台软件。

功能服务是满足共性需求与个性需求的融合服务，包括学情分析、资源供给和交互支持。学情分析是实现个性化需求满足的核心要素，重点在于数据采集和分析呈现。资源供给主要承载于线上线下一体化信息编程学习空间，为师生提供资源检索、智能推送等功能。交互支持是教学主体间协作学习高效开展、教学进程持续优化的重要保障。该体系中的交互支持服务能够有效优化交互环境，将传统物理空间中的"师—师交互""生—生交互""师—生交互"拓展为时空域中人与人、人与物的交互。

个性服务是面向精准教学与个性化学习场景的定制服务。学生需求与学习目标

在个性服务的赋能下向精准融合的方向迈进，催生出更加聚焦的个性化学习内容与活动，并且在各学习环节中借助平台软件的数据分析、问题诊断等功能实现盲点定位、及时预警、资源推送等多元智能功能。

6. 构建“高校指导、校际协同、校内互助”的教研共同体，打造卓越教师团队

整合复旦大学、上海交通大学等高校优质资源，联合曹文名师工作室团队、校内多学科教师，完成中学信息编程创新人才培养体系从顶层设计到探索实施的全过程，逐步建立包括高等院校、教育行政部门、计算机学会、青少年活动中心(少年宫)、名师工作室、友好合作学校(广东省中山纪念中学等)等多主体在内的育人共同体。通过优质资源的“大整合”与校际师资的“大协同”，打造出一支卓越的中学一体化信息编程创新人才培养教师团队。

学习教研共同体的建设与发展需要教育行政部门与高校、科研所的支持，在三方协作配合下，依托信息化环境，开展中学信息编程的教育教学与研究工作。教育行政部门对研究团队进行宏观上的监督与指导，高校、科研所利用其先进的理念和优质资源指导团队建设与成果实施，同时参与成果研究团队的实践活动(图 5.8)。研究团队通过各种形式的活动将中学信息编程创新人才培养的经验与资源传递给本校或同区域的学习同伴，最大限度地发挥成果的辐射引领作用。

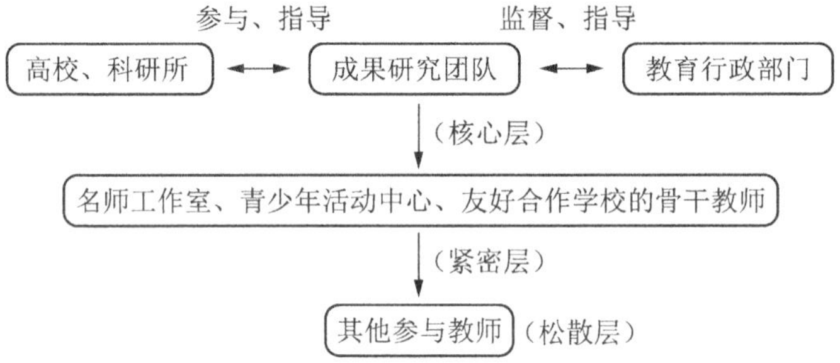

图 5.8　中学信息编程创新人才培养教研共同体组织架构

(三) 体系研究的成果

1. 构建信息创新人才育人培养范式

(1) 构建以创新人才培养为主线的信息编程课程内容与实施体系

在固定课程的基础上，创新性地提出信息编程课程内容与实施体系，形成以“跨学科课程、数字化课程、个性化课程”为主体的课程群，构建生活化课堂、融合式课堂和创新性课堂，显著提升学生的计算思维与创新能力，在中学阶段为拔尖创新人才培养打好根基。

(2) 构建信息编程创新人才培养模式与评价体系

在实施信息编程课程体系的过程中，创新性地构建以学生为主体，以“学与教”第

一课堂、“赛和创”第二课堂为两翼的“一体两翼”信息编程创新人才培养模式，开展“过程监控＋多元”教学评价创新实践，形成“以学生发展为中心”的评价体系。第一课堂与第二课堂相互推动，相互引领，评价体系及时推动监督反馈，有效激发学生的探索热情与创新活力，促进课程教学的可持续优化和学生的个性化发展。

(3) 形成信息编程课程体系运行机制，有力支撑创新人才培养

基于学生运用信息编程解决问题的需要，整合校内校外、线上线下多种资源，构建包含“基础服务、功能服务和个性服务”的三层教学支持服务体系。依托研究团队协同平台，打造卓越教师队伍，实现区域中学信息编程创新人才一体化培养，建立“高校指导、校际协同、校内互助”的学习教研共同体，保障信息编程创新人才培养持续推进。

2. 促进师生成长

(1) 促进学生快速成长

学生的计算思维与创新能力获得显著提升，在各项信息编程竞赛中，取得优异成绩。

国际竞赛方面，陆续有多名学生荣获金、银、铜牌。团队组织学生参加旨在展示大学生创新能力、团队精神和在压力下编写程序、分析和解决问题能力的 ACM 国际大学生程序设计竞赛，并连续几年获得金奖。

国内竞赛方面，学生共获全国青少年信息学奥林匹克竞赛（NOI 国赛）金、银、铜牌若干枚，50 余人入围国家集训队，多人入围国家队。培养的学生有一大批成长为互联网技术、人工智能等领域的拔尖创新人才，先后走出了李源、李磊、方飞、袁洋、吴翼等一批蜚声海内外的计算机科学家。

(2) 推进教师专业发展

项目实践二十余年来，团队教师得到长足发展。信息学教练曹文老师曾被教育部授予“全国模范教师”称号，江苏省“333 工程”第二批中青年科学技术带头人，被国务院授予“全国先进工作者”称号。此外，曹文老师还获得全国青少年信息学奥林匹克竞赛金牌教练、十大杰出指导教师、功勋教练员、中国计算机学会（CCF）杰出演讲者等荣誉，被聘任为全国青少年信息学奥林匹克计算机教师发展委员会副主席。

团队多位教师获得全国青少年信息学奥林匹克竞赛金牌教练、优秀指导教师、全国教学比赛一等奖、江苏省教科研先进个人等荣誉，辅导的学生在大量国家级、省级比赛中获奖。常州在本成果辐射下已有近 1 000 人次获青少年信息学奥林匹克竞赛国家级、省级一等奖，十余年来校团体成绩稳居江苏省前两位。

(3) 推动课程高效实施

以跨学科课程、数字化课程、个性化课程为主体的课程群，对应学生身心发展规

律的课程实施体系,线上线下配套立体化课程资源,"一体两翼"信息编程创新人才培养模式等整体建构的理论研究成果与实践经验,为中学信息编程创新人才培养提供了丰富的资源支撑与实践样例,推动课程实施向专业化、高效化发展。

团队已正式出版五部专著,其中《信息学奥赛一本通初赛篇》连续再版五次,全国竞赛选手使用率高达90%。教师团队创造性地开发了五部中小学一体化系列教材及配套视频等资源,搭建了基于自动反馈的学生练习平台(www.caoweninfo.com),已在省内外百余所中学推广使用,获得一致好评。团队自主开发线下自动评测软件飞虹系统,已成为江苏省信息学奥林匹克竞赛指定评测软件。团队系列成果形成了服务于中学信息编程创新人才培养全过程的资源保障体系。

二十余年来,团队接待丹麦代表团、新疆教育代表团、泰州教育代表团、青海海南州教育代表团、上饶教育代表团等200余次各同行交流访问,承办NOI、NOIP等国家级和省级信息编程比赛十余次。

3. 展望

常州信息教师团队基本构建起了比较完善的中学信息编程创新人才培养体系,为众多信息编程教师提供了有力的理论与实践支撑。在后续探索中,将更加细致地关注学生的学习行为,比如在运用信息编程解决问题的过程中,学生的学习方式会发生什么样的变化,学生如何参与学习效果评价等。联合更多学校与相关教育行政部门,组建信息编程创新人才培养改革联合体,借助高校力量,持续深入开展信息编程创新人才培养的实践探索。

二、搭建科创平台育创新人才

青少年是民族的未来、国家的未来、人类的未来。常州通过组织青少年开展"科技点亮校园,探索创新无限"科技节活动让更多的青少年了解更多的科技知识,引导他们对科技产生浓厚的兴趣,从而激发探索欲望,使更多的青少年投身于科技创新的行列中。常州部分中小学通过开展科技节等活动激发学生学科学、用科学的热情,培养学生的创新思维和实践能力,发现了一批优秀科技小人才。

常州北郊高级中学通过组织"厚植科创沃土,点燃科技强国梦"科技节,开展模型拼搭比拼、电动空气动力赛车直线竞速赛、"海警船"制作赛等。每年11月,常州市北郊初级中学都会迎来充满魅力的科技节,学生体验前沿科技,感受科学魅力,在舞台上尽情演绎、展现自我,发扬了乐于探究、勤于动手、勇于实践的精神。另外,该校打造"创无限"科创中心,各个学科积极开展科技嘉年华活动,构建了具有北郊"理解"文化特质的体科艺课程体系,营造浓厚的科创氛围。学校开设了航模、机器人、编程等科创类社团,重点突出科学体验、探究,体现STEAM教育理念,同时在社团基础上选拔、组建科技团队进行专业训练。通过“科技小达人”等评比，鼓励学生进行科技教育的深入学习和专业发展。

江苏省常州高级中学通过举办“创新引领，科技赋能”科技节，旨在培养学生的创新精神和实践能力，努力营造浓厚的科学氛围，激发学生爱科学、学科学、用科学的兴趣，积极推动校园科技活动的蓬勃发展，让学生在活动中充分体验学习科学的乐趣。学校 2023 年科技节以“开启科技之门，打造创新省中”为主题，同学们怀着对科学的热爱与向往投入科技节的准备，经历了无数次尝试，在失败和成功的交替中一步步向科学梦想靠近。在科学探究过程中，学生不仅收获了知识，更增强了在追求真理过程中必不可少的持之以恒、不懈求真的精神。

本次科技节分为两大板块共 7 个项目进行。第一板块是理化生理科实验；第二板块是趣味竞赛，分别是“乾坤一掷”比赛、“越高越好”比赛、纸牌承重和“妙趣大连环”比赛，具体比赛内容如表 5.1 所示。

表 5.1　科技节比赛项目

项　目	内　容
物理实验	1. 从下面三个实验项目中选择一个进行研究： Euler's Pendulum 欧拉摆、Oscillating Screw 振荡的螺丝钉、Thermoacoustic Engine 热声发动机。 2. 成果汇报必须包含： 现场展示实验现象、实验现象理论分析、数据采集及处理。
化学实验	一、参赛课题：神笔绘彩 1831 年，瑞典化学家塞弗斯托姆在研究当地铁矿石的时候，发现了一种新的元素。由于这种新元素的化合物是五颜六色的，所以用北欧神话里的一位女神凡娜迪丝的名字来命名，翻译成中文就是“钒”。 二、信息提示 1. 金属元素钒具有不同的化合价，从而呈现不同的颜色。请查找相关资料，了解含钒化合物的颜色。 2. 请以偏钒酸铵为原料，制备不同价态的含钒化合物，获得不同颜色的含钒化合物，并制作一条不平凡的“钒彩虹”。
生物实验	一、研究性实验课题：探究细胞呼吸方式的最简便方法 二、背景资料 高中生物教材必修 1 分子与细胞中用酵母菌来探究细胞呼吸的方式时，每组同学要用 5～6 个锥形瓶来组合装置，且现象不明显。期待通过探究，选出最简单易操作的方法。 三、研究性实验要求 1. 通过探究选出你们小组觉得最佳实验材料及最简单、易操作的方法和装置，完成书面方案设计，在科技节期间现场制作，由评委老师现场打分，评出最佳实验小组。 2. 选用的仪器、材料等可以和生物组老师联系准备，或自备。 3. 需提交实验报告。

续表

项　目	内　　容
乾坤一掷	【任务】 用一次性竹筷子制作一个尽可能精准的投石机。 【比赛规则】 1. 只能用实体商店购买的一次性竹筷子来制作，不得再使用其他任何材料。动力装置只能是弹簧或者橡皮筋。 2. 允许使用的胶水为瞬间胶(502 等)、百得胶、AB 胶等商店有售的胶水，不能是自己调制的。不允许利用其他材料对结构进行人为的加固，若发现违规行为则取消比赛资格。 3. 投石机的炮弹是 50 克的沙包，沙包将由主办方提供，参赛队不能使用自带的沙包或重物替代。 4. 投石机必须有一个触发机关，在抛之前可以手动完成准备工作，但抛射的过程必须是机器完成，手不得接触抛射部件，只能通过开启“触发”装置，让“投石机”自动运行。 5. 投石机由学生赛前制作好，在比赛前带到比赛现场交由主办方测试，符合规则的结构将由主办方暂行保管；不符合规则结构的将退还参赛队进行调整，调整的时间不得超过 15 分钟，否则视为弃权。每个参赛队只有一次调整的机会，调整过后仍不符合参赛规定的视为弃权。 6. 每个参赛队不超过 3 名队员，并设立一名队长。 整个装置的任何部分在比赛过程中不得超过规定的界线。
越高越好	【任务】 制作一个纸结构，在能够承受 1 枚或 2 枚一元硬币的情况下，越高越好。 【结构要求】 1. 只能用 1 张 A4 纸制作，不能对纸进行任何方式的加固。 2. 不得使用任何黏接材料。 3. 结构能独立支撑，不能加任何辅助物。 4. 结构顶端需放置 1 枚或 2 枚一元硬币，不掉落。 【比赛规则】 1. 当场制作纸结构，制作时间不得超过 30 分钟。 2. A4 纸由主办方提供，工具自备，工具不能成为结构的一部分。 3. 测试由队员独立操作，不设助手。承重测试的时间不得超过 3 分钟。 4. 测试时将结构放置在桌面上，顶端放置 1 枚或 2 枚一元硬币，硬币保持 5 秒不掉落。一元硬币顶端离桌面的垂直高度计入成绩(精确到 1 mm)，高度高的队伍名次在前。 5. 计分： 总分＝硬币数量×结构高度(硬币数量为 1 枚或者 2 枚，结构高度以 mm 为单位) 如纸结构承受 1 枚一元硬币，则以硬币顶端离桌面垂直高度作为成绩，即每 1 mm 计 1 分。 如纸结构承受 2 枚一元硬币，则以硬币顶端离桌面垂直高度的 2 倍作为成绩，即每 1 毫米计 2 分。 6. 每班推选出一个小组参赛，每小组不超过 3 人。
纸牌承重	【任务】 在 40 分钟内仅用扑克牌和透明胶带设计制作一个质量小于 85 g、高度不低于 20.1 cm 的扑克牌结构，结构必须有一个竖直的开放区，能允许直径 5.5 cm 的圆柱体通过，承重大者优胜。扑克牌由学校统一提供，每组最多使用一副(54 张)。

续表

<table>
<tr><th>项　目</th><th>内　　容</th></tr>
<tr><td>纸牌承重</td><td>
【比赛细则】
1. 只能使用学校提供的扑克牌来制作。
2. 普通透明胶带只能当黏合剂，不允许作其他用途。
3. 测量时，为保证公平、安全，结构的中间必须有一个竖直的开放区，能允许直径 5.5 cm 的圆柱体通过。
4. 组委会为每支参赛队伍提供普通窄透明胶带 1 卷、扑克牌 1 副，其余如剪刀、美工刀、直尺等工具自备。
5. 选手根据现场提供的杠铃片，自己决定选择需要的杠铃片，以及杠铃片放置的顺序。
6. 放置杠铃片后，如果扑克牌结构能够坚持 5 s 以上且结构的高度不低于 18 cm，杠铃片没有碰到安全杆，则该承重为有效成绩。
7. 每组参赛队不超过 3 人。
【结构承压测试平台】
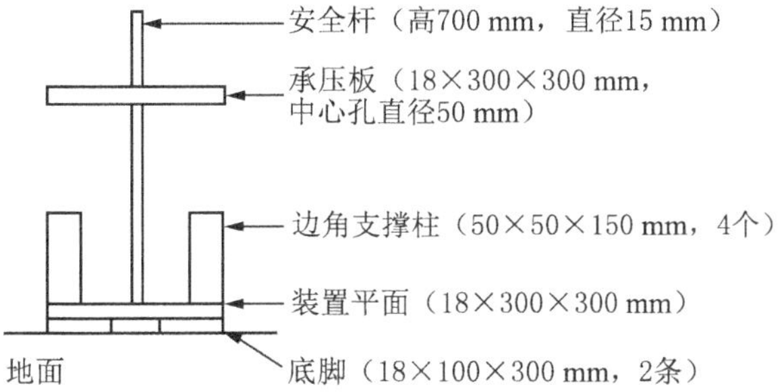

</td></tr>
<tr><td>妙趣
大连环</td><td>
【任务】
设计一系列连环控制系统，最终将乒乓球送入一次性纸杯中。
【比赛细则】
1. 每班组建 1 支队伍参赛，每队人数不超过 3 人。
2. 每个参赛队自定作品主题，可以将充满趣味与挑战的任务设计其中。
3. 至少设计 5 个不同类型的连环装置（同类型的连环装置只算 1 个），用手或工具等发出启动信号的环节不算装置。每个装置间的触发要构思巧妙，但不能出现明火、易燃易爆气体、有毒物质等危险的设计。
4. 在起点启动机关后，不得再接触作品，乒乓球可以只出现在最终环节，纸杯的位置自定，以成功送入一次性纸杯为有效。
5. 从启动到展示完成用时不得超过 2 分钟。
6. 设计图由参赛队自行设计，可做成小报的形式，要求尽可能的美观和有创造性，其中必须包含有设计思路和所使用的制作材料。未交设计方案（包含设计图纸）的参赛队视为自动放弃该项比赛的参赛资格（对设计图纸的大小形式等没有具体要求，由参赛队自己构想制作）。
7. 选择生活中容易获得的材料进行制作，比赛时统一提供乒乓球和纸杯。
8. 作品的占地面积不超过 2 m×2 m。
9. 展评按抽签顺序进行。
10. 自主阅读比赛的任务要求及评分规则，最终解释权归主办方所有。
</td></tr>
</table>

科技点燃梦想，创新放飞希望。学校通过科技节培养学生的创新精神和实践能力，营造浓厚的校园科学氛围，进而凸显科学的魅力和探究的乐趣。在科技节活动中，同学们展示了为梦想拼搏的力量，在此过程中的收获具有重要意义。

三、研究性学习育探究能力

每一年省常中新生踏入校园之际，都会聆听关于研究性学习和科研科创的动员及引导讲座，在内心构想这三年的研究方向。研究性学习作为现代高中生必备的一项学习课程，集学习能力、实践能力于一体，是学生一次自身检验的机会。从正式提请课题申报、审核通过课题论证，到完善和践行研究计划，总结和归纳一次次实验数据和成果，最后进行论证、答辩、汇报、反思。一届又一届的学子用自己的智慧和努力丰富着研究性课程的内容和成果，在历年的常州市中小学研究性学习优秀成果评选中都获得了较高的评价。

图 5.9　研究性学习动员会

图 5.10　研究性学习成果展示海报

图 5.11　研究性学习中期答辩评估

表 5.2　2020—2022 年省常中参加常州市中小学研究性学习优秀成果评选获奖情况汇总

序号	年份	课　　题	组长	获奖
1	2020 年	车辆右转弯安全问题	王宇轩	特等奖
2	2020 年	前后北岸历史文化街区的现状和规划研究	黄宬熹	特等奖
3	2020 年	基于实验可视化的实验方案创新和实验价值的发掘	倪嘉舟	二等奖
4	2021 年	经典五子棋游戏中对弈策略的算法设计及评估	陈柘宇	特等奖
5	2021 年	用希罗喷泉原理解决一次供水不足问题	王一尧	特等奖
6	2021 年	植物内汗液对微生物增殖的影响	李刘畅	二等奖
7	2022 年	利用亥姆霍兹共振原理解决声波吸收问题	韩子梁	特等奖
8	2022 年	关于校园消毒剂研制使用方案的探究	杨云天	特等奖
9	2022 年	疫情下美国社会问题及其溯源	刘　仪	二等奖

首先，研究性学习的实际意义要在研究中有所体现，因为最终要解决问题。其次，研究性学习作为一个“大问题”，其实可以分割成无数“小问题”进行展示。这种“小问题”可以是自己的闪光点，也可以是研究过程的思路等。再次，研究性学习需要注重阐释研究过程，并突出思想方法以及探索的过程。最后，对于结论，最好形成一个比较有说服力的结果或者解决方案。比如能根据结论提出一个初步的产品设计，

可以仅仅是一个理论模型，也可以是一个真正的实物。当然，最重要的是实用性要强，要有具体数据支撑其可行性。研究性学习应当是一个“拒绝拼凑”的过程，尤其对于研究报告来说，需要用统一的文字、语言进行叙述。同时，这也是一个依赖于丰富的图表和详实的数据进行分析的过程，必须要依靠全组成员共同的力量，才能够有效地完成。

或许，在许多学生看来，研究性学习只是一项写入综合素质评价的课程。实际上，它远远不只是一项课程这么简单。学生在研究过程中所收获的经验、知识和技能，才是研究性学习真正的价值所在。

四、自主实验促创新

本校生物实验课程体系由“教材实验重组课程”、“学科融合实验课程”和“大学先修实验课程”组成。面向高一全体学生开设“教材实验重组课程”，面向高一至高三部分选修生物的学生开设“学科融合实验课程”和“大学先修实验课程”。从实验课程内容上看，对学生的生物学知识及能力要求逐步提升，层次性十分鲜明；从实验课程和学生的个性化需求匹配度来看，无论是哪个年级的学生，都能找到满足其学习探究需求的课程内容；从实验课程和学生的参与度来看，既有面向全体学生开设的“教材实验重组课程”，形成适合本校学生发展的课程实施手册，培养学生实验操作能力，又有针对少数有志于从事生物学研究的学生的“学科融合实验课程”和“大学先修实验课程”，通过多样化的实验课程实现不同类型人才的培养。

五、英才计划助推创新人才培养

“英才计划”是由中国科协和教育部自2013年开始共同组织实施的中学生科技创新后备人才培养计划。“英才计划”在江苏省有七所试点中学，分别为南京外国语学校、南京师范大学附属中学、金陵中学、江苏省苏州中学、苏州高新区第一中学、江苏省天一中学和江苏省常州高级中学。省常中与“英才计划”结缘于2019年，是“英才计划”在常州地区唯一的试点学校。

三年以来，学生逐步了解英才项目，并在该项目中取得了越来越突出的成绩。2020年，优秀学员倪嘉舟受邀参加“世界顶尖科学家论坛”，与全球科学大咖们对话交流，表现突出，被央视采访报道。随着经验的积累和优秀学长的引导，2021年学校入围英才计划11人，位居全省第二，仅次于南京外国语学校。

表 5.3　省常中历届“英才计划”学员名单

年份	人数	姓　　名
2019	1	吴双(化学)
2020	3	倪嘉舟、徐清正(化学),张喆锴(数学)
2021	11	黄玺嘉(数学),王科勇、杨洋、朱高远(物理),王语锐(化学),陆鎏安、潘乐、李刘畅(生物),方乐舟、郦恒仪、王致远(计算机)

图 5.12　2019 年“英才计划”学员吴双

图 5.13　2020 年“英才计划”学员合影

图 5.14　2020 年“英才计划”学员倪嘉舟

图 5.15　2021 年“英才计划”学员合影

这些致力于科学研究的省常中学子师从南京大学教授，探索科学奥妙，追逐科研梦想。他们的努力为他们的人生道路奠定了坚实基础，更为国家科技强国建设积蓄智慧力量。

第四节　人文、体艺特长生培养

一、人文素养培养策略

人文素养是指人们对人类文化、历史、哲学、文学、艺术等方面所具备的一种理解和感知能力，它是现代教育中越来越受到关注的一个方面。通过培养人文素养，我们可以让学生更加全面、深刻地认识和理解人类的文化、历史和价值观念，从而更好地适应社会发展和改变。常州结合实际情况，提出以下人文素养的培养策略。

（一）深入开展文化课程教育

文化教育是培养人文素养的基础，它不仅能丰富学生的知识储备，而且可以扩展学生的视野，培养思维方式。在教学中，我们可以通过让学生接触经典文化、文学作品、历史事件等方式，加深对人类文化的认识和理解，培养学生的审美能力和思辨能力。

（二）建立人文素养浸润的校园氛围

培养人文素养需要建立浸润的校园文化。具体来说，常州通过模拟政协、模拟联合国、辩论比赛、诗歌朗诵、文化科普讲座、展览等多种活动手段，从而营造一种浓厚的人文氛围。校园文化是人文素养的重要组成部分，让学生深入体验，提升学生的素养和品质。

（三）引导学生积极参与社会实践活动

社会实践活动是培养人文素养的重要途径之一。通过参与一些志愿服务、社区活动、文化调研等实践活动，可以让学生更加全面、深刻地认识和理解社会，同时还能增强他们的社会责任感和团队合作能力。这种实践活动的经验和感悟，能够让学生更深入地理解人类文化和社会价值观念。

（四）组织文化交流和比赛活动

文化交流和比赛活动是学生展示自我的机会，也是培养人文素养的重要手段之一。我们可以组织比如文学创作、演讲比赛等活动，让学生有机会把自己所学的知识和想法独立呈现出来。这样可以提高学生的自信心和表达能力，同时也能让学生积极参与、体验文化，更好地理解和感知人文文化。

（五）引导学生独立思考和创新

独立思考和创新是人文素养的核心。我们应该引导学生运用相关知识和思维方式进行独立思考和创新，而不是仅仅死读书，刻板地学习理论。例如，我们可以在文化课程中加入一些探究式学习、研究报告等，鼓励学生进行探索，发挥自己的想象力和创新能力。

案例

附：部分人文素养提升活动案例

1. 批判性思维与辩论

1.1　课程价值

早在2002年，美国著名学习组织“21世纪学习联盟”就提出过保持教科文综合竞争力的四项核心技能（简称“4C”）——即批判性思维（Critical Thinking）、交流（Communication）、合作（Collaboration）和创造（Creativity）。其中，批判性思维处于最为重要的基础地位。

开展批判性思维与辩论课程，能使语言表达与运用，反思、评价社会历史事件等学习行为得到跨学科的交融，让学生在主动参与的基础上，学会条理清晰地审视、阐释、质疑、重构语言材料，形成有目的的、自我校准的判断，从而提升学生的语言运用能力和逻辑辩证思维能力，帮助学生树立正确的历史观念和历史解释意识，培养科学精神，涵养家国情怀。综合提升学生语文、政治、历史学科的核心素养以及批判性思维能力，让学生养成不懈质疑、包容异见、力担行责的批判性思维人格与品质，成为21世纪真正的杰出公民。

1.2　课程目标

通过批判性思维通识课程的学习，以及对日常事件的批判性思考，使学生对批判性思维形成初步理性认识，初步了解并掌握六项批判性思维的基本技能——阐释、分析、评价、推理、解释、自我调整。通过对高中语文教材中议论性文本的批判性阅读，对高中政治、历史教材中社会历史事件及其既有结论的质疑与反思，以及观摩国际华语辩论邀请赛，学生将已习得的知识技能与学科发生有机联系，能在真实的、跨学科的言语环境中主动进行质疑和反思，并合理运用相关批判性思维技能对言语材料或他人思维过程、论证过程进行质询与检审，在言语实践中进一步提升批判性思维能力。通过给定明确主题（文学、艺术、社会、历史、政治）的辩论赛，让学生在真实的、跨学科的话语情境和明确的任务驱动下主动进行更高层次的批判性思维实践，能够清晰、合理地表达对某一问题的观点，逻辑明确、条理清晰地论证自己的观点；并能有意识地质疑、检审对方的说理逻辑，识别论点、论据之间联结的效度与信度，指明对方论证中可能存在的偷换概念、意义歪曲等逻辑谬误，完成对自己、对他人思维过程的双重反省。使学生的语文、历史、政治学科核心素养获得综合提升，具备初步进行学术研究的能力，养成公正、开放、理性的优良人格品质。

总之，培养人文素养需要全面、多层次的教育方式和手段，既要在课程中注重知识的传授，又要通过活动和实践加深学生的理解和感知；既要注重学生的专业素养，又要注重对学生文化背景和价值意识的培养。只有全面应对，才能提高学生的人文素养，得到全面发展。

2. 话剧欣赏与表演

2.1　课程价值

在传统的教学中，编排课本剧往往能激发学生的学习兴趣和热情，培养学生的参与意识和创新能力。让学生根据一定的要求扮演相应的角色，能促进学生与角色产生共鸣，从而模仿、学习角色的心理与行动，提高鉴赏能力。例如学习《雷雨》、《鸿门宴》等篇目时，让学生排演话剧或自编自演课本剧。但这往往属于自发行为，编演是否进行，要看任课教师是否有兴趣和有能力组织。学生若缺少进一步指导，将没有更深入表演的可能，学生兴趣持续的时间一般不会长，戏剧的表演和鉴赏往往浅尝辄止，难以上升到更高境界。

新课程改革之后，戏剧成为选修课程中的一门。然而在现实中，由于高考指挥棒的作用，几乎没有学校和学生选修戏剧这门课。即使一些学校想开设，也由于多方面的原因难以开展。例如我校有“半农剧社”这一学生社团，曾设想通过学生社团活动让对戏剧有兴趣的同学选修戏剧，但由于时间难以保证，师资缺乏等，不得不放弃了这门选修课程。

必修与选修适度融合，课堂教学与活动课程结合，成为我们的选择。即把必修课程中的戏剧板块与戏剧选修教材进行整合教学，进一步引入戏剧鉴赏、创作、表演的有关理论知识，将戏剧鉴赏、话剧创作（或改编）和话剧表演结合起来，让学生在话剧创作和表演这种情境中学语文、用语文，从而提高学生的文学素养。

2.2　课程目标

学生在话剧欣赏与表演丰富的语言实践中，通过主动积累、梳理和整合，形成个体言语经验，发展在具体语言情境中正确有效地运用语言文字进行交流沟通的能力。通过话剧欣赏与表演的语言运用，获得直觉思维、形象思维、逻辑思维、辩证思维和创造思维，以及深刻性、敏捷性、灵活性、批判性和独创性等思维品质的提升。通过话剧欣赏与表演的审美体验等活动形成正确的审美意识、健康向上的审美情趣和鉴赏品位，并在此过程中逐步掌握表现美、创造美的方法。学生在话剧欣赏与表演中，继承和弘扬中华优秀传统文化、社会主义先进文化，理解、借鉴不同民族和地区的文化，拓展文化视野，增强文化自觉，提升中国特色社会主义文化自信，防止文化上的民族虚无主义。

二、体艺特长生培养策略

举办校园体育、文化艺术节活动的目的是为进一步加强学生思想政治教育工作，丰富校园文化生活，提高学生的综合素质和能力，培养广大学生“自信、开放、创新”的意识，向社会各界展示学生乐观积极、敢于拼搏、锐意进取的精神风貌。体育不仅能培养集体主义精神、协作精神，还能丰富学生的业余文化，锻炼学生身心，促进学生终身体育观的形成，同时还能提高学生的身体素质和运动技术水平。艺术节既给我们提供了一个放松大脑、放飞心情的空间，也为我们提供了一个施展才华、张扬个性的舞台，同时也让我们受到了一次极好的艺术教育和美的熏陶。在活动中，学生既培养了兴趣，陶冶了情操，又开阔了视野，锻炼了能力，培养了团队精神，增强了集体荣誉感，为成为新世纪合格的中学生奠定了坚实的基础。举办文化艺术节活动，不仅是对学生文化艺术水平的一次大检阅，也是对学校素质教育开展情况的一次大检阅，为展现校园的青春风采和精神风貌提供了广阔的舞台。办好校园文化艺术节，有利于发掘学生的潜力，发挥个性特长；有利于培养兴趣，陶冶情操，提高审美情趣；有利于丰富校园文化生活，加强校园精神文明建设，营造良好的学习氛围；有利于推动素质教育的实施。

（一）体育学科

1. 培养目标

通过研究，充分挖掘新时代背景下体教融合高中学校体育拔尖人才培养的模式，对影响体育拔尖人才培养的主要因素进行分析，并提出建议和具体策略。通过课题研究，继承发扬学校优秀体育传统，借鉴国内外优秀体育拔尖人才培养的资料和案例，并将研究成果与常州及周边地区的学校、体育教师交流和推广，为常州市和江苏省其他学校在体教融合背景下体育拔尖人才培养提供参考。

2. 培养对象

新时代体教融合，要坚持“健康第一”的教育理念，立足于加强学校体育建设，推动青少年体育文化。学习和体育运动协调发展，对促进青少年身心健康和体育拔尖人才培养具有深远的意义。高中学校作为为高校输送高品质和高素质体育人才的教育基地，体育拔尖人才培养的发展显得尤为重要，培养对象面向全体学生。

3. 课程框架

体育课程框架：理念是让每一个生命快乐而健康。通过构建完善课程体系以体育人，教育中不断健全人格。

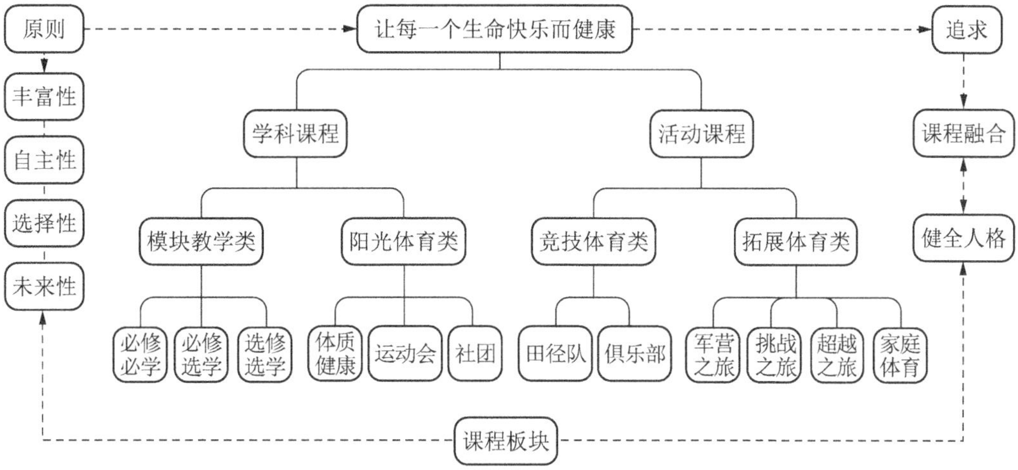

4. 课堂教学——模块教学模式

江苏省常州高级中学开展体育工作时，整体构建模块教学，以满足不同层次学生的需求，并且依据国家教材、江苏省教师备课用书，进行校本化实施，开发校本课程，特别是游泳课程，学校与英派斯俱乐部合作办学，让学生都能学会游泳。

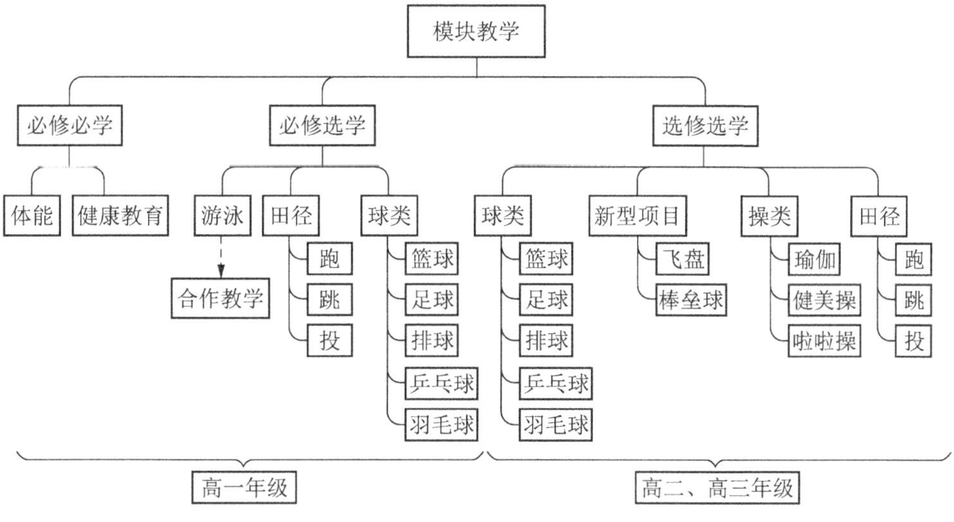

5. 研修课程与教学拓展

常州所有四星级高中体育研修课程通过课程融合进行教学，例如耐久跑（定向越野）与地理学科融合，排球自垫球、篮球单手肩上投篮、足球的定位球与数学、物理息息相关等。教学拓展通过阳光体育、竞技体育、拓展体育等活动培养学生的运动能力、健康行为和体育精神。

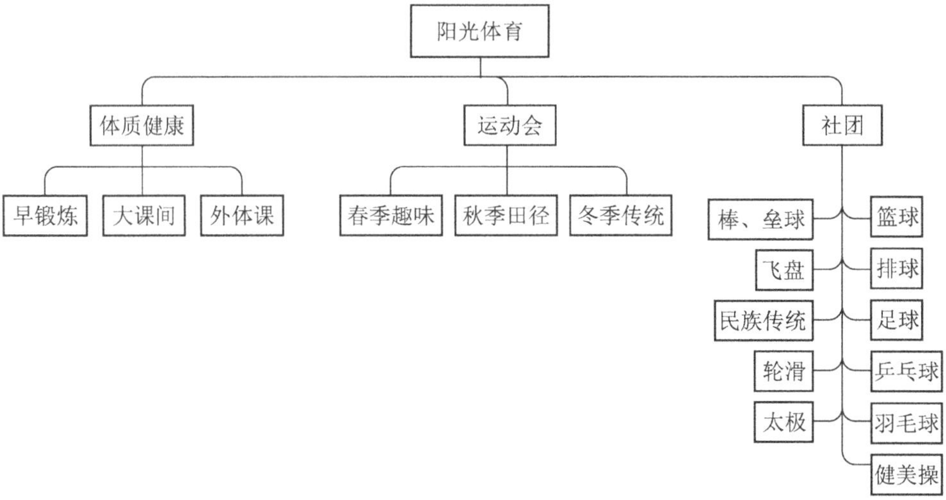

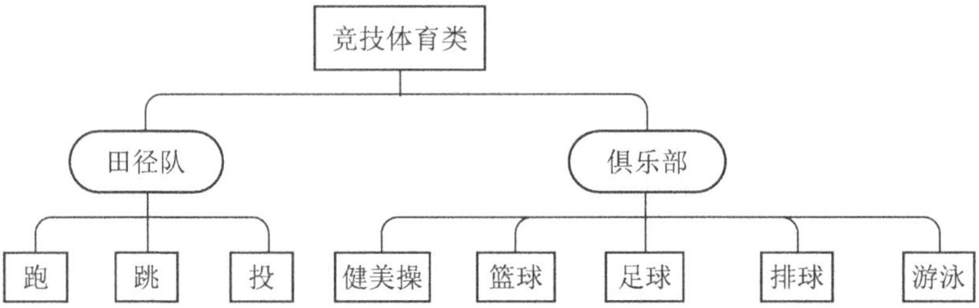

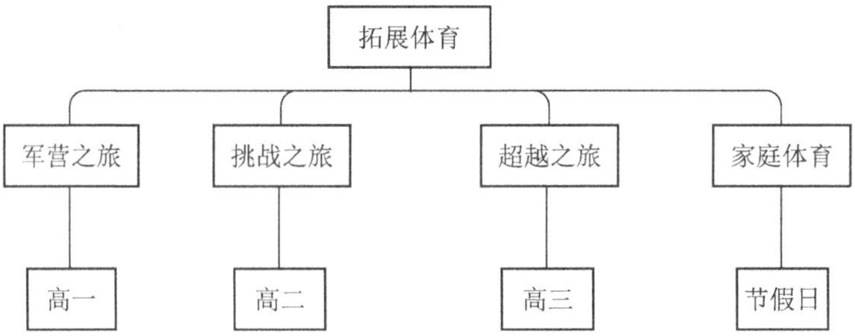

6. 培养机制

满足学生发展需求。国家体育课程主要是为培养特定年龄段学生的素质而设计的，无法照顾到不同学校中学生的个体差异，而学校体育教育必须通过校本课程和体育活动来尽可能满足绝大多数学生的兴趣和需要，并兼顾少部分学生的特殊需求。

夯实自身基础，借助社会资源。常州体育特色学校始终注重体育后备人才的培养，每年招收一定比例的体育特长生，学校选派教学经验丰富、责任心强的教师任课，由各校教练按短跑、跳远、跳高三个组实施专项训练。学校在领导组织、招生选才、思想教育、学籍管理、运动训练、竞赛工作、教练奖惩、文化教学、奖训经费和生活管理等方面制订了多项制度和规定。江苏省常州高级中学参照体教融合的“挂牌”模式、“走出去”模式、“市队校办”模式和学校传统“学训结合”的特点，在游泳、乒乓球和羽毛球项目上实行体、教、社相结合的新型模式，争取到了更多的社会支持，把学校部分体育竞技推向市场。

7. 实践范式

打造校园体育活动氛围。学校对课外体育课程资源也进行了开发和利用，以“聚焦体育能力，培养锻炼习惯，尊重生命成长”为主旨，学校精心设计“让生命灵动”特色体育活动，包括多彩体育社团大课间、课外活动、春季体育节、秋季田径运动会、冬季小型体育竞赛等，挖掘学生灵动体育的潜能，打造校园体育活动氛围。

搭建人才展示实践平台。在各级各类体育竞赛中，学校在充分发挥学生的主体性的文化氛围下，由学生自主规划、自主选择、自主承办、自主评价的一系列体育活动应运而生。学校让学生独立承办活动的目的，不只是展示学生的特长和才华，更主要是为学生创造和提供展示健康、积极、高雅的平台，拓宽学生的视野，提升学生的实践能力，培植学生的高情远致和价值追求。

发挥体育社团功效。丰富的经历造就亮丽的生命，学校一直致力于丰富校本课程体系和社团活动类型。社团数量由 2009 年开始的二十余个发展到 2019 年的五十余个，其中，体育方面的有田径、篮球、足球、健美操、舞龙舞狮、羽毛球、乒乓球、轮滑、滑板等社团，在学校的经费支持和体育教研组的协助下，体育社团成为学生发挥个性和特长的理想之地。社团机构合理、分工明确，学生们利用每天下午的后两节课、课外或校外时间自行开展训练和比赛活动。

学校成立专门体育社团项目领导小组，健全组织机构和严格规范项目建设制度，并进行全程监督、评估和指导，保障各项工作有序推进。

8. 评价与保障

建立健全评价系统，采取有效方式进行教育，不仅注重竞赛成绩，还要关心学生的文化素养，评价时要兼顾综合素质，做到全面育人。对体育人才建立个人档案，关注各个阶段的情况并及时评价分析，做好体育后备人才长期发展的规划，为国家和社会输送高品质体育人才。

学校的发展离不开教师的成长，教师的素养决定了学校体育工作的深度和广度，因此及时对体育教师进行体育教育教学研究上的理论指导，通过开展校本教研，进行校本培训，更新教育观念。引导体育教师学会理性地思考教学问题，是促进体育教师专业水平提高的有效保证。

以“发扬继承、提高促进”为目标培养体育教师队伍，为年轻体育教师搭建平台，提供支持，助力发展。为此，学校邀请专家开展专题讲座，以提高体育教师的专业素养。结合学校实际及体育教师专业化发展的需要，先后组织体育教师进行了师德培训、新教材培训、教科研培训、现代技术培训及新课程理念下的课堂教学研究培训等，使体育教师在观念上做到与时俱进。

2019年常州承办了江苏省啦啦操健美操教练员研讨会、江苏省啦啦操健美操教练员培训和江苏省中小学生啦啦操健美操锦标赛三个省级活动。江苏省常州高级中学和常州市第一中学在比赛中表现优异，成绩突出。

大力投入体育基础设施建设，如标准400米塑胶田径场，标准室外塑胶篮球场，非标准篮球场，标准排球场，教学楼附近设健身器材（单杠六副、双杠八副、组合器械三个），力量训练房，室内外羽毛球场，多功能体艺中心，乒乓球训练房，形体房，室内游泳馆等，确保学校体育社团顺利开展活动。

为确保体育工作的开展和体育后备人才的培养更理性、更科学、更规范、更有成效，学校为体育工作设立专项资金，开发和利用图书、体育期刊、报纸等文字的课程资源。同时，学校将体育经费纳入年度经费预算之中，制订了学校教练和运动员奖励方案，以保证体育工作高效高质完成。

（二）艺术学科

1. 目标与对象

创新拔尖人才的培养离不开美育，美育的核心是艺术教育，艺术教育的根本目标是培养全面发展的人，承担着开启人的想象力和创造力的作用。艺术教育以教师专业化成长和发展为价值追求，以教师梯队建设为抓手，挖掘教师特质，聚焦学生的成长和教师的发展，在课程、课堂、培训、竞赛等方面加强与教师的对话与指导，帮助学生提升创新能力，丰富艺术情感，提高艺术修养和审美品位。

2. 课程与教学

维度	课程		年级
必修课程	《美术鉴赏》（1学分）		高一上、下学期
选择性必修课程	绘画（1学分）	DIY彩绘	高二上学期
		国画	
		油画	
		水粉画	
	雕塑（1学分）	仿金属雕塑	
		泡沫板浮雕	
		超轻彩泥泥塑	

续表

<table>
<tr><th>维度</th><th colspan="3">课程</th><th>年级</th></tr>
<tr><td rowspan="3">选择性
必修课程</td><td rowspan="3">工艺
（1 学分）</td><td colspan="2">壁挂饰品制作、服装设计
（面具、旗袍、绳艺编织）</td><td rowspan="6">高二下学期</td></tr>
<tr><td colspan="2">装饰画制作
（纸绳装饰画、沥粉装饰画）</td></tr>
<tr><td colspan="2">画瓷、布艺装饰、剪纸</td></tr>
<tr><td rowspan="3">研修课程</td><td>社团类课程</td><td colspan="2">社团（DIS 社、书法社、彩画社等）</td></tr>
<tr><td>融合类课程</td><td>《艺术与化学》</td><td>蓝晒、滴胶、流体画</td></tr>
<tr><td>活动类课程</td><td colspan="2">创意黑板画、蔬果拼盘大赛、DIY 艺术便当秀、艺术灵韵创意与表演、服装设计与表演、现场绘画书法大赛</td></tr>
<tr><td>奖励</td><td colspan="4">学生在校修满 4 个学分，其他活动类课程可获加分；100 分通过常州市学业水平测试，为学生设计制作艺术作品的成长记录袋（图片、设计图、作业、照片等）</td></tr>
</table>

3. 机制与范式

面向普通学生的培养机制。除了按照国家课程的要求开设艺术课程外，学校还将课程进行了整合，使课程做到与时俱进，贴近学生生活和兴趣，符合学生的思维能力和动手能力。每年高一新生入学进行学生艺术情况调查，将有艺术特长的学生筛选出来，能力水平基本达到艺术特长生标准的，吸纳加入天华艺术团，参与常规训练。若高中三年时间学生的艺术水平不断提高，并有意愿参加高校艺术考试或自主招生考试，教师将给予专业建议和指导，助推升学和生涯规划。

面向艺术特长生的招生机制。在每年中考前，结合美术、天华艺术团的发展和未来发展需求，制订艺术特长生招生方案。音乐学科分器乐类、舞蹈类和声乐类；美术学科分书法、中国画和西画类。其中天华艺术团乐队包括西洋管弦乐队、民乐队，舞蹈类招收古典舞，声乐类包括美声和民族唱法。参加特长生考试的学生，在常州市特长生初试合格后，到学校参加复试，成绩合格录取的学生，入学后编入普通班级，根据培养规划参与学校乐队排练、表演和比赛。跟踪指导学生高中三年的学习成长，结合学习成绩，对有意参加艺术高考和高校艺术特长生考试的学生给予升学建议和指导。

常州市第五中学美术班有十五项美术模块内容，开设有：油画、版画、浮雕、纸绳装饰画、面具、剪纸、衍纸、画瓷、仿金属雕塑、手绘等。新颖多元的美术课程激发了学生的学习兴趣，拓宽了视野，加强了活动的综合性和探索性，关注了课程与生活的联系，是融审美、表现、创造、文化理解为主要的核心素养的培养体系，促使每个学生的艺术素养向多方面、多层次发展。

江苏省常州高级中学艺术课程的教学内容直接与学校艺术活动相融合，而不是相互割裂的。如艺术课程和语文学科联合举办高二话剧节，高二《歌唱》选修课程和合唱节挂钩，高一、高二美术课堂作业和美术作品展挂钩，即利用平时常态课堂开展艺术教学，最后以相对集中展出或展演的方式呈现。这样的良性循环有效提升了课堂教学质量，既能发挥教师的工作积极性，又能提高学生的学习主动性，确保各项活动有效开展。美术课开发融合课程《艺术与化学——蓝晒》教学，将学生作品变成生活中的文创用品，使其生活化，让文化接地气，潜移默化中提升学生的审美素养，助推学校的美育发展，为学校学科发展做出新的贡献，并引领常州市美术教育上升新的台阶。

4. 评价与保障

江苏省2020年起将艺术学科纳入学业水平测试，是艺术学习评价机制上的新改革。常州要求所有高中开足开齐艺术课，必修、选修课程规范实施，尽可能保证学生在测评中都能顺利通过。艺术测评无法满足学生的个性化差异，教学中需探索多元的艺术评价机制才能激发学生的艺术学习潜能，适于终身发展，适应时代要求。学校艺术评价机制如下：

(1) 音乐、美术每学期各修满一个学分，参加特长类、研修成绩突出，在全国、省、市级竞赛中获奖的学生可加学分。

(2) 学生建立美术学习成长记录袋，保存和记录美术学习的过程性内容。

(3) 100%的学生参与一次才艺类表演、美术作品展。

江苏省常州高级中学成立了“新课程新教材实施国家级示范校”，创建专家委员会，聘请华东师范大学终身教授、博士生导师陈玉琨，华东师范大学教授、博士生导师、教育部中学校长培训中心主任代蕊华，中国教育学会副会长、第九届国家督学、上海格致中学校长张志敏，教育部基础教育课程教材专家工作委员会委员、江苏教育学会常务副会长陆志平，江苏第二师范学院院长王仁雷，江苏第二师范学院教授蒋波等国内知名的教育专家组成团队，负责指导学校课程建设、课堂改革和信息技术平台的搭建，并适时邀请他们从理论和实践层面对“新课程新教材实施国家级示范校”建设开展指导。邀请常州市教科院专家、常州市艺术名人、常州市学科中心组资深教师指导校本化课程的开发与实施。加强对科研团队的理论培训，并与高校的课题组、实验中心及专家学者建立联系人制度，打通与高校联系的绿色通道。

学校设专项经费用于学校艺术建设，如在改造教室、增加功能教室、改造硬件、增加软件等方面投入经费。加强对艺术组的直接领导和指导，聘请有艺术特长的教师和艺术名家为学校艺术教育教学的顾问，整合学校艺术教育力量。为艺术教师提供专业培训、外出活动、课外指导的经费，支持教师的专业成长。学校对艺术学科基础设施创建有计划的投入，使艺术教育教学发展规划能够高效有序地推进，满足学校新课程新教材实施和培训研讨的需要，提升国家级示范校的条件保障水平。

第六章

创新人才培养机制

创新人才的培养，基础教育非常关键。基础教育阶段没能培养好孩子的创新能力，高等教育阶段更不可能培养出来。传统的教育模式下，必须要有创新的人才选拔、培养等一系列的管理机制，才有可能更好地助力创新人才的成长。

针对有创新素养需求的受教育群体而言，仅依靠素质教育观还不足以满足高中阶段学生创新素养的教育需求，需要在此基础上做更深层次、更加细化的探索——“创新教育”。所谓“创新教育”，是人本主义下以培养学生创新能力为目标，以培养创新人才为价值取向所开展的教育活动，着重研究如何培养学生的创新素养。其核心是在素养教育普及过程中，基于义务教育培养成效，通过特定的组织形式或培养计划，不断增强学生积极参与、主动思考、大胆质疑、实践探索等方面的能力，培养其创新精神、创新意识、创新人格、创新思维、创新精神、创新能力，以期有意识地激发学生体内的创新潜能，并通过不断地实践，培养具备创新性的学生群体。

第一节　小初高贯通培养机制

一、小初高贯通培养的必要性

目前，我国很多高校在高中建立了拔尖创新人才共育基地，高中根据高校招生计划培养强基、竞赛等拔尖学生，初中也在探索与高中对接拔尖创新人才培养的各种路径。但这些实践尚显碎片化，学段壁垒是建构中国特色大中小学一体化拔尖创新人才培养模式的首要难题，根源在于单向度的“向上看齐”思路，如高中只对标大学强基计划、三位一体、学科竞赛等培养拔尖创新学生，不太关注和参与初中的拔尖创新学生培养。

解决这个难题，关键在于以政策改革创新为突破口，打通学段之间的壁垒，让各学段在招生制度、课程体系、教学方式、评价机制等各方面能够衔接起来，建立科学的大中小学拔尖创新人才双向贯通培养机制，从而形成拔尖创新人才培养的良好生态，使各学段拔尖创新学生贯通培养成为可能。

因此，研究实施小初高贯通培养机制成为培养拔尖创新学生的重要方向。一方面，组建专家团队，在开发科学工具的基础上，协同聚力尽早发现、选拔有潜能的学生，尽早培养；从小学起，依托高校、科研院所和社会各界资源，培养学生解决实际生活场景中真实问题、灵活运用跨学科知识等各方面的能力，为拔尖创新学生的成长发展奠基。另一方面，以贯通化进阶课程设计为抓手，探索小初高贯通培养拔尖创新学生的实施路径。对不同学段有潜能的学生有针对性地进行研究，为其开发贯通化进阶课程，加快推进统一的国家课程，尽早夯实学生知识基础；制定差异化的校本课程，创新课程内容和方案，有效推进学生知识基础进阶；设计个性化的生本课程，做到“一生一案”，实现针对性培养。

二、小初高贯通培养的实践探索

由于学段之间的壁垒，能够实施小初高贯通培养的学校还不多，但也有部分学校开展拔尖创新人才培养的探索，具体如下：

1. 伟长实验班

为探索和建立拔尖创新人才培养体系，苏州中学与苏州市区部分初中及小学合作，开展拔尖创新人才培养实验，设立“伟长实验班”，旨在选拔具有创新潜质的优秀小学毕业生，实施初中阶段拔尖学生培养计划，为开展高中阶段创新人才培养奠定良好的基础。这是苏州中学尝试在办学体制、学制、课程和评价等方面进行的一系列改革，探索并获取“初高中教育一体化”的第一手经验，有助于拓宽创新人才培养的途径。

伟长实验班主要面向苏州古城区招生，每年招收 160 人，分四个班。选拔方式是委托第三方评估机构测评学生的综合素养，尤其是创新能力。该项目的课程方案由市特级教师和苏州教科院的主力人员指定，以国家九年义务制教育的课程标准为基础，同时加入学校的创新课程。实验班的师资由市教育局统一选拔、调配，整个教育团队由市教育局直属的初高中学校的教育骨干组成。实验班的学制较为灵活，一般的学生接受六年一体“2＋1＋3”模式，其中“2”是初一和初二，主要学习初中的基本知识，同时学校还会开设选修课、讲座、社团、体验课、竞赛课等培养学生的创新素养和综合能力；“1”是初三，以学习考试为主；“3”是高中三年，会继续延续初中伟长实验班的教学模式进行高中教育。对学习能力特别强的学生，也可缩短为“2＋2”模式，即两年初中和两年高中。这个项目自 2012 年开办以来，就成为苏州市区小升初家长们的重点关注对象，近几年苏州中学的清华北大录取名单中就有多名来自伟长实验班，其中 2019 年更是占到了 50%，项目成效显著。以此为经验，苏州中学在 2019 年和 2020 年分别推出了苏州湾创新实验项目和相城实验项目，面向苏州市吴江区和相城区小升初的优秀毕业生招生。

2. 天一少年班

天一少年班是由江苏省天一中学在 1980 年创办的面向全省招生的项目。该项目每年招收大约 70 名小学生，主要是五、六年级，个别为四年级，组成两个少年班。少年班采用超常教育模式，学制为初高中五年一贯制，可以直升天一中学，不需要参加中考。据统计，在 2002 年之前，少年班共培养超常少年儿童近 200 人，其中除一人在第三年赴美国留学外，其余全部升入本科高校深造，重点大学入学率达 94%，这其中有 40 余人保送或考入中国科学技术大学、东南大学等高校少年班。近年来，来自天一少年班的学生在高考中的表现也可圈可点，比如 2016 年天一中学清华北大录取人数为 15 人，其中有 10 人出自天一少年班，2023 年的江苏省文科状元也同样来自天一少年班。

3. 北京八中少儿班

1985 年经北京市教育局批准，北京八中和中国科学院心理研究所、北京市教育科学研究所合作，创办了北京八中超常儿童教育实验班（简称少儿班），为北京地区智力超常儿童的健康发展提供了适合他们成长的教育环境。少儿班的学制为五年，招收对象为北京市户口、年龄十岁左右、具有小学四年级文化程度的智力超常儿童，经过五年的培养使他们完成小学五年级、六年级、初中和高中的全部课程，即完成普通学生八年的学业，在 15 岁左右参加高考。经过多年超常教育的研究与实践，八中少儿班已形成了一套较为完整的鉴别和培养智力超常儿童的理论和方法，形成了适合超常儿童发展的教育教学体系，在理论和实践上都积累了丰富的经验，取得了丰硕的成果。

少儿班的选拔原则是宁缺毋滥，每年会从 1 500 名左右的学生中选出大约 30 名学生组班，考试分为初试、复试和试读三轮，前两轮考试很大程度上注重对思维能力的考查，而试读考查的是学生对新知识的接受能力和对少儿班教学方式的适应能力。

少儿班的办学特色总结为“三个注重”，一是注重教育科研，在教育中动态地研究超常儿童的心理发展规律，按照规律开展教育教学活动，不断进行教改，从而使五年完成八年的教育任务成为现实；二是注重体育，除每周有两节体育课外，学校还安排了半天自然体育课，把学生带出去，开展远足、登山、划船、越野、游泳、跳水、冰上游戏、骑车等丰富多彩的活动，使学生在毕业时的体质水平超过了同龄学生的平均水平；三是注重思想品德教育，八中为少儿班学生制订了专门的德育工作计划，配备了双班主任，大力开展各种教育活动，注意通过社会实践活动，提高学生的思想觉悟，锻炼学生的意志品质。将教学实践总结为理论成果，少儿班的教师共发表论文 103 篇，共获得全国、省、市 93 个奖项，而这些理论成果为国内和国际的超常教育提供了参考和经验。

少儿班项目自开办以来，已有千余名学生顺利毕业，成为德智体美全面发展、平均年龄十四岁的优秀少年大学生。他们不仅高考成绩优秀，而且在校期间，还积极参加国内和国外各类竞赛并开展各种课题研究。据不完全统计，截至 2014 年，少儿班学生共参加国内、国际各类竞赛 299 项，共有 1 042 人次获奖。比如 2013 年毕业的阎霄汉同学获得全国高中数学联赛一等奖并被保送北京大学数学系，同时他还是年龄最小的北京市“市长奖”获得者。

目前小初高贯通培养还处于试点阶段，后面如何进一步实施，还有待进一步的深入研究与探索，相信在培养机制方面会不断实现新的突破。2024 年 7 月 29 日，全国政协在京召开双周协商座谈会上，教育部副部长吴岩对关于贯通培养拔尖创新人才的问题作出回应：“在实施英才计划、强基计划的基础上，通过基础学科拔尖学生培养计划 2.0，遴选培养了一批有潜力、有志趣的拔尖创新人才。下一步，将统筹推进强基计划、少年班、英才班等超常规选拔项目，深入实施国家基础学科拔尖人才培养战略行动，构建各学段衔接的差异化选拔、长周期培养体系。”

三、结语

中学阶段是学生价值观念趋于成型、自主性增强的重要时期，因此，“强基计划”的实施对于培养学生的创新思维模式、培养全方位能力素养具有重要意义，这一点在现有的教学实践中已经得到了反映。但是，要遴选出真正具有科学兴趣的拔尖创新人才，现有的选拔方案仍存在改进空间。并且，在创新人才的培养体系上，应充分尊重学科规律及学生的学习规律，引导学生以更广泛的视野认识到自身兴趣及特长所在，避免重新落入高考的“应试性”窠臼。

第二节　高中、高校联合培养机制

一、西安交通大学附属中学

西安交通大学在2010—2020年间，创新性地实施了“春笋计划”。“春笋计划”是陕西省为贯彻全国、全省教育工作会议精神，落实《国家中长期教育改革和发展规划纲要（2010—2020年）》要求，在借鉴北京市“翱翔计划”和上海市“拔尖创新人才培养基地”成功经验的基础上，结合陕西高中教育的实际，推出的大学与高中联合培养创新型人才的大型试验。该计划执行多年来，取得了令人瞩目的成果。其主要成就体现在以下三个方面。

第一，多元的教育体系。西安交通大学附属中学在拔尖人才培养方面的成就得益于其多元化的教育体系。学校坚持“立德树人”的办学宗旨，致力于培养德智体美劳全面发展的优秀学生。学校为学生提供广泛的学科课程和兴趣社团活动，以满足不同学生的学习需求和兴趣爱好。例如，学校针对学科竞赛设置了强化培训课程，为学生提供更深入的学习机会。这种多元化的教育体系促进了学生综合能力的全面提升，培养了一批具有创新思维和领导力的拔尖人才。

第二，进取的师资建设。学校意识到师资是拔尖人才培养的关键因素。因此，学校致力于强化师资队伍的建设，提高教师的教学水平和科研能力。学校引进了一批具有国际视野和丰富经验的优秀教师，同时也鼓励现有教师参与学术研究和教学改革。由于拔尖创新人才的培养在人数、目标、导向上均不同于传统的大规模全面学习模式，学校同时也有意增进了高中老师与大学教授、市教育相关部门培训者的接触。教育的发展是一个持续不断的过程，经过学习探索、调查实践，教师的教育思想、教学观念、教学方式以及评价手段发生了显著变化。在这一过程中，创新已经成为师生共同的价值追求。

第三，坚定的育人理念。为应对21世纪面临的各项挑战，发展创新能力并提升综合素质至关重要。教育体系中以分数至上的评价导向，已不再满足现代社会的发展需求。尽管分数压力和高考功利导向依然存在，然而，学校坚信社会的发展是由拥有各种才能的人们共同建设而成的。因此，教育的目的在于帮助学生充分发挥潜能，使每个学生都能个性化地成长，这正是教育的真正意义所在。通过“春笋计划”，可以发展学生的无限潜能，为他们进一步的发展提供机会，同时也促进全体学生的全面发展。教育工作者正为了推进教育并培养更多未来的创新者而不懈努力，从而积极地影响社会的长期可持续发展。

三大措施不仅激励了学生对科学研究和创新的兴趣，也为他们提供了展示才华的机会。学校积极与教育基地、高校等机构合作，开展创新项目和实践活动，使学生能够接触到最前沿的科学技术和实践经验。这些举措有助于激发学生的创新思维和实践能力，培养一大批新时代的拔尖人才，为学校和社会的发展做出积极的贡献。

二、英才计划

为贯彻落实《国家中长期教育改革和发展规划纲要(2010—2020)》的有关要求，切实促进高校优质科技教育资源开发、开放，建立高校与中学联合发现和培养青少年科技创新人才的有效方式，中国科协和教育部自 2013 年开始共同组织实施中学生科技创新后备人才培养计划(简称“英才计划”)。“英才计划”旨在选拔一批品学兼优、学有余力的中学生走进大学，在自然科学基础学科领域的著名科学家指导下参加科学研究、学术研讨和科研实践，使中学生感受名师魅力，体验科研过程，激发科学兴趣，提高创新能力，树立科学志向，进而发现一批具有学科特长、创新潜质的优秀中学生，为“基础学科拔尖学生培养计划”输送后备人才，并以此促进中学教育与大学教育相衔接，建立高校与中学联合发现和培养青少年科技创新人才的有效模式，为青少年科技创新人才不断涌现和成长营造良好的社会氛围。

为做好“英才计划”工作，中国科协、教育部参照“基础学科拔尖创新学生培养试验计划”(以下简称“拔尖计划”)实施范围，2013 年，在全国 15 个城市选取 19 所高校开展“英才计划”工作。截至 2023 年初，共有 58 所高校实施“英才计划”工作。通过知名高校与高中合作，尽早发现拔尖创新人才，让有特长的学生在自己擅长的领域尽早入门，不错过思维发展的黄金阶段。“英才计划”的独特之处可以归结为如下三点。

第一，学科基础，实施精细。“英才计划”只有数学、物理、化学、生物、计算机五门学科，并没有采取国家规定的三级学科分类。这主要考虑到高中阶段学生对于学科的学习仍然处于较为初级和宏观的阶段，因此不能揠苗助长，过分敦促学生进入细分遴选的学科方向。而“英才计划”囊括了一系列丰富生动的线下活动，例如参加夏令营以及高校项目，实施城市几乎都是省会，因为省会的学术资源、交通条件、经济实力均较为优越。各学科工作委员会每年组织优秀学生参加学术会议、培训班、夏(冬)令营、论坛交流会等多项活动。此外，全国管理办公室还组织学生进行野外考察等综合性实践活动，选拔推荐优秀学生参加国际竞赛，与国外优秀青少年、科学家进行交流，提高对学科前沿知识的认识，开拓国际科学视野。

第二，选择双向，强调拔尖。“英才计划”导师原则上应从“基础学科拔尖学生培养计划”导师中推荐，以两院院士、“长江学者”特聘教授、国家杰出青年科学基金获得者、国家级教学名师、省级教学名师为主。参与高校根据工作计划推荐导师人选，省级管理办公室根据导师条件进行审定后，正式成为“英才计划”导师。而学生也要满足相应学科成绩排名应在年级前10%，或者综合成绩排名在年级前15%等条件。最终，全国每年培养1 200左右的学生，且每位导师培养学生数原则上不超过5人。这对于导师和学生的能力都提出了极高的要求，完全不同于多数高中学生所走的普通高考路线，更加能够满足学生个性化、专业化的发展需求。

第三，影响长远，助力名校。“英才计划”的培养持续时间有一年，且有中期检查和双向考核等环节，最大限度确保学生能学习到基础的科研方法和理论知识，提升学术素养。此外，参与计划的大学采取了积极措施，以加强“英才计划”与大学教育以及“拔尖计划”之间的互动。厦门大学和复旦大学针对“英才计划”的学生，举办了专家讲座以及各种学术和人文讲座，同时还有暑期课程，让他们体验名师的教学课堂，开拓视野，启发科学思维；南京大学则允许在“英才计划”中表现突出的导师或助教把中学生培养纳入教学内容，并参与奖学金评选；山东大学把参与“英才计划”的学生信息纳入学校综合教务系统，学生可以通过多种方式享受与本科生同等的待遇。

总而言之，“英才计划”作为国家层面的基础学科拔尖人才选拔计划，在汇聚高校资源平台、规范管理考核流程、促进多方交流共享等方面都具有先天的优势，也帮助许多在这五门学科方面具有独特优势的高中学生更好地发挥天赋特长。

三、上海中学

上海中学在与高校合作推进不同类型、不同领域拔尖创新人才早期培养的实践中，形成了一些规律性认知和育人方式，包括夯实学生早期的立德树人根基和思想境界，发展不同领域中有很大潜能学生的个性化知识构成、引领早期志趣、开发潜能；注重开发多领域的、适合高中阶段拔尖学生学习、聚焦学科领域概貌和专业知识奠基的专门课程供学生选学，构建现代仪器分析实验室等三十余个创新实验室，促进学生基于数字平台的学习与创新；注重高校专家从高一到高三对感兴趣领域的拔尖学生进行专门课程授课和课题项目指导等，初步形成了普通高中与大学合作育人的运行机制（见图6.1）。

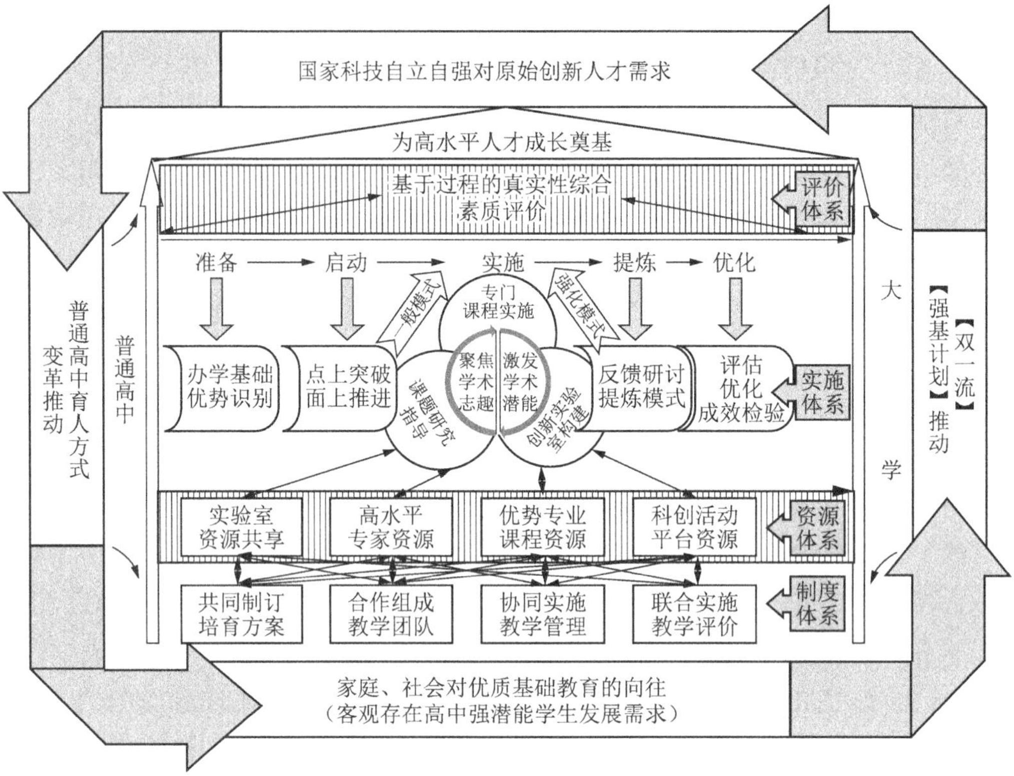

图 6.1　上海中学与大学合作育人机制示意图

纵观上述四个案例，不难发现高中联合高校培养创新拔尖人才的合作机制中，课程体系、师资力量、协作政策是被多次证明的普遍路径。然而，在实施过程中，也存在着一些天然的矛盾，需要协调和平衡。

首先，课程体系创新面临高考与普适性的压力。高中需要一定的课程开发权限，营造符合本校学生特色的课程体系，与多数普通学生的课程体系形成互补。然而，多数高中开设了竞赛班，为具有学科特长的学生提供竞赛训练，但竞赛班的参与者多以获得奖项、在高考录取中占据优势为主要目的。少部分优质高中与大学联合开设创新班，引导学生参与大学先修课程等，虽然具有一定的效果，但为资源所囿覆盖面不足，效率不高。可以说，我国高中育人偏重于普适性，满足大多数学生的发展需要，对拔尖人才培养则关注不足、思考不多、投入不够。高中面临着招生、升学压力，很多时候需要在有限的资源和生源条件下，处理平均水平（一本率、平均分）与创新拔尖人才（高分值、竞赛生）的矛盾。而这些年随着高等院校的不断扩招，本科生、研究生的“学历贬值”现象愈发凸显，学生及家长在填报志愿时也明显地以稳定高回报的就业机会为导向。这无疑会使一部分本有志于基础学科研究的学生难以发挥自己的优势。

其次，教师培养体系面临短缺和滞后问题。拔尖创新人才的培养不同于多数普通学生的培养，前者的思维方式、学习习惯、性格禀赋均存在较大的特殊性，因此除了引入基地导师、高校教师之外，高中内部也应培养一定的专业教师团队负责相关工作。然而，目前许多负责拔尖人才培养的高中教师兼职属性突出，面对人数众多、高考压力紧迫的普通学生工作任务尚且繁重，再针对这些创新人才制订单独的培养计划则更是分身乏术。一个地区的高校资源水平、基础教育质量、经济发展水平等往往存在千丝万缕的联系，这对许多高中老师而言也是一个极大的挑战。

最后，协作政策面临高中传统思路的问题。协作体的建立，一方面使大学教授、科研院所的研究员甚至院士走进了中小学课堂；另一方面，使具有拔尖创新潜质的学生走进大学和科研院所的实验室，参与课题研究。同时，校际间的合作，使学校的优质教育资源向其他学校的学生开放。因此，拔尖创新人才的早期培养不能只限于个别具有资源优势学校的自发行为，它需要进行整体系统的政策框架设计和运行机制保障，并纳入公共教育服务体系之中。高中应转变一些以行政命令、政府安排为导向的规划思路，充分发挥主观能动性，自主与各大高校建立深厚而广泛的合作关系。

拔尖创新人才早发现比晚发现好、早培养比晚培养好、各学段的系统培养比“各自为政”好。系统的培养是一个长期性、复杂性的过程，要在体制、机制方面统一谋划、协同进行。横向来看，家庭、学校、社会三要素缺一不可；纵向来看，构建小学、初中、高中、大学或科研院所培养共同体，对于拔尖创新人才的可持续发展至关重要——共同体基于共同愿景、协定培养方案、共享学术资源。

第三节 创新人才培养管理机制

创新人才培养管理机制可以理解为以学校为主体的创新人才培养管理系统及其运行机理,应依据创新人才的培养目标,围绕培养主体的教育理念,通过特定的规章制度,采取一定的教育方法,着眼于创新人才选拔、教育教学改革、软硬件资源保障、学校创新文化和师资队伍建设、教育评价等工作程序,构建一套有效的学校创新人才培养管理系统,使学生创新潜能得以发掘、创新素养不断提升,以达到创新人才培养的预期功效。

按照人才培养的起点、过程及结果划分,可以将高中创新人才培养全过程管理涉及的选拔方式、教育教学活动、激励机制、保障体系、评价方式等关键维度,进一步凝练为选拔机制、运行机制、激励机制、保障机制以及评价系统五个维度子系统,其中选拔机制对应于普通高中创新人才培养的起点阶段,运行机制、激励机制和保障机制对应于过程阶段,评价机制则对应于结果阶段。"选拔机制—运行机制—激励机制—保障机制—评价机制"五个维度形成一个多维度、系统、科学的高中创新人才培养管理机制。

在高中创新人才培养这一整体功能系统内,每个子系统在创新人才培养中具备各自的功能作用,也可由自己的子系统构成,但各子系统需紧密结合,共同构成一个良性的管理生态。其中,运行机制以提升教学质量、激发学生创新潜能、培养学生创新素养为核心,是创新人才培养管理系统中的关键,涉及教育教学计划管理、课程管理、教学管理、考试管理、信息管理等多个子环节,需要其他子系统的有效支撑,将创新人才的教育教学各环节中其他系统、各职能部门组织起来,使得各子系统间能够有效关联、相互促进,围绕运行系统形成一个创新人才培养权责清晰的管理系统,力争实现创新人才培养管理的最大效益。

一、选拔机制

普通高中创新人才培养除了要有明确目标外,还需要一个切实可行的科学选拔机制,能够让普通高中选拔出具备创新潜能的学生进行培养。

尊重差异,建立科学规范的甄选体系。识别第一,培养第二;没有发现,就没有培养。超常儿童的识别和选拔不仅需要中央和地方政府的统一部署和政策保障，而且需要赋予基础教育学校充分的自主权。伴随着国际竞争的日趋激烈，社会对尖端人才的急切需求以及教育思想的解放，国家及地方部门对基础教育阶段的拔尖创新人才识别与培养越来越重视，并上升到了政策高度。2022 年 2 月 28 日，习近平总书记在主持召开中央全面深化改革委员会第二十四次会议时强调，要全方位谋划基础学科人才培养，科学确定人才培养规模，优化结构布局，在选拔、培养、评价、使用、保障等方面进行体系化、链条式设计，大力培养造就一大批国家创新发展急需的基础研究人才。2022 年 2 月 8 日，教育部 2022 年工作要点中指出，印发《关于加强基础学科人才培养的意见》，积极探索拔尖创新人才早期发现和选拔培养机制，加大强基计划实施力度，支持实施本硕博一体化人才培养改革。理念的落地还需要更加具体的配套政策和实践指导。例如，在基础教育层面，需要改革一刀切的小升初、初升高升学制度，允许拔尖创新人才培养试点学校在政策指引下，基于各地的具体情况，以科学的方式甄别、选拔拔尖创新后备人才。

选拔机制定位于创新人才培养的起点阶段，是所有培养活动的起点和重点，主要是指在教育主管部门的指导下，基于公平性原则，对完成义务教育阶段的学生，采取多元化的形式考查其基本知识储备、智力水平、思维能力、意识人格等基本素养，从而为学校遴选出可供其进行创新素养培育且符合其创新人才培育理念的学生，因而是选拔前提、选拔理念、选拔对象、选拔内容和标准、选拔方法等各要素的集合。相较于国内大多数普通高中实行的凭分数择优录取的选拔方式，选拔机制应更具灵活性、选择性，以发掘每个学生的闪光点为宗旨，更加关注学生综合能力发展。以招录分配生为例，除中考成绩外，学校更看重学生的品德以及在校的日常表现，综合素质亦是其选拔的重要标准。针对有意向报考的学生，书面申请是第一程序。然后经班级师生推荐委员会采取无记名投票方式进行民主推荐，确保过程的公平性和选拔的人性化。最后，由学校对推荐名单上的学生进行统一测评，依据国家课程标准自主命题，合理控制试题难度，避免竞赛化倾向。在拔尖创新人才选拔过程中，应优先关注学生的创新能力和独立思考能力，强调学生的学习品质和态度。针对在某些学科上具有学习天赋的人才，学校可设立理科竞赛班进行培养。

二、运行机制

在普通高中创新人才培养阶段，学校需要在人才培养过程中厘清应以什么样的教学方式、课程体系等去培养学生的创新素养。因此，系统完善、灵活高效的运行机制是普通高中创新人才培养的重中之重，是确保学校创新人才培养目标实现的具体操作机制。对于普通高中而言，创新人才培养运行机制的重点在课程体系、教学方式、教学管理三大方面。

课程改革作为学校推进学生综合素质评价的重要环节，在发现和发展学生个性、促进学生全面发展方面发挥着关键性的推动作用。培养一流学生需要一流课程，内容可因地制宜、因校制宜，多元灵活、以德为先。例如，学校“丘成桐少年班”目前的课程架构涵盖必修和选修两大类。其中，必修课程包括国家课程、数学竞赛基础、信息竞赛基础、腾讯 DNA 网络素养课程等；选修课程包括七年级的以认识城市与生态环境为主题的人文素养课程和八、九年级的数学、物理、化学、生物、信息竞赛课程等。除此之外，为了涵养中华底蕴和家国情怀，“丘成桐少年班”开展了一系列别具特色的实践活动，包括开学礼、党史学习课程、爱国教育课程、劳动教育课程、生存技能课程等。

具体而言，课程体系由国家课程和校本课程两大部分构成。国家课程作为基础课程，涉及八大学习领域，分别为语言与文学、数学、人文与社会、科学、技术、艺术、体育与健康、综合实践活动；国家课程之外，学校设立七十多门校本课程，分为公民素养、学术拓展、体艺特长、实践创新、生涯规划、国际视野六大类别。其中，公民素养类课程和体艺特长类课程侧重强健身心，实践创新类和学术拓展类课程侧重批判性思维能力，国际视野类课程侧重团队领导能力，生涯规划类课程侧重自我发展能力，为学生的个性化发展和关键能力的培养提供载体。

1. 注重未来发展性的教学方式

为促进“未来世界引领者”素养的发展，在课堂教学过程各方面进行改革，转变传统单一讲授为主的教学方式，以学生为中心，因材施教，以提高学生能力、素质为出发点，推出育人新举措。

改变课堂教学结构，强调学生自主学习。自主学习是培养学生独立人格的关键路径，是落实学生学习主体性的主要方式，是当代课堂教学改革的重要方向。学校创造性地提出“两把”教学观，即“把时间还给学生，把方法教给学生”。目前学校已将“培养学生的关键能力”作为学校特色，鼓励学生高度参与课堂学习，以教师的“教”点亮学生的“学”，转变师生角色，学生翻身成为课堂的主导者，教师不再受时间与教学进度支配，以学生学情为依据自主制定教学时间，将自主学习培养作为学生所应具备的终生能力。

推广“图式教学”，着力高阶思维能力培养。推行“图式”教学，高度重视学生对于认知结构的掌握，注重培养学生基于认知结构的问题解决能力。“图式教学”要求教师明晰结构的力量，相较于仅仅掌握具体知识，更为关注学生对于学科的基本结构、分析方法、思维方式的掌握程度，倡导构造互动探究式课堂，积极推行小组协作学习、角色扮演、项目研究、模拟性决策等多种教学新模式，着力追求学生在分析、评价和创造等高阶思维方面的目标达成，进而实现学生批判性思维、高阶思维能力等关键能力的培养。

开辟“无边界课堂”，实现学科融通教学。努力突破传统课堂的时空限制，探索“无边界课堂”，实现学科渗透和融通，进行资源重构和整合，进而促成思维跨越和创新的新型课堂教学理念和实践样式。一方面，学校在创建以计算机网络为主的虚拟教室进程中，在各类生活场所、机构组织中发掘教学新方式，重在关注学生的生活情境，培养其独有的文化，努力丰富学生的学习履历，让学习更符合社会、自然、生活的要求，整体提升学生的学习品质。另一方面，实际教学中，学校先后与各高校科研院所合作，为学生的大型实验和课题提供操作平台，组织带领学生到高校国家重点实验室观摩、研习，感受知识的产生、应用场景和知识创新的过程。

践行“基于真实场景”的课堂教学，努力实现由知识指向能力的转化。学校高度重视问题情境的创设，“基于真实场景”为核心的教学方式，培养学生问题解决的思维，丰富学生学科素养。以高中“数列”教学为例，突破常规教室教学，将授课地点置于某银行，开展数学、政治及综合实践整合课。遵循课本中数列的教学要求，学生向银行工作人员了解教育储蓄、分期付款、贷款利率等相关知识，从中发现数列的身影，掌握知识在实际中的运用。之后，政治老师将继续利用这一场景进行高中政治“经济与货币”这一主题的讲解，在真实场景中加深学生对知识的掌握程度。课后，学生及时利用所学知识，对银行工作人员开展问卷调查和访谈，进行实践，完成研究性学习。基于真实情景的跨学科教学能有效提升学生的有效沟通能力、自主学习能力和批判性思维能力。

因材施教，精准匹配高端的师资课程。因材施教是中华民族千锤百炼的教育思想，实事求是、不拘一格、尊重差异性是培养各领域拔尖人才的必由之路。同时，拔尖创新人才往往是有特殊才能且富有个性的人，培养他们，需要在教师、课程配置等方面进行精准匹配。一方面，名师出高徒，高徒需名师。一支优秀的教师队伍需要专业能力强，同时具有高度责任感和奉献精神的老师；另一方面，对超常儿童的培养也需要专业的心理教师，以满足超常儿童特殊的心理发展和咨询需求。

2. 民主化的教学管理

改变管理架构，推行人本化管理。一方面，充分发挥校长办学自主权，对学校内一系列制度进行完善，搭建以决策层和执行层为管理的中轴线，以研发中心和保障中心为两翼支撑的扁平化“大”字形管理架构。另一方面，学校推行自主管理、人本管理，凸显学生和教师中心。对于学生管理，以素质学分制引领每一个学生迈入完全的自主发展，坚持推行学生自主管理班级，充分给予学生自主学习讨论的空间，班主任退居幕后引导，学生会、校团委深度参与学校的常规管理。对于教师管理，积极营造民主的学校氛围，推行校务、政务公开，学校党政办公会、校长办公会的决议公开常态化，每年召开教师代表大会、民主党派座谈会，广泛听取各方意见和建议，实行民主管理，广开言论，通过各种途径广泛吸纳群众意见，促进学校决策民主化、科学化，使每一位教师充满参与感。

以学分制与走班制实现教学管理。探索实施“素质学分制”，将国家和学校对学生的要求转化为相应的学分，学生达到相应的要求便给予一定的学分，与大学教育进行隔空对接，丰富学生的选择。学校正式启动“走班制”课堂教学改革，语文、外语教学以及技术、研究性学习、心理等公共必修课程不分层，学生以行政班形式上课，按照国家相关标准组织教学。将数学依据文科、理科高考水平以及学校数学竞赛班水平分为B1、B2和C三个层次，学生分层选课，针对学业水平考试与高考水平的层次高低，将物理、化学、生物、政治、历史、地理学科分为A和B两个等级，分层次组织教学。体、音、美作为全体学生必备的体艺素养，按照“2＋1＋1”方案，指导学生依据兴趣特长组合选课，分选项走班组织教学。

三、激励机制

教职工激励方面，学校成立教育奖励基金，旨在鼓励教职工在更新教育观念、深化教育教学改革、实施教学体系创新工程、全面推进素质教育等方面积极探索，以此激发全校广大教职工的教育创新积极性。目前设有教学类、育人类、科研类、管理类、重大成果以及教学质量奖，由符合条件的单位或个人自行申报，经校各级领导组成的评审委员会依照程序进行研究论证，作出公平客观评估。结果公示后，对优秀的项目和个人进行表彰并奖励，对成效显著的研究项目进行推广应用。每个奖励等级的奖金标准，由学校视基金具体情况予以确定和调整。

学生激励方面，为激发学生的学习热情，学校设立“优秀学生”奖励，一方面旨在表彰先进学生，树立榜样，激励全校学生成长进步。优秀学生的评定标准并非是成绩的好坏，而是强调学生综合素质的发展，考查学生终身发展与社会发展需要的必备品格和关键能力。为此，学校联合家庭与社区，共同参与优秀学生的评价。另一方面，学校设立校长奖学金，由校长与基金会办公室等组成的评审委员会进行评选，旨在奖励在德智体美劳五方面表现优秀，为学校赢得声誉或为国家、社会做出突出贡献的学生。

四、保障机制

规范有效的保障机制是普通高中创新人才培养不可或缺的重要管理机制，需要重点在师资、硬件、家校合作及激励举措等方面为创新人才培养实施保障，以此对学校创新人才培养的实施过程进行科学管理和控制，确保学校创新人才教育教学管理体系能够正常运转。

1. 引进来、走出去的师资保障

重视优质师资培育体系。人才引进方面，制定联盟化教师招聘路线，在全国各大重点高校进行校园宣讲，招纳海内外重点高校优秀毕业生及知名中学骨干教师，同时瞄准教育行业内顶尖人才，开辟绿色通道，吸纳“领军人才”。教师培养上，关注青年教师发展，开展青年教师素质拓展活动，实行“老带新”导师制，为其成长营造良好的环境；针对骨干教师，组织寒暑假继续教育培训，促进其专业水平提升。结合学校的具体探索看，学校每年邀请全国各领域顶尖专家学者进行学术交流，主题涵盖学校管理和教改、德育、体卫艺建设以及跨界领域体验等多个方面，过程中不断更新教师教学方式，提高现代化教学中教师需具备的能力。此外，学校与众多高校建立了长期合作关系，每年分派教师前往各地进行定制化、专项化教研培训。为加快“博士化(硕士化)工程”推进力度，学校鼓励教师以在职或脱产形式师从国内外一流教学科研机构的名师攻读学位，提升学历学位层次，并为其提供资金与时间支持。

2. 先进硬件保障

随着科技教育在全球的普及，学校在硬件设施方面投入了巨大的人力、物力和财力，选定部分教学设施作为科技活动的基地。学校建立机器人实验室、传感器实验室、环境监测室、自主设计实验室等多个科技活动室，同时建有科技成果展览室以及大型科普橱窗，用以宣传科普知识，展示科技成果，也为学生提供了良好的科技活动环境。另外，学校非常重视教育信息化建设，全面普及无纸化办公系统，在校园内部实现无线网络全覆盖，每间教室配有触控一体机，并且建有全自动录播教室以及智慧教室，有力地完善和保障了学校的线上学习体系。

3. 家校联动保障

按照国家构建学校、家庭、社会“三位一体”教育体系的要求，学校正式开办家长学校，以举办教育讲座和提供家庭教育学习材料的形式为主，帮助家长树立正确的教育理念，培养家长良好的教育素养，提高家庭教育水平，促使家庭教育和学校教育共融一致，从而促进学生在德智体美劳及身心健康各方面都得到很好的发展。此外，学校会及时向家长宣讲教育新政策，使家长参与学生的学习和选择，让家庭成为学生的坚实后方。

五、评价机制

普通高中创新人才培养评价机制即对普通高中内部关于创新人才培养成效所制定的一系列相关评估体系。一个完善的评价机制能够监控学校创新人才培养体系的运行实效，并适时地依据评价结果改善创新人才培养中遇到的相关问题，推进高中创新人才培养管理机制系统的优化。然而，在当前对人才培养质量的评估中，依然重视学生成绩、学校升学率等功利性指标评价，而对学生能力培养进展的评价依然重视不足。因此，学校更加注重对学生强健身心、卓越品格和关键能力等三个方面的成长表现进行相应评价，围绕学生卓越品格和关键能力开发相应的评价方式，探索学生评价的校本化。

日常评价中，主要关注学生创新思维的培养和卓越品格的养成，实现学生成长瓶颈的突破。具体地说，学校通过多年的学生综合素质评价的改革摸索，改变以考试成绩为唯一评价标准的做法，在评价过程中，对学生综合素质发展情况制定科学的量化标准，减少评价的主观因素。

在评价方式上，采取形式多样的评价方式，包括正式或非正式观察、对话分析、作业、社会实践、团队任务、探究项目、个人成长档案袋、发展量表等，借助大数据和学情分析系统等信息技术手段，探索以学生表现为核心的过程性评价，以确保证据或资料收集的全面性、学生评价结果的合理性以及后续学情质量反馈的简便性。

在评价内容上，涉及德智体美劳各个方面，将学生参与的校外活动作为关键参考，例如志愿者服务、社区服务、公益活动等，使每个学生的高中生活富有特色与亮点；在评价主体上，多方联动，由学校各部门与家校委员会联合成立综合素质评价委员会，对学生综合素质进行全方位评价，其中学工处及团委负责学生的党团社团活动、志愿公益活动、体质体能测试、社会实践活动方面的参与度，科教处负责学生的学分管理、研究性学习和学术活动的组织，年级组对学生的体育锻炼与日常生活进行审核，家校委员会则协助学生进行部分活动的资料填写，确保学生综合素质评价工作顺利开展，为学生后续发展、学校未来的改进方向提供针对性意见。

参考文献

[1] 付艳萍.拔尖创新人才培养：美国州长高中的实践、成效与争议[J].比较教育研究，2022，44(09)：92－100.

[2] 郑若玲，庞颖.“强基计划”呼唤优质高中育人方式深度变革[J].中国教育学刊，2021(01)：48－53.

[3] 冯志刚.新时代拔尖创新人才早期培育的关键要素与机制创建：基于上海中学与大学合作育人实践的调研思考[J].上海教育科研，2022(09)：33－40.

[4] 崔海丽，朱红.哪些高中—大学衔接活动影响大学新生的专业兴趣：兼论对强基计划政策实施的启示[J].中国高教研究，2022(06)：64－70.

[5] 马可.为国育英才：拔尖创新人才早期培养的北京探索[J].中小学管理，2021(11)：18－21.

[6] 杨晓云，周宏.让创新成为学校的生活方式：关于普通中学培养拔尖创新人才的思考[J].创新人才教育，2013(03)：34－38.

第七章

师生共同体的成长及问题

第一节　创新人才发展案例

江苏省常州高级中学是一所历史悠久、颇负盛名的学校。学校创办于1907年，初名为“常州府中学堂”。百余年来，筚路蓝缕而理想不改，栉风沐雨而与时俱进，积淀了深厚的文化底蕴，培育了大批杰出英才。其中有中国共产党早期领袖瞿秋白、张太雷，国学大师钱穆，语言学家吕叔湘，汉语拼音之父周有光，文学家刘半农，音乐家刘天华，医学病毒学专家侯云德(2017年国家最高科学技术奖获得者)，中国科学院和工程院等院士二十多人。

近二十年来，又有许多毕业生取得了较为突出的成就，拔尖创新人才不断涌现。在五大学科竞赛、科技创新大赛、全国作文大赛、全国模拟政协、辩论赛等各项活动中，许多学生脱颖而出，取得优异成绩。其中信息学竞赛先后获国际信息学奥林匹克竞赛(IOI)金、银、铜牌各1枚，全国信息学奥林匹克竞赛(NOI)金牌29枚，银牌38枚，铜牌27枚，全国信息学奥林匹克联赛(NOIP)一等奖近五百人次。2009年金斌获得TopCoder Open竞赛世界冠军，一举打破了欧美选手对该项赛事的垄断地位，同时也创下了最年轻的夺冠者纪录。2011年7月蒋中天获得第23届国际信息学奥林匹克竞赛金牌。

下面选取三名优秀毕业生，看看他(她)们的成长经历。

一、恽之玮:数学是一种精神追求

恽之玮，美国麻省理工学院数学系教授，1982年生于江苏省常州市，中学就读于江苏省常州高级中学。2000年入选数学奥林匹克国家队，参加第41届国际数学奥林匹克竞赛并获得金牌。2000年至2004年本科就读于北京大学数学科学学院。2004年至2009年在美国普林斯顿大学攻读数学博士，2009年获博士学位并在普林斯顿高级研究院和麻省理工学院从事博士后研究，也是麻省理工学院2010年至2012年的讲师。2012年至2017年在斯坦福大学、耶鲁大学任助理教授、副教授、教授。2018年至今在麻省理工学院任教，研究方向为纯数学中代数几何、表示论和数论的交叉领域。2012年获得国际数论界的SASTRA拉马努金奖。2018年获得科学突破奖之数学新视野奖，应邀在国际数学家大会作报告。2019年获华人数学家大会金奖，入选美国数学会会士。

图 7.1　恽之玮

恽之玮从 10 岁开始接触数学竞赛，到 18 岁取得国际数学奥林匹克竞赛金牌，在这期间数学竞赛就是他生活的主轴。上大学以后，他逐渐走上数学研究的道路。

比尔·盖茨说："在你感兴趣的地方，藏着你人生的秘密。"

恽之玮和已故的中国现代数学家华罗庚是老乡，但据他回忆，自己早先对数学并不感兴趣，读小学一二年级时，还常常将数学作业跳过不写。他对数学态度的转变发生在三年级，有一次数学老师何文在黑板上留下了一道难题，而他竟然做出来了。随后老师给他出更多难题，数学题"越做越难""越做越上瘾"，也使幼时恽之玮进入了良性循环。他曾表示："那种'能解决别人解决不了的问题'的感觉让我逐渐迷上了数学。"

在第一个伯乐何文老师的引导下，恽之玮的数学兴趣迅速萌发。从小学四年级到六年级(1993—1995 年)，在数学竞赛方面唯一的培训就是小学自己创办的"数学提高班"，每周两次课。小学阶段恽之玮参加的数学竞赛，包括《小学生数学报》竞赛和"华罗庚金杯赛"，成绩在校内数一数二，但是放到全市，也就是前五名的水平，称不上顶尖。恽之玮在五年级时读了一本介绍 1990 年国际数学奥林匹克优胜者的书，从此书中的王崧、库超等人成为了他的偶像。同时他也有些不自信：王崧、库超他们的高度看起来是不可企及的。

小学六年级，恽之玮结识了两名当时全市数学竞赛水平最高的选手：张竞璡和冯维。三人进了当时最好的初中(常州中学教改班)，分在了同一个班，一直到高中毕业，并且成了一辈子的朋友。他们的初中数学老师是刚从大学毕业的周宏老师，是个解题高手，也愿意花时间和孩子们打成一片。他们三人开始自学初高中数学，并向周老师要一些难题来做，相互出题考对方。每年暑假，当年的国际数学奥林匹克竞赛(IMO)试题在《中等数学》上一公布，周宏老师就让全班同学课后自己做，不限时间。任何同学，只要能做出其中任何一题，就能得到一个特殊的奖励：老师自掏腰包请这些同学在肯德基吃一顿，这在他们当时看来是不得了的奖励。初一暑假，恽之玮能解出当年 IMO 中的两题，初二能解出三题，每年多解出一题，一直到高二暑假，当能参加 IMO 时，刚好能把六个题目全部解出来。

高中时恽之玮的班主任是数学特级教师周敏泽老师。其实从小学六年级恽之玮就听过周老师讲课，仰慕过他当年的学生入选了国家集训队。初中时，周敏泽老师就特别注意恽之玮的学习进展和参赛情况。到了高中，周敏泽老师为恽之玮全面制订了学习、训练计划，渐渐地恽之玮成了“专业选手”。他的高中老师任小庆曾回忆称，每两个星期到一个月，数学老师给他几道题目，他能在一周到一月内解出来。除了上课，他的剩余时间都深陷在数学题中。不过其他的课程也没有荒废，高一恽之玮参加完集训队回来，赶上期中考试，落下了半个学期的课，考得很不好。下半个学期恽之玮把各门功课恶补了一下，期末考试考到了全班第二名。恽之玮表示：“周老师两次陪着我参加冬令营，最后还以观察员的身份陪我到韩国参加国际数学奥林匹克竞赛。有他在我身边，我觉得很坦然，比赛也发挥出了正常甚至超常水平。”

到外地参加比赛、集训的经历，是普通的中学生所没有的。这些旅行经历现在成为恽之玮最珍贵的回忆。初一、初三的暑假，他分别在上海和南京参加夏令营，体会到了集体生活的快乐。“我记得刚到外地难以忍受粗硬的米饭和菜里莫名其妙的辣味；记得在大城市里几个少年迷了路还在争论应不应该打车；记得在火车上争相传阅带队老师刚写好的小说并试图把小说中的人物对号入座。高一去北京大学参加冬令营，是我平生第一次坐飞机，起飞之后我的手心已被冷汗浸湿。也是高一，在首都师范大学参加为期一个月的集训，让我结交了几个好朋友，知道了常州以外的高中生的生活。高二时，我和张竞琏到上海接受熊斌教授指导，从坐车到住店，我们全程独立行动，抽空还欣赏了外滩夜景。还有高二在沈阳的集训队，让我第一次见识了什么是鹅毛大雪。最后到韩国参加国际数学奥林匹克竞赛，是我第一次出国。我至今仍然对在韩国时品尝的美食记忆犹新，也记得在赛后和别国选手打篮球、交换硬币的情景。”

当问到恽之玮有志于从事数学研究，把数学当成一生的事业，少年时期的数学竞赛经历对今后的数学发展究竟有没有好处？他说，“我觉得还是有好处的。一方面，数学竞赛解题的思想技巧与数学研究中遇到的问题有相通之处。另一方面，数学竞赛让学生接触到更深刻、更广泛的数学领域和问题。”

“从我个人的经验而言，数学竞赛让我受益最多的并非技术层面，而是心理层面：第一，数学竞赛让我明白天外有天。当我遇到一个竞赛问题一筹莫展的时候，读到或者听到令人拍案叫绝的巧妙解法，在击节之余，也慨叹世界上竟有那么聪明的脑袋。多次下来，慢慢就摆正了自己的位置：世界上（哪怕是身边）比自己聪明的人多得是。在接触到更高等的数学以后，天外有天的感受更加强烈，自己的能力也显得愈加卑微。接受这个现实，并非妄自菲薄，而是用一种欣赏的眼光看数学、看待别人的成就。

第二，数学竞赛让我明白熟能生巧。哪怕刚开始受到各种挫折，经常解不出难题，只要花时间去想，解题能力就能提高，偶尔自己也能想出让别人拍案叫绝的解法。这个过程虽然漫长，但是能感觉到自己的进步。渐渐就意识到，原来数学也给平常人留了一席之地，原来大多数的奇思妙想，也是来源于长时间专注的思考。”

数学竞赛是对智力的极限挑战，在这种挑战中脱颖而出固然值得自豪，但挑战结果失败也是再正常不过的事。参加数学竞赛的选手们，如果能够从失败中汲取力量，对于今后发展任何事业都是一次宝贵的预演，其意义也就超出了数学竞赛本身。毕竟，失败的几率要比成功大得多，而大多数的课本不会教我们如何应对失败。

北京大学在一篇文章中，曾这样形容恽之玮的大学生活：“本科生期间，数学专业课 19 门 100 分，7 门 99 分，其中不乏大一时便已修过的高级课程；大一上学期学完抽象代数，大三读完哈茨霍恩的《代数几何》，看理论书籍感觉就像阅读小说；每天研究 10 小时以上的数学而不觉疲倦……”

恽之玮读博临近结束时，他为毕业论文找到了一个真正感兴趣的领域，直至今天他仍然活跃于该领域。他最终定下的论文研究课题为“表示论”，该领域为数学研究中的一个分支，专门研究如何用术语描述抽象的代数结构。表示论在朗兰兹纲领中发挥着关键作用，其主要内容为将代数理论中的伽罗瓦群和代数几何中局部场以赋值向量环的自守形式与表示论联系起来。

2009 年，恽之玮从普林斯顿大学博士毕业后，开始任教于斯坦福大学数学系。2016 年，他来到耶鲁大学担任教授。2018 年 1 月，获得科学突破奖不久之后，恽之玮加入麻省理工学院（MIT）数学系任教。妻子俞敏岚则去了同在马塞诸塞州的哈佛大学担任计算机学教授，两位伉俪终于结束两地分居。此前，俞敏岚在美国另一所高校任职，为探望妻子，恽之玮曾积累了厚厚一沓机票。

而现在他表示：“我感觉我现在正好有足够的时间去研究数学和与家人共度时光，我的儿子现在正在上幼儿园，但他最近已经在做小学一年级的数学题。”有一次，恽之玮的儿子还骄傲地问他：“爸爸，如果我读完了小学数学课程书籍的第五本，能离你更近吗？”他觉得儿子已经遥遥领先同龄时的自己，因此他说：“对于这一点我很欣慰，也很高兴能看到他喜欢并渴望学习数学，但无论怎样，我都希望他能在以后的人生中追寻他的兴趣所在。”

2020 年 7 月，一家互联网巨头公司举办全球数学竞赛。恽之玮所在的 MIT 也有参赛同学获奖。虽然自己是数学竞赛的受益者，但恽之玮坦言他“并不喜欢把数学搞成热热闹闹的竞赛，也不想把数学和民族荣誉联系起来”。

他还说：“和其他行业一样，适合做数学的人应该有个大概比例，不多不少，同时也能做到不拘一格降人才。因此，没有必要让百分之八十的人都对数学感兴趣。在中国和美国的大城市，中小学生可以接触到非常丰富的数学教育资源，我想真正有数学天赋的孩子应该不会被埋没。”

他认为更重要的是，让对数学有兴趣的学生，持续保持这种兴趣，并鼓励他们以数学研究为职业，而不是让生活的压力、外界的看法迫使他们改行。他认为数学研究人员要想获得长足发展，需要三样东西：一份稳定的教职、一个中等的生活水平和一个长时间集中思考的工作环境。

但无论如何，恽之玮曾斩获 IMO 满分并保送北大数学科学学院的成绩，至今仍为数学界津津乐道。同为北大数院校友、同样参加过 IMO 的第二届阿里巴巴全球数学竞赛金奖得主郑凡，简单粗暴地形容 IMO 满分的难度：“我没拿 IMO 满分，可见难度真的很大。”郑凡回忆称：“IMO 一共 6 道题，每题 7 分，满分 42 分，每天考 3 题，我当时拿了 35 分。传统上每天最后一题特别难，全世界大概就几个人能做对，当年全球就 4 位满分选手。所以，恽之玮真的很厉害。”对于 IMO 得满分，恽之玮本人看得更平淡些，他说：“现在看来，IMO 里的内容不过是数学的冰山一角，而在进入大学后，我们开始接触更深的数学知识，并逐渐认清它的全貌，而那些内容要远比只在水面上方显露出来的那一角有趣得多。”

现在，恽之玮研究的朗兰兹纲领，是 21 世纪最重大的数学难题之一。国际上几乎所有数学研究机构和顶尖高校数学系，都在研究该领域。中国科学院数学与系统科学研究院也已在该领域耕耘二十余年。安安静静做研究，是这位来自江苏常州的数学家的唯一嗜好。

恽之玮于 2020 年获得了西蒙斯学者奖（Simons Investigators），尽管获奖一事早已在各大科技媒体刷屏，但他本人对相关报道并未关注。对于获奖，恽之玮很低调，他说：“这次获得的是一笔研究基金，并不是奖项。”西蒙斯学者奖由西蒙斯基金会设立，奖项旨在奖励数学、物理、天体物理和计算机科学领域的杰出研究者。每位西蒙斯学者可获得一定额度的奖金，并用于科学研究。

此前，他与同样毕业于北大数院的张伟，发现并证明了函数域中的高阶 Gan-Gross-Prasad 猜想，这一研究被誉为“过去 30 年来重要的数论领域中最令人激动的突破之一”。

据悉，他们分别从表示论和数论这两大方向，将格罗斯-乍基亚公式（Gross-Zagier theorem）扩展到了高阶导数，打破了该领域三十年来毫无进展的艰难局面。凭借该研究，恽之玮和张伟在同年获得科学突破奖之新视野奖，因其单项奖金高达 300 万美元，并远超诺贝尔奖奖金额度，该奖项又被称为科学界“第一巨奖”，而这也是首次由华人数学家摘得该奖项。

值得一提的是，恽之玮没有微信，也不用智能手机。为证明没有“撒谎”，他还特意从口袋里掏出一款诺基亚直板手机。对于不用智能手机，他的解释是：“手机会让我们分心，它严重影响了我们的思考，尤其是对于事业处在上升期的人来说，手机还会影响他们的思维方式。”

此外，科学突破奖还有着“科学界奥斯卡”之称，腾讯马化腾、谷歌创始人谢尔盖·布林和 Facebook 创始人马克·扎克伯格等均对该奖项有所捐赠。谈及这项成果于普通老百姓的影响，恽之玮表示，纯数学的研究对日常生活没有直接影响，也不是以应用为目的的。大多数人看数学有两种角度，一种是纠结于数学有没有用，另一种认为数学是一种智力的竞赛，纠结于中国何时能在数学上成为世界第一。他认为，这两种角度都有局限性。对恽之玮来说，数学就像美术一样是一种精神追求，数学也是他个人的终极目的，不是为其他目的服务的。

如果非要说为什么服务，就是为他的精神世界服务。当然，数学研究不能每天重复同样的事情，只有发现新的现象、证明新的定理才有意义。他被引用最多的论文，是以共同第一作者发表在美国数学学会（AMS）的《关于 Kac-Moody 群的 Koszul 对偶》（*On Koszul duality for Kac-Moody groups*）。该论文的研究结果概括了 Beilinson、Ginzburg 和 Soergel 对于约化群对偶模式的研究成果。

对于学术成果，他曾在老家电视台的采访中表示：“我们在前人的基础上，往前推进了一点，看到了一些新的东西，提出一些新的可以研究的方向，我们觉得沿着这个方向走下去，还有很多新的现象可以发现，有很多新的定理等着我们去证明。”

尽管身在海外，本身也是老师的恽之玮，正在凭借和母校的交往，间接地影响着更多中国学生。2017 年暑假，恽之玮分别回到大学和高中母校——北京大学和江苏省常州高级中学。

在北大数学科学学院，他和其他院友参加了北大数学经验交流会，与学弟学妹们探讨数学研究，并分享成长心得与经验。

回到常州后，他和母校江苏省常州高级中学史品南校长见面并表示，在他的成长过程中，失败是一种常态，成功是一种偶然。但他觉得不断探索、不断尝试是最重要的。

很多人会觉得，恽之玮的姓氏“恽”有点生僻。比他的姓氏更加不为人知的是，他是清六家之一、常州画派开山祖师恽南田的直系后代，同时恽之玮还是清朝贵阳知府恽鸿仪的五世孙。

对于这样的家世背景，恽之玮说："我了解一些恽南田的生平事迹，看了他很多字画（当然大多是印刷品），读了他的一些画论和诗文。他是我心目中逸士的化身，用画画在乱世中修得内心的平静，我则希望通过思考数学向这个境界努力。"

因为生于这样的书香门第，恽之玮从幼儿园开始，就在祖父的影响下学习国画和书法，家人带给他的影响绵延深远。他说："祖父是个老派文人，酷爱读书。我还记得小学时，偶然发现家里一个平时没打开过的壁橱里，藏了整整一壁橱旧书时的兴奋。在这样的影响下，我也把读书当成最大的消遣，周末经常泡在书店里。我也希望把诗书之家的门风传下去，一方面给孩子们多买书，让家里入眼即是书，另一方面则更注重身教，孩子见我不是看书就是写字，自然也就耳濡目染。"

对书画的喜爱和欣赏，已经成为恽之玮生活的一部分。他说，书画和数学看似没有太多的相似性，但是练习书法可以锻炼他的耐性和观察力，而这两点对于数学研究至关重要。耐心、观察力和低调，造就了这位"80后"数学家。他不是前浪，也不是后浪，而是徜徉在无垠数学之海的拾贝者。

二、方飞：实力与颜值并存的斯隆研究奖获得者

2022年2月16日，美国斯隆基金会（Alfred P. Sloan Foundation）公布了2022年获得斯隆研究奖（Sloan Research Fellowships）的学者名单，118位学者获此殊荣。计算机科学领域中有6名华人学者当选，其中一位是江苏省常州高级中学2007届优秀毕业生方飞。

图7.2　方飞

斯隆研究奖于1955年设立，以"学校提名＋学者申请制"的方式选拔，每年颁发一次。该奖项素有"诺奖风向标"的美誉，旨在奖励职业生涯早期的杰出青年学者。史上许多获得斯隆研究奖的研究员获奖后在各自的领域继续发光发热，取得更大的研

究突破。据统计,47 位斯隆奖获得者后来获得诺贝尔奖,17 位获得菲尔兹数学奖,69 位获得国家科学奖。除了这个杰出奖项,在 Iridescent 2019 年所评选出“AI 领域最值得关注的 5 位女性”,方飞是唯一入选的华人学者。

方飞 2007 年毕业于江苏省常州高级中学,以信息学特长生被保送至清华大学电子工程系,本科毕业后赴美国南加州大学(USC)计算机系攻读博士,主要从事安全博弈研究。现任卡内基梅隆大学(CMU)计算机学院软件研究所助理教授。在加入 CMU 前,她曾在哈佛大学担任博士后研究员。

据方飞的妈妈孔彩霞介绍,方飞初一开始学习编程,并对此产生浓厚的兴趣,初中就在省赛中获得一等奖。进入省常中后,师从信息学金牌教练曹文。“那一批学信息学的女生中,她最突出”,曹文说。凭借信息学竞赛获奖,方飞在高一、高二两次获得保送清华的资格。

在方飞的高中班主任顾冬久印象中,方飞是一个全面发展的学生,不仅信息学学得出色,其他功课也很优秀,参加过英语、数学、物理竞赛并都有所斩获。“她聪慧灵动,在班上担任英语课代表,做事有主见且条理性极强,老师、同学需要的资料,她总能第一时间找到。”方飞表示,在省常中就读的 3 年时光很快乐,遇到了很多有趣又有耐心的老师。

在清华大学就读本科期间,方飞开始接触 AI(人工智能)研究,但研究方向并非博弈论。学习期间,她很快认识到,自己更喜欢软件应用而不是硬件研究,于是开始从事计算机视觉相关的研究工作。在申请读博时,她也投递了许多计算机视觉方向的博士项目。

一次偶然的机会,她通过清华电子系的学姐杨蓉和学长王言治(现任东北大学教授)了解到南加州大学(USC)Milind Tambe 教授团队所进行的安全博弈研究工作。此前,方飞一直以为博弈论是偏理论的,距离她“所学即所用”的期望较远,而 Milind Tambe 团队的工作直接被应用于保护洛杉矶国际机场、防范飞机上的暴力行为等,令她看到了博弈论的应用潜力与影响力,觉得很有趣,于是便主动联系了 Milind Tambe 教授,毛遂自荐,并顺利拿到读博的 offer。

2011 年,方飞赴南加州大学攻读博士,师从 Milind Tambe。当时,Milind Tamber 教授在南加州大学工程系担任社会人工智能中心主任,是安全博弈领域的权威专家(现在哈佛大学担任教授)。自此,方飞开始应用博弈论来解决当下社会所面临的三大挑战:安全性、可持续性和流动性。2012 年,方飞在美国人工智能协会(AAAI)上发表了第一篇文章,将博弈论用于防止森林过度砍伐。2013 年,方飞发表的论文被美国海关应用于保护纽约市的斯塔滕岛渡轮线路(该渡轮每天搭乘超过 6 万名乘客)。2014 年,方飞开始在博弈论中引入机器学习,开发了 PAWS 系统,用于帮助野生动物保护区制定随机巡逻路线，寻找盗猎陷阱，对付盗猎分子。目前，PAWS系统已在非洲、东南亚多个国家以及中国等应用。读博期间，方飞发表了12篇论文，将博弈论和机器学习广泛应用于解决社会问题，获得了国际人工智能联合会议（IJCAI）2015杰出论文奖，国际纵火调查员协会（IAAI）2016创新应用奖（PAWS），南加州大学最佳博士论文奖。从USC毕业后，2016年6月，方飞到哈佛大学计算与社会研究中心（CRCS）担任博士后研究员，又开始从事多智能体的研究应用（如共享汽车平台派单优化）。

在践行"AI向善"的过程中，方飞感受到：当下的许多社会挑战可以应用AI来解决，如贫穷、食品安全、流浪者群体等。例如，在发展中国家，农民想要销售农作物，但难以接触到大型的高度自动运转的贸易平台，于是他们一般在当地市场销售农产品。有时候，他们的定价特别低，因为整个村庄都在销售同样的产品。针对这个问题，加拿大的研究人员（由Kevin Leyton-Brown教授领导）帮助开发了一个基于文本（text-based）的贸易平台，你可以给平台发消息，告知平台你想以怎样的价格销售哪一种农产品，平台会自动匹配买家与卖家。在帮助流浪人群方面，Milind Tambe所领导的USC研究小组通过设计算法来改进社会帮助流浪者的效率，提高年轻的流浪者群体防范艾滋病（HIV）的意识。

据方飞介绍，博导Milind Tambe是令她非常敬佩的一位老师。从他身上，方飞认识到，AI研究（如博弈论）真的能够用于解决社会问题，"AI向善"是可行的："首先，他是真的关心实际问题。他会非常积极地与不同政府组织和非政府组织的人进行交流，向他们介绍我们团队的研究，AI研究可能以怎样的方式帮助他们，或者询问他们在工作当中遇到哪些困难需要解决，看看有哪些方面可以合作。他的积极态度深深地影响了我。另一方面，他经常跟我们说，安全博弈的研究要从实际问题中出发。他非常鼓励我们从事有实际应用场景的研究。"

除了学术研究，导师Milind Tambe也非常关心学生的就业发展。比如，他会经常催促学生去主动参加和组织各种各样的研讨会和学术论坛。当时，方飞并不能理解导师的用意："我觉得我只要做好我的研究就行了，为什么要去搅这些乱七八糟的事？""但是后来，我慢慢意识到这是非常重要的。通过这样的方式，你可以接触到更多圈内人，你是为你的整个研究领域提供服务的，帮助该领域的成长，而且你也从中锻炼了自己各方面的能力。"

2017年8月，方飞入职卡内基梅隆大学计算机科学系软件研究所（Institute for Software Research，ISR）担任助理教授。据统计，当前卡内基梅隆大学的计算机科学系中共有29位华人教职员工（含兼职），ISR占2名（ISR共有44名核心教职人员），方飞便是其中之一。在担任教职的这几年，方飞团队的工作揽获多项AI顶级学术会议大奖，包括国际智能体和多智能体系统会议（AAMAS）2019 最佳应用系统演示奖、IJCAI-ECAI-18 杰出论文奖。

方飞的主要研究方向是将博弈论与机器学习相结合。最早，人们对博弈论的讨论仅仅局限于在玩游戏时如何制订最佳策略。玩游戏时不能按固定的套路出牌，而是要将招数尽可能随机化。比如，如果你正在玩“剪刀、石头、布”的游戏，最好的玩法是随机出剪刀、石头、布。如今，博弈论研究开始针对实际问题的策略行为进行建模（如政策经济学），如何计算、规定人们或智能体最终会使用的策略。虽然博弈论的起源很简单，但目前已发展为在不同领域将策略行为建模为一个博弈的研究方向。

“只要一个情景包含多个利己主义的智能体，且这些智能体彼此之间有策略的交互，那么我们就可以使用博弈论对这个场景进行建模。”方飞介绍道。入职 CMU 后，方飞继续将“博弈论＋机器学习”的研究应用于解决社会问题。她所参与的论文《*Computational Sustainability*：*Computing for a Better World and a Sustainable Future*》曾登上 CACM 2019 年 9 月的封面；参与撰写的书籍《*Artificial Intelligence and Conservation*》（《AI 与野生动物保护》）被列入“AI 向善”丛书系列。

许多野生动物保护区都面临保护大象、老虎、犀牛等珍稀动物的任务，但资源有限，只能雇用少数执法人员在保护区进行巡逻。如果有偷猎者，这些执法人员的生命安全很可能会受到伤害。“你可以想象，如果执法人员（智能体）按照固定的方法巡逻，比如周一早上的巡逻路线固定，那就很容易被偷猎者（攻击者）发现。因此，我们必须帮助他们将巡逻方法随机化。”在 PAWS 的项目中，方飞与团队对执法人员与偷猎者的行为进行建模，应用博弈论帮助制定执法人员的最优巡逻路线。但这些模型并不能有效帮助巡逻人员执行任务。

方飞解释，博弈论模型通常假设人是完全理性的，并会选择能够取得最高效用的行为。但我们都知道，人不可能是完全理性的。因此，方飞与团队需要从他们所收集的数据中对人类“玩家”进行实际学习。这时，机器学习就派上了用场。方飞的团队利用他们的合作者从多个野生动物保护机构（如世界野生动物联合会和野生动物保护协会）收集的巡逻与偷猎活动数据建立有助于预测未来情况的行为模型。然后，他们在这些数据中应用博弈论创建最佳巡逻策略。随着巡逻人员遵循随机路线，并向研究人员提供有关偷猎证据的反馈，越来越多数据进入模型，该模型将开始学习偷猎者的行为，并开发出最佳的随机巡逻路线来阻止他们偷猎。

方飞希望，通过结合机器学习技术和博弈论，可以帮助改变野生动物的保护现状。在偷猎路径上阻止偷猎者，只是方飞使用博弈论和机器学习来促进社会良好发展的应用之一。

图 7.3　2019 年 12 月，方飞在清华大学交叉信息院作学术报告

除了课题研究，方飞还在 CMU 开设了一门面向本科生和研究生的课程，名为“*Artificial Intelligence Methods for Social Good*”（为社会造福的 AI 方法），向学生传授机器学习、博弈论和机制设计、顺序决策、计划与优化等基础知识。此外，该门课还着重向学生介绍了医疗体系、社会福利、安全和隐私、环境可持续性等领域所面临的挑战，以及 AI 技术可以如何应用于解决这些挑战。方飞提到：“有很多人虽然掌握了一定的 AI 技术，但没有用这些技术来应对当今世界面临的真正挑战。我希望通过本课程，学生可以掌握能够广泛应用于为社会造福的 AI 方法。”因其在“AI 向善”上的深入研究，方飞入选 2020 年人工智能领域著名杂志 IEEE Intelligent Systems 所评选出的“AI 十大潜力人物”。

方飞始终坚信：“AI 是可以用于解决我们当前所面临的许多社会问题的。”

三、吴翼：另起一行——从“姚班”少年到教“姚班”的人

图 7.4　吴翼

一路走来，吴翼给人的印象是“人生开挂”。

高中夺下 IOI 银牌，保送清华大学传奇“姚班”。

多次在 ACM-ICPC 竞赛中取得好成绩，两次参加总决赛获得一枚银牌、一枚铜牌（一名选手只能参加两次世界总决赛），大二获得微软亚洲研究院和 Facebook 的实习机会。

师从人工智能泰斗、伯克利大学 Stuart Russell 教授，其论文《*Value Iteratlon Network*》荣获神经信息处理系统大会（NIPS）2016 年度最佳论文奖。

在今日头条实习期间，与今日头条人工智能实验室总监李磊合作发表多篇拥有广泛影响力的顶级学术会议论文。

如今，吴翼是清华大学交叉信息研究院的助理教授。他表示，在需要他做出重大抉择的人生分叉口，其实都是“直觉”和“运气”在背后推了他一把。在所谓的“直觉”和“运气”背后，既有姚班赋予的资源和自由，让年轻的吴翼得以提前站到一个更高的平台去完成大多数同龄人所无法完成的事情；也有他凭借一腔热血在竞赛圈的耕耘，使其收获一批优质人脉，对后期的决策起了关键性帮助。但最根本的，还是吴翼自身的勤奋和慧根，使其在每个关键时刻都能够“大力出奇迹”，做出最适合自己的发展选择。

2000 年，吴翼就读的小学邀请了一位刚从韩国归来的国际数学奥林匹克竞赛满分并将提前一年进入北京大学学习的恽之玮学长，为他的学弟学妹们作国旗下讲话。那时候的吴翼还是一个坐在台下的三年级少年。虽然他没有记住学长分享的内容，但却在心中埋下了一个小小的梦想——也要代表中国去拿金牌。

小学时，由于参加计算机兴趣小组，吴翼接触到了编程，进入中学后的吴翼在曹文老师的引导下爱上了信息学。据吴翼介绍，老师那时最喜欢给他们介绍过去学生们的故事，而这也潜移默化地影响了吴翼。

在老师的影响下，吴翼养成了平时没事就翻阅往年的 NOI 比赛和 ACM-ICPC 世界总决赛名单的习惯。很长的一段时间里，吴翼都可以如数家珍地说出近 10 年的信息学竞赛中国、美国国家队的队员名单，或者 ACM-ICPC 世界总决赛清华大学、上海交大的队员名字，以及他们的名次。对于一个初中的孩子来说，每一个名字的背后都有着这些人的一段奋斗史，而这些人和他们的故事都被深深印刻在脑中，激励了吴翼很多年。

2007 年时，刚上高一的吴翼就以距满分差 10 分的成绩拿下了 NOIP 2007 提高组的一等奖，但是在之后的省队选拔中，吴翼发挥失利，未能入选省队。

2008 年吴翼再度拿下 NOIP 2008 提高组的一等奖，并在之后入选省队。在次年的 NOI 2009 中，代表江苏省出战的吴翼获得金牌。但在 NOI 2009 总结时，吴翼并没有沾沾自喜。在他当年的赛后总结中，他写道："我在丹阳的状态很好，到了绍兴并没有热身，浪费了之前表现出的良好状态。第一天在赛场上程序写得非常不顺手，几乎整个比赛的时间都在敲键盘，很多简单的暴力程序都调试很长的时间，这也就直接导致思考的时间过少，心里紧张，成绩很不理想。实在是玩了一把惊险。这是第一次发生这样的问题，这一点在以后的比赛中应该注意……"

"今年 NOI 非常不幸，两天分别考到了两道刚好我不会解的模型，一个选手的全面能力和素质是非常重要的，学什么就要学好，切不可不求甚解，自负地认为不可能考到，这次就差一点铸成大错。下面的训练，查漏补缺会是我训练的重点，就像武功一样，内功没练好，招式就都是摆设。"

正是这种对于胜利不自满，善于总结的习惯帮助吴翼步步为营。2010 年 5 月，参考 NOIP 成绩、冬令营成绩、论文和答辩、平时作业、口试等环节的层层选拔结果，吴翼被选入由四人组成的中国国家队，代表中国出战当年在加拿大举办的 IOI 2010(第 22 届国际信息学奥林匹克竞赛)。

出战 IOI 2010 前，曾在小学三年级时点燃吴翼心中梦想的恽之玮学长又一次出现在了吴翼面前。相隔十年，恽之玮学长已经从普林斯顿大学博士毕业。或许一切都是命运的安排，这一次作为江苏省常州高级中学的学长，恽之玮的出现再度点燃了吴翼心中早已埋下的金牌梦。

这一年的暑假，代表中国出战的吴翼以三分之差与金牌失之交臂，为中国夺得了一枚 IOI 的银牌。在媒体报道中，在国际信息学的赛场上，吴翼已然是一个英雄。但在吴翼看来，他并不满意。

被恽之玮学长多次激励的他，在自述里曾这么写道："很不幸，世界没能狗血到再度产生一个莫扎特和贝多芬的故事。少年自然没法和天才相比拟，不过起码在需要写写文字的时候，少年的故事可以这样开头：'I had a dream(我有过一个梦想)'"。

因为高中时在信息学方面获得了优异的成绩，吴翼被保送到了清华大学"姚班"，"姚班"以创办者——世界著名计算机学家姚期智先生命名，每年只面向全国招收 30 人，来到"姚班"的各路神仙很快让他看到一个更广阔的世界。

半国英才聚清华，清华英才在"姚班"。吴翼如数家珍的那些信息竞赛的"王者"们，不少也成了吴翼在"姚班"的学长学姐。其中，名声最大的当数"姚班一期"中，公认为"中国大学生计算机编程第一人"、号称"楼教主"的楼天城。但即便是强如楼天城，也遗憾地未能捧回 ACM-ICPC 总决赛冠军。也正因为如此，吴翼对"为清华拿下 ACM-ICPC 冠军"很有一番憧憬。他曾经幻想过作为核心战斗力代表清华参加总决赛的场景，但梦想很丰满，现实很骨感，他第一次参加清华内部的比赛时就排在了最后。

值得一提的是，清华在ACM竞赛上并没有像上海交大那样的“举校机制”。清华没有ACM集训队，没有校级ACM训练或者选拔，完全是自由组队自由训练，谁拿冠军谁去总决赛，也没有什么奖金或者评优加分。在清华，ACM不过是众多活动中普通的一项。

而在此过程中，吴翼对竞赛有了更深入的了解和思考。对于清华为什么一直与ACM冠军擦肩而过，他也有了自己的看法：“要是清华的学生能按上海交大模式进行训练，夺冠的机会肯定会变大一些，比如专门停课一段时间进行训练，然后有不同的教练围绕学生作心理和配合等问题分析。”

美国大学为什么没将ACM竞赛看得那么重？因为学生暑假都到各大企业实习去了——美国硅谷少说有上百家好公司，学生也有很多机会直接跟世界上顶尖的老师做研究。另外，美国的环境对喜欢编程的学生开一家创业公司进行实践也很支持，他们的机会总体非常多，不一定都非要通过参加竞赛去证明自己。

毫无疑问，姚班的“实验班”性质能够为这些学生赢得更多的机会。事实上，姚先生的一大特点就是愿意给大家机会，而且魄力很大。传统院系改革是一点点来，但他能够推倒重来。姚班的任课教师普遍偏年轻化，也与姚先生的这一理念有关。姚班青年老师主讲的都是一些前沿课题，在教学上会注重引导学生们的兴趣，以更灵活的方式对学生进行因材施教。吴翼获得伯克利大学的实习机会时，姚先生甚至还给他提供实习资助，这一点让他很是感动。

尽管面前的路很多，但吴翼还是热衷于竞赛。他给自己新的定位也很有清华大学交叉信息研究院的“交叉换位”风格：“做好科研之余，也能参与些比赛。”但ACM与吴翼此前参加的NOI有着很大的差别：NOI强调算法和个人能力，而ACM更注重团队配合和编程能力。科研和ACM的差别更大：ACM是用已知的方法解决未知的问题，按丘成桐的说法，用已知的方法解决未知的问题不是搞科学研究，用未知的方法解决已知的问题才是搞科学研究。

所谓少年感，不是无知而无畏，而是有知仍无畏。虽然这条路并不好走，但吴翼乐在其中。吴翼把在大学时对ACM竞赛的热衷归于“想赢”的执着。但这种“想赢”已经不是像在高中时希望在比赛中取得胜利，更多的是战胜自己。成绩很重要，但热情更重要。这份热情即便到了伯克利大学也没有中断，2015年，吴翼驾轻就熟找来了姜碧野（NOI 2009金牌）和赖陆航（IOI 2010金牌）组成伯克利中国队再一次出征ACM竞赛，结果成功夺得北美冠军、全球第六。

用他自己的话说：一个人的生活应该是丰富的、充实的和多彩的，如果说生活是浩瀚的宇宙，那么ACM不过是那绚烂星辰中的一颗；宇宙不应因为少了一颗星而暗淡，但是却可能因为多了一颗星而多了一段璀璨的文明。同样，一个人无需在他人竞

图 7.5　吴翼在伯克利期间参加 ACM-ICPC 获奖

相追逐的赛道上夺取第一，而是寻找最适合自己的道路，另起一行，领跑自己的人生。

“也许是性格使然，也可能是看的和想的比别人早了一点，而自己的运气也确实比较好。”几次人生分叉口做的决定，吴翼认为都有运气成分，甚至好几次用“奇葩”来形容。但毫无疑问，每一个被他自嘲为“奇葩”的结果背后，其实都有着常人难以接触或者理解的理由，幸而这些“不走寻常路”的决定最终取得的结果还不错，这些瞬间也被吴翼称为“走了狗屎运”。

吴翼在“姚班”一共度过了三个暑假，每个暑假都在外面实习，而且都不在国内。第一年有幸入选校级访学团作为学生代表去了英国访问，第二年去了美国 Facebook 公司（现为 Meta 公司）实习，第三年则去了伯克利大学实习。

去 Facebook 实习的经历就充满着各种巧合。吴翼先找到了“姚班”的学长唐文斌，说想去谷歌实习。本来是打算去隔壁的谷歌中国，唐文斌听成了谷歌（Google）的美国总部，找到了大师兄张一飞（IOI 2000 金牌、IOI 2002 金牌），以为他在 Google，结果当时张一飞刚刚跳槽到 Facebook 公司。一天，吴翼莫名其妙收到一封 Facebook 的邮件，阴差阳错就给了一个面试，面试完了就拿到了实习的 offer。于是，2012 年 6 月，吴翼去了美国。那年 Facebook 刚上市，股票一直狂跌，公司还只有 3 000 人，扎克伯格反复说着 Mobile First（移动优先），希望带领公司转型。另一段“穷折腾”的实习经历是 2013 年暑假，吴翼来到伯克利大学实习。正是因为这段伯克利大学的实习经历，让 Stuart Russell 教授对吴翼留下了深刻的印象，才有后来受 Stuart Russell 教授的邀请去读博的经历。

读博期间，吴翼专攻概率编程语言方向。“他（Stuart Russell）当时觉得整个人工

图 7.6 吴翼(左)与 Stuart Russell 教授(右)合影

智能界面临的最大难题出在这,而伯克利的博士就应该挑战最难的问题,因为他是从更高的层次给出的判断,所以他不会将就你,甚至都不在乎你是否发了论文。”

然而 2016 年,人工智能界因为深度学习的发展面临剧变,敏锐的吴翼嗅到了革命气息,有意转换科研方向,却因为一直未能明确想要转换的方向,始终没勇气向 Stuart Russell 教授阐明内心的想法。思索再三,吴翼最终决定敲开伯克利大学 Pieter Abbeel 教授的大门,表示愿意跟他合作相关研究工作。在获得 Pieter Abbeel 教授的应允后,吴翼便开始了科研“双栖”生活,而 Stuart Russell 教授也很开明,对他的选择表明了支持的态度。当时 Pieter Abbeel 教授组里正好有 3 个研究项目,他让吴翼自行选择愿意加入的组别。吴翼万万没想到的是,这次的选择会让他获得 NIPS 2016 年度最佳论文奖。

自此之后,吴翼建立了对自己的信心,读博的“坎”也就这么被他跨过去了。找到深度学习的方向后,吴翼在伯克利读博的 5 年时间里,继续开启了暑假实习生涯。2016 年 5 月,吴翼回国待了 4 个月,去了今日头条的 AI Lab 实习。当时 AI Lab 只有 6 个人,吴翼、李磊、2 名全职工程师以及 2 名实习生。李磊也是 3 月份才过去的。吴翼和李磊的相识可以追溯到高中时期,他们是江苏省常州高级中学的校友。在中学时代,李磊一直是吴翼的榜样,他们在李磊的一次回校访问期间相识。而另一层关系是,李磊是吴翼导师 Stuart Russell 教授的博士后(2011—2014 年),吴翼到伯克利的实习就是李磊发出的邀请。

很巧的是,那时候今日头条也是 3 000 人,做大数据的只有 300 人。今日头条创始人张一鸣在全体会上说要全身心投入短视频。2016 年快手刚火，吴翼在做暑假实习时，抖音还是一个神秘的内部项目，到吴翼回美国之后的寒假，抖音已经正式成为了现象级产品。“就这么再次跟暴富的机会擦肩而过了”，吴翼提及这段经历开玩笑地说道。

这些经历后来也养成了吴翼做决定喜欢凭直觉的习惯。“想太多没用，因为你反正也想不清楚。你想好的事情，过了三年可能就完全不一样，世界一直在快速变化。”这种习惯甚至被他带到自己的博士生招生环节当中。

如果不是吴翼亲口提起，我们从未想到，他在 2018 年以前从来没有过“成为老师”的想法，更让人感到意外的是，从回国面试到与清华叉院签约，吴翼仅仅用了 6 天时间。

2018 年暑假，很快要从伯克利大学博士毕业的吴翼决定回国发展。此时，读博期间一直保持紧密合作的今日头条给吴翼开了抵得上“三个国内优秀硕士生”的工作薪资。向吴翼抛出橄榄枝的还有地平线的 CEO 余凯，吴翼被余凯拉到地平线总部“洗脑”将近一个小时。

业界赋予的机会并没有让吴翼兴奋太久，他很快又陷入另一端的权衡思考当中。原来吴翼认为产品可以让他“干成大事”，然而到产品部门实习后他发现，个人在产品部门的发展其实受限于“产品”，并非想象中的可以“为所欲为”，而且产品经验也会掣肘个人的发挥。“内心总觉得还差点什么，想着会不会有其他更大一些的发挥空间”。

心里带着疑问，吴翼和家人去度假。旅途中，他偶然想到“姚班”的教书机会。旅程结束后，他立马向“姚班”的徐老师咨询学院的招聘详情。徐老师当时给他的建议是尽早回国面试。

当年 10 月，吴翼如约飞向北京。他记得非常清楚，学院的面试安排在周一，他提前在周四落地北京，周一清华面完试，周二便把 offer 给签了，所有流程一气呵成。“当时姚先生给了我一份 offer，说你看下，一会要签字。”“我说姚先生我不看，你给我就签。”

谈及自己在清华的工作，吴翼毫不掩饰其语气中的神采飞扬。要说吴翼为什么能够拒绝工业界的诱惑，或许是因为他依然保有着对这个世界最初的热情和好奇，以及和学生们在一起能永远年轻吧。毕竟一个时刻准备着尝试、无所谓失败的翩跹少年，更能发现这个世界的美好。

第二节 创新型教师的成长

创新人才培养，需要具有创新意识和创新能力的老师。

江苏省常州高级中学力求建设一支传承独特文化、崇尚学术自由、保持独立人格、注重自我发展、追求卓越创新的教师队伍，让每一位教师都成为引领学生精神成长的“大先生”。为此，学校始终把师德建设放在首位，引领教师落实教书育人的根本使命；同时，以校级重点创新项目和省市课题为抓手，通过课程开发建设提升教师课程领导力，构建新型团队文化。包括：以课程基地为依托，建设课程设计研究团队；以课题项目为载体，建设教学问题研究团队；以成长营为主阵地，建设青年教师互助团队；以“元博讲坛”为平台，建设学术前沿引领团队；以“名师工作室”为依托，建设品牌（优秀）教师孵化团队等。我们的队伍建设就是要实现从个体发展走向团队合作，从外铄驱动走向内生自觉。

在学校的发展中，涌现出了一大批这样的优秀老师。如“金牌教练”曹文、王凯、骆乃伦、黄龙孙、陈卫等，特级、正高级教师郭家海、陈小红、陈玉娟、赵世俊、刘平等，国家“万人教学名师”、江苏省“人民教育家”培养对象汪明，江苏省“苏教名家”培养对象欧阳林、胡爱彬，江苏省“教学名师”吴莉娜等。

下面选取两名优秀教师，来看看他们的成长经历。

一、曹文：用朴实和智慧谱写教育华章

走在省常中绿意葱茏、优雅肃穆的校园里，经常会看到一位身材不高、戴着眼镜、走路和说话都慢条斯理的中年老师，他可能不会给人留下什么独特的印象——他看上去是那么的朴实而普通。但细细审视一下，你就会发现，他镜框后面的眼神却是清澈而睿智的，他走路和说话的姿态里写满着笃定和从容。他，就是享誉全国的江苏省信息学奥赛“金牌教练”——曹文老师。

他是这样的人：靠自己随和的交往态度、含蓄的内敛气质、勤朴的人格魅力以及充满智慧的教学艺术慢慢地获得大家的认可，进而得到大家的敬佩。这个过程就像是流水慢慢地渗入并浸润土地一样，他不会一下子就让你记住他，也不会一下子就和你熟悉起来，但却可以让你在熟悉他了解他之后再也难以忘记他。

他是一个朴实的行者，一直坚定而扎实地走在教育的路上。从 1989 年复旦大学数学系毕业后就一直任教于省常中，屈指算来，他已在省常中这个花园里耕耘了三十余年。他把自己人生中最精彩的年华交付给了这个花园，同时也在这个花园里创造了属于自己的精彩。他觉得，自己已经彻底地渗透到了这个花园。多年来，他像一个勤劳朴实的农夫在精心侍弄自己的园地：长期担任信息学奥林匹克竞赛辅导工作。这么多年的勤奋耕耘使他收获颇多，他的人生编年史上也浓墨重彩地记载着一个个坚实的足迹：获评全国信息学奥林匹克高级指导老师、全国先进工作者、全国模范教师、NOI 十大杰出指导老师、江苏省"333 高层次人才培养工程"中青年科学技术带头人、常州市信息学奥林匹克名师工作室领衔人、常州市特级教师后备人才。

虽然这些成就让人欣慰，但曹文老师却觉得这些都不能与看到自己学生取得成就的那种从内心里迸发出来的愉悦相比。每年，曹文老师都能很自信而又自豪地收获这些愉悦：辅导学生获得国际信息学奥林匹克竞赛（IOI）金、银、铜牌各 1 枚，全国信息学奥林匹克竞赛（NOI）金牌 29 枚、银牌 38 枚、铜牌 27 枚，全国信息学奥林匹克联赛（NOIP）一等奖近五百人次。2009 年 6 月辅导学生金斌获得 Topcoder Open 世界冠军，一举打破了欧美选手对该项赛事的垄断，同时也创下了最年轻的夺冠纪录；2011 年 7 月辅导学生蒋中天获得第 23 届国际信息学奥林匹克竞赛金牌。曹文老师从 2001 年起担任信息学奥林匹克竞赛江苏省队领队兼教练，现任 NOI 高级指导教师，长年担任江苏省信息学奥林匹克夏令营、冬令营主讲老师；多次担任全国及省级教练员培训班高级讲师，受到中国计算机学会（CCF）与各地指导老师的一致好评，连续三年被评为 CCF 杰出演讲者。

有两种教师：技艺之师、心灵之师。曹文老师是高明的技艺之帅，为了提高学生分析问题和解决问题的能力，他根据不同层次的学生进行分层次讨论式教学，经常把自己编的或学生编的程序拿出来讲解、讨论，共同修改、完善，激发学生的积极性，启发学生的思维能力，培养学生的研究性学习素质，把计算机竞赛辅导当作对学生进行素质教育的一个舞台。学生在这里提高了分析和解决问题的能力，学会了学习的方法，为他们后来继续深造打下了坚实的基础。

曹文老师更是一位追求教育智慧的心灵之师。在他看来，教师是事业，而不仅仅是职业：职业只是一个谋生的职位，只要完成相应的本职工作，可以没有热情，可以敷衍了事，可以马虎随意，但是事业不同，事业要求的首先是"敬"，敬就是要有热情，要有良心、爱心、耐心和责任心，要追求卓越、超越自我，更要有从自我生命的潜意识里流淌出来的庄严感和崇高感。有了这些，才能让自己拥有不竭的生命活力，才能将自己的事业和生命谱写得更加圆满。

在常人看来，信息学竞赛可能只是知识的演练，而曹文老师却将这份演练升华到心灵的高度来使学生获得了技能和精神的双重提高。虽然参加竞赛的都是优秀学生,但在竞赛中获得成功的学生毕竟是少数,所以曹文老师对所有学生都一视同仁。他经常强调,参加竞赛辅导主要是挖掘自己的潜能,提高自身的素质,要重视过程的体验,而不仅仅只看比赛的结果,要形成正确的竞赛观念。特别是高考中奥赛 20 分的加分取消后,省常中参加信息学竞赛的学生反而多了起来。

学生在训练和比赛过程中难免会出现心理和情绪的波动,如果不能及时进行调适和排解,不仅对训练效果和比赛成绩有影响,更可能对学生的心智成熟和后续发展带来负面效应。所以,曹文老师十分关注学生的心理状态。还是 1999 年江苏省队组队选拔的时候,岳峣同学被选上,而同在教改班、水平相对较高的李源同学却意外落选。李源同学的情绪十分低沉,甚至一度想放弃信息学奥赛。曹文老师多次和李源谈心,和她一起分析自身的长处和弱点,寻找比赛失利的原因,鼓励她振作起来,正确面对一时的挫折和失败,让她明白在逆境中更需要坚持不懈。在这样的悉心劝导和鼓励下,李源逐渐恢复了正常训练。紧接着曹文老师又把岳峣同学参加省队训练的资料拿来给她训练,并与岳峣同学的训练情况作对照,借此提高她的自信心。在 2000 年的江苏省队组队选拔中,李源同学一路过关斩将,顺利进入了省队,并在澳门举行的第十七届全国青少年信息学奥林匹克竞赛中获得银牌和最佳女选手,进入国家集训队。当时集训队中仅有两名女生,李源的成绩靠后,更何况历届国家队中入选的女生也是寥寥无几,李源感到进入国家队的可能性不大,训练时就提不起劲来。这时曹文老师又及时给她分析她的一些长处:如编程仔细,只要能找到解题思路,编出的程序总能运行出全部正确结果,再加上操作速度也具备一定的优势,又没有任何心理负担,只要在思考问题的深度和广度上多下功夫,很有可能战胜男生选手。曹老师同时给她定下了国家集训队冬令营比赛进入前十的目标。有了信心和目标,李源在随后的训练中突飞猛进,不但在国家集训队冬令营比赛中实现了既定目标,并一鼓作气战胜了众多男生选手,进入了国家队,后在芬兰举行的第十三届国际青少年信息学奥林匹克竞赛(IOI 2003)中夺得铜牌。

对待学生,曹文老师更有着一颗拳拳爱心。2002 年被保送进入上海交通大学计算机科学与技术试点班、2006 年进入卡耐基·梅隆大学(在全美大学中计算机专业实力排名前三)的李磊同学在接受常州电视台的采访中感激地说:"恩师曹文老师让我永远无法忘怀,在我家庭最困难的时候,他给了我最温暖的帮助——没有电脑,他带我到他自己家里训练。生活上,他也悉心照顾我,我所拥有的第一台'先进'电脑,就是恩师曹文老师在我保送大学后送给我的。"李磊来自农村,对信息学奥赛情有独钟,并且展露出了过人的天赋,经常是放学后在学校的机房里埋头编程,有时要到晚上六七点才回家,曹文老师总是不厌其烦地陪他一起调试程序,并经常为他买来点心……

高中阶段李磊连续三年获得省一等奖，高三时更以满分的成绩名列全省高中组第一名。如果说，李磊是一匹千里马的话，曹老师就是伯乐，一位不仅能识马更能爱马的现代伯乐。

只有爱才能培育爱，只有心灵才能影响心灵。正因为曹文老师的用心教学、用心育人，他的学生学会了饮水思源。一位在美国的学生知道曹文老师喜欢打网球，而国内的网球又比较贵，就特意寄了几筒网球给他，说是让老师锻炼身体。曹文老师喜欢书籍，一开口，美国的学生就为他买了一套麻省理工学院计算机系的研究生教材《算法导论》。他的得意弟子有没有谈恋爱，曹文知道得往往比孩子父母还清楚。他有许多学生进入了 IBM、Intel、Microsoft 等世界知名公司，只要曹文一到北京、上海等地，学生们就会"串联"起来尽地主之谊。从以前的师生变成了今日的朋友，曹文老师觉得这样的变化让自己特别开心。

诚然，曹文老师是勤奋的，汗水洒遍了他走过的这一路。在最初那段清贫异常的岁月里，他该咀嚼了多少辛酸？那么多苦苦思索、苦苦求解的夜晚里，他该消化了多少寂寞？奔走在上海、南京的各类书店里，他该品味了多少风尘？但他没有在清贫里改变志向，没有在寂寞里磨灭韧性，没有在风尘里迷失方向，所以，他才能一步一步从 BASIC 语言走过了 PASCAL 语言，走过了 C 语言，才能从一个普通计算机老师走到高级程序员，再走到今天的"金牌教练"。

但也千万不要以为这些成绩的取得是曹文老师加班加点的回报，他其实是一个很有生活情趣甚至特别现代的老师。中学教师中有多少人擅长围棋？曹文老师在大学时就曾夺得复旦大学的围棋赛亚军，工作后又拿过常州市的围棋赛冠军。中学教师里有多少人打网球？曹文老师却是此中高手，其球风稳健、随和，从不打刁球，球友评价他的球是"君子球"。而最让他感到温馨和幸福的是家庭的天伦之乐，妻子贤惠，女儿可爱，一家人经常其乐融融地出去打球或是游玩。

曹文特别喜欢看中央电视台的《对话》栏目，他经常能从栏目中受到启发，也从中寻找生活的意义。他记得最清楚的是美国 DELL 电脑公司的总裁戴尔在栏目中这样说过：第一，任何一件小事都要做好；第二，不管在什么情况下，自己认为对的就要坚持。自从迈入信息学教学以来，曹文用汗水坚持了自己的兴趣，用成绩见证了自己的成长，用做好每一件小事的毅力来成就自己的忙碌而又充实的幸福生活。

他一直生活得很坦荡、宁静，以一颗平常心来看待功名利禄，不为之动，更不为之拘，尽管有那么多的荣誉，但丝毫不事张扬，工作一如往常般踏实。对青年教师倾力指导、悉心提携，从不会有任何保留。除了他的学生、除了他的计算机、除了他的书、还有他的家庭，他并不在意什么，如同一汪平静的水，波澜不惊。欣赏着他从容游走于工作与生活之间的姿态，我们有理由相信，曹文老师将继续用自己的朴实和智慧续写教育和生命的篇章,并将谱写得更为精彩。

二、欧阳林:思维教育让生命智慧成长

(一)

2008年高考送考时,一个家长看到欧阳老师时说,欧阳老师讲作文有一套的。“听到这话,我知道家长在恭维我,但突然有一种不太好的感觉。因为那时讲作文确实有套路,可是这种套路真的不是写文章的正常方法。”比如,议论文一般要有三个分论点,分论点有并列式、递进式、正反对照式,每个分论点后面要有事例,有分析。记叙文要运用细节描写,要有情节的波澜等。这些方法都是给学生一个作文的框架,然后让学生往里面填文字。欧阳老师自己都已经有些厌烦了,当听到这样的恭维时,他有了些新的想法。

欧阳老师开始尝试把思维引入到作文教学中来。最初能想到的是辩证思维。于是很花了一番功夫学习辩证法,比如对立统一规律、否定之否定规律、现象和本质、必然性和偶然性、联系的观点、发展的观点、一分为二的观点等。将这些原理生硬地搬到写作教学中去,学生常常一脸茫然,不知所措。面对学生的问题,运用这些理论也无法给出合理的解释。这样做了将近一年,发现根本行不通。

再后来他尝试运用逻辑思维方法指导写作教学,比如归纳推理和演绎推理。但这种严密的逻辑推理形式很难在写作中运用,因此依然找不到出路。逻辑学在几十年前曾进入到语文课程中来,但后来还是分离了。欧阳老师说,语文界这么多杰出的人做过试验都没能成功,他又能做出什么呢?

2008年至2012年是欧阳老师比较痛苦的时期,一直处于困惑与困境中,就这样一直到了2012年的暑假。

(二)

2012年7月,欧阳老师带校辩论队参加全国首届“东吴杯”辩论赛,获得了亚军。通过辩论培训和比赛,他开始接触到批判性思维。后来他又带队参加了“精英杯”亚洲中学生华语辩论赛(马来西亚)、北京大学中学生国际辩论邀请赛、“海峡两岸杯”辩论赛(中国台北),对批判性思维在辩论中的运用和价值逐渐有了深入的认识。

辩论为欧阳老师打开了一个窗口,让他认识到语文与社会生活可以建立一种密切的联系。许多辩题与现实社会生活密切相关,如:大学(本科)专业的选择应该以就业为导向还是应该以兴趣为导向,外来文化的涌入有(不)利于我国民族文化的发展,加强管理(教育)是解决市民不遵守公共秩序问题的关键,科技促进(阻碍)人的全面发展,等等。辩论让学生用理性的方式思考这些社会问题,不断提升他们的思维能力。

在指导辩论赛的过程中，他也在不断学习，买了关于辩论和批判思维的书籍自学。每次备战，高强度的训练是极大的挑战，同时也迅速地提升了批判性思维能力。后来，他成功申报了江苏省规划办十二五专项课题《语文批判思维能力培养的实践研究》，开始了批判性思维的教学实践研究。

仅靠自学是远远不够的。在江南大学吴格明教授的指导下，欧阳老师连续多年参加了全国高校批判性思维研讨会，结识了北大、清华、华中科大等高校的批判性思维专家。每次开会，他都会带着许多问题，向专家们请教。经过不断地从理论到实践，再到理论的过程，他对批判性思维的认识逐渐从片面走向全面，从肤浅走向深刻。

（三）

对批判性思维的认识不断深入，让欧阳老师对语文教学有了新的认识，甚至有一种豁然开朗的感觉。

语文教育的目的与意义是什么，常常让人迷惑。除了应试的分数之外，我们还能给学生什么？语文出版社前社长王旭明说，我们现在的语文教育已经支离破碎，而且碎了一地，很难拼接形成学生听说读写一生有用的语文能力。

教学中存在这样一种悖论：老师对阅读理解抓得越紧，对课堂作文训练得越勤，学生对语文课越不感兴趣，甚至越糊涂，越抵制。

教学中我们也非常熟悉这样的情况：一篇文章教了几十年，我们也没有弄清楚这篇文章到底该教什么，应该怎样教；我们可以评判学生的作文，指出作文逻辑不清、思维混乱、认识问题片面狭隘、思维肤浅、观点幼稚等问题，但是在如何解决这些问题上，我们常常拿不出让学生满意的办法。

我们常说学生不会思考，但为什么不会思考呢？

因为我们没有教给学生正确的思维方法。我们应该教给学生这种思维方法，因为很少有学生能够自动形成良好的思维能力。但很重要的批判性思维我们往往不教，甚至有时将本应是逻辑思维的知识错误地教授成其他东西。叶黎明博士在《写作教学内容新论》一书中指出，“谈论证，只讲具体层面的论证技巧，而忽视了更高层面的逻辑思维方式——演绎推理与归纳推理，这也是导致学生所写的议论文普遍缺乏逻辑力量、并且倾向于散文化的重要原因。”

所以，我们应该反思，我们什么时候开始教授学生这种思维方法？如果在写作教学时不教，阅读教学时也不教，学生又到哪里去学？而这种思维方法既是写好文章的关键，对阅读也具有重要意义。

欧阳老师指出，“将批判性思维运用到语文教学中来，教我学会思考，学会辨别，慢慢对语文教学有了一种全新的理解，诸多问题和矛盾都可以找到新的思路重新认识。议论文写作教学不应只是空洞地告诉学生观点要鲜明准确，论据要充实，而应教学生怎么去思考，怎么去论证，以及什么样的论证是好的。”

在这之前，我们学习了很多教育教学理论，如果缺少思考和辨别的能力，那么我们的大脑就成了别人思想的跑马场，十几年下来，可能只留下一地鸡毛。

而批判性思维，教会了我们如何思考。

批判性思维者懂得利用系统工程的思维方式，把他所观察、接触到的事物分析拆解成一个个小的环节，研究各个环节之间的关系以及所有环节对整体的影响；然后利用对环节的研究，达到自己设想的目的。

培养批判性思维能力，提升思维品质，让学生体验丰富而真实的学习世界，真正关注“人”本身，关注自身发展、自身需求，促进多样化自我发展和高层次精神需求，对培养健全人格和理性精神至关重要。而且它可以促进中国教育及其考试的境界：不仅使每个学生趋近传统意义上专业领域的“成才”，更应成为获得和谐、具备完整内涵的“成人”；不仅要完成生物学意义上的“成人”，更要实现凸显个人特殊本质的“成己”！

通过不断地学习，反复地实践和修改，欧阳老师尝试建构了语文学科的批判性思维知识体系。2017 年，由中国人民大学出版社出版了《批判性思维与中学语文学习》一书。这本书将理论与实践相结合，通过案例分析引导中学生一步一步地理解批判性思维；通过逻辑谬误的分析，让学生明白思维中的误区，培养正确的思维方式。书中大量的案例来自社会生活，来自学生的作文，更接近学生的实际，通俗易懂。

又经过两年的努力，他系统梳理和总结了批判性思维在阅读教学和写作教学中的运用，于 2019 年出版了两本专著，分别是《批判性思维与中学语文阅读教学》（中国人民大学出版社）、《作文思辨三十六讲》（江西教育出版社）。

将批判性思维运用到语文教学中来，并不意味着对其他思维方式的否定，只是多了一种思维方式，以弥补原有的不足。用思维碰撞火花，让语文有趣、有味、有意思，让学生爱上语文，为学生思维能力的提升和精神的成长提供更有力的支撑，促进学生的健康成长是欧阳老师不懈的追求。

2017 届的一名学生进入大学后写信给欧阳老师，信中说：“作文引发了我对自己、对人生的许多思考，是我在高中收获的珍宝，对我人生价值观的确立产生了很大影响，或许会影响终生。我对您从最初的误解到后来的敬佩经历了很长一段时间，这一过程不仅让我看到了一位心性纯正、认真负责的老师，也教会我如何看到别人的好，接受不同带来的精彩。所以，感谢您……”

2019 届的一名学生在高考之后送给欧阳老师的卡片中写道：“如果不是您，我们可能从未想过，改不完的作文可以从煎熬变成一种执着，背不完的名著可以从折磨变成一种兴趣……感谢您让我们懂得文学是可爱的，生活是好玩的……”

欧阳老师这样说：“感谢批判性思维，让我从语文教学的困惑和迷茫中走了出来，让我具有教育自信，拥有独立思想、理性精神，懂得如何驾驭自己的教学，不盲从他人，从而有了不一样的学术追求和视野，收获了不一样的人生。”

在研究过程中，欧阳老师的科研能力明显提高，从教学型向研究型、创新型、专家型教师发展，取得了优异成绩。有二十余篇论文发表在中文核心期刊上，或被“人大报刊复印资料”转载；在各级优质课竞赛中获全国展示课、部优精品课、市级优质课一等奖。先后主持江苏省十二五、十三五、十四五规划课题。2018 年被评为正高级教师，2021 年被评为江苏省“苏教名家”培养对象。先后荣获常州市五一劳动奖章，常州市突出贡献人才奖。主持《批判性思维与高中学科教学整合的实践研究》2017 年获江苏省教学成果奖（基础教育类）一等奖，《批判性思维与中学语文阅读教学》2020 年获江苏省第五届教育科学成果奖一等奖，《批判性思维与中学语文学习》2021 年获第五届江苏省逻辑与思维科学优秀成果奖一等奖。担任校辩论队主教练，先后获“东吴杯”全国中学生辩论赛首届亚军（2012）、第八届冠军（2019），“中国少年说”全国总决赛季军（2018），2022 年第二届“星锐杯国际中学生华语辩论巡回赛”季军，第五届全国中学生华语辩论锦标赛江苏赛区亚军。

第三节　存在的问题及展望

我国现行的教育实践中，对创新人才的培养存在着以下五个误区。

1. 人才培养目的不明确

创新人才培养方案进行的初期，从其概念到具体操作，较多强调智力因素而非创新性能力和社会性能力等，因而容易造成人们的误解，认为智力是决定性因素，过分强调智力，忽视情商、逆商、创新能力的培养，出现了一股"超前学习"的畸形培养模式，这与国家的基础战略方针不符。

近年来，虽然很多学校和教育工作者认识到智力并不是成为创新人才的决定性因素，但由于高考制度的选拔功能和家长、社会对高分的狂热追求，很多学校和学生不得不被应试教育所裹胁，追求高分，而忽视了对学生创新能力的培养；或者打着创新人才培养的旗号，实际上扎扎实实进行着应试教育。

因此，消除人们对创造力认识中存在的种种误解，重塑创新能力培养方案，对人们开发个人创造的潜能具有重大意义。

2. 创新思维的培养缺失

在当今社会中，学生接受教育，不仅要学习科学文化知识，更要开发自我的创造潜能。这是时代赋予新时期新青年的任务与使命。然而，在我国现行的教育制度中，严重缺乏相关激发学生创造思维的课程训练。标准化的课程体系、封闭式的教学内容、一致性的教学步骤、没有个性的教师、不受欢迎的特别学生，共同构成了大部分地区中小学生对高中教学内容的全部印象。这种教学过于压抑个性化发展，忽视了学生自身潜能的开发。学生以完成作业为目标，缺乏对科学的深入思考，强调完善记忆性思维，丧失发散性思维的思考能力。而激发学生的创新意识，调动其创新的勇气，最根本的是要尊重学生的个性和想象力。要通过多样性的教学挖掘学生潜能，推动学生思考。让个性淹没共性，才能让有创造能力的学生脱颖而出。

3. 综合评价应用不足

在培养过程中，难免会出现急功近利、剑走偏锋的价值取向，从关注创新能力的培养转为关注竞赛、实验获奖，或成绩高低的比拼，忽视了其中创新思维的培养。因此，创新人才的培养需要重视过程，通过长时间不断研究，逐步培养学生全面的创新执行力，除了为学生的高考服务，更应该为学生的终身发展负责。

教育部关心下一代工作委员会常务副主任傅国亮认为，创建和实现多样化、个性化、有特色的教育，成为新的教育哲学理念，是未来中国教育发展的指向，而转变人才的评价与选拔制度在里面起到重要的作用。如果一个选拔机制不能给真正的人才、偏才、怪才以脱颖而出的机会，最终人才体系只能趋于平庸。因此，要确保拔尖创新人才不断脱颖而出，就必须打破一考定终身的选拔评价体制，不再将考试成绩作为衡量人才的唯一尺度，而要将创新精神、实践能力等综合素质作为衡量人才的主要标准。

4. 创新型教师缺乏

创新人才的培养需要更多具有创新意识和创新能力的教师。然而，目前这样的教师还比较欠缺。例如系统化的信息化技术创新应用能力仍有不足，存在教育鸿沟等等。因此，教师队伍需要更多的培训。

我国基础教育地区在软硬件层面仍存在较大差异，尤其对于偏远地区而言，落后陈旧的实验设备以及紧缺的教师队伍导致针对创新后备人才的培养关注不足。硬件设备的不足导致教师负担加重，更影响对学生的培养。

因此，加快义务教育优质均衡发展和城乡一体化，优化区域教育资源配置，完善覆盖全学段的学生资助体系是拔尖创新后备人才培养的基础，应该得到各级政府的大力推进。

5. 鼓励创新的教育生态尚未形成

创新的教育生态是多元化的，与传统的教学模式相比，最典型的区别在于，前者没有标准答案式的教学方式，这在以高考为主导的选拔性考试中不占优势，而这种传统的教育模式反而会限制学生的学习创新热情。在急功近利的社会大环境中，包容性不足的社会、创新精神的严重缺乏等也是阻碍拔尖创新人才脱颖而出的桎梏。

北京市大兴区第一中学校长王殿军曾指出，我们对拔尖创新人才的需求仅仅停留在呼唤和渴望上，缺乏对拔尖创新人才培养的足够重视，缺乏对拔尖创新人才培养的系统研究，没有建立起自己的拔尖创新人才培养体系，甚至不敢正视自己拔尖创新人才培养的缺失和失败，因此出现了人才培养平而不尖的状况。

为了更好地培养拔尖创新后备人才，未来的教育可能在以下方面有更多大的发展。

1. 推进课程改革，个性化教育更加普及

不断优化课程体系，打破学科壁垒，增强课程的综合性和选择性，关注学生的成长路径，构建适合拔尖创新人才早期发展的课程体系。不断更新课程内容，引入更多与科技和社会发展紧密相关的知识，如人工智能、大数据分析等。而随着大数据和人工智能技术的发展与运用，教育将更加个性化，能够根据每个学生的学习习惯、兴趣和能力提供定制化的学习路径。

2. 推进教学方式改革，跨学科学习更加广泛

采用多样化的培养方式，如借助智能技术，联合专业机构，设立创新实验室、展览馆，营造开放学习环境。强调跨学科的整合，设计跨学科的课程，如环境科学、生物技术等，鼓励学生将不同领域的知识融会贯通，促进学生综合运用不同学科知识解决问题，以培养解决复杂问题的能力。关注教育的长期育人功能，重视人才的稳定与可持续发展，实现从效率导向到人本关怀的深刻转变。

3. 推进学习方式变革，项目式学习更加普遍

设计挑战性项目，鼓励学生主动学习和探索，将理论知识与实践相结合，促进跨学科融合教学，提高创新和实践能力；灵活调整班级组织，鼓励学生基于兴趣与特长组建学习社群；实施小班化教学，强化导师制，为每位学生提供个性化指导。

4. 师资培养与引进，创新型教师比例增大

为教师提供专业发展培训，特别是 STEM 领域的教师，以提升他们的教学能力。吸引行业专家和学者进入高中教育领域，为学生提供更前沿的知识和实践经验。

5. 评价体系多元化，促进个性化人才培养

建立以学生综合素质和能力为导向的评价体系，包括项目成果、团队合作、创新能力等多维度评价。重视学习过程的评价，鼓励学生在学习过程中的探索和创新。

面对科技发展和社会需求的变化，普通高中教育必须进行深刻的改革和创新，以培养能够适应未来社会的创新人才。拔尖创新人才的培养是一项复杂而艰巨的任务，需要我们摒弃误区，以更加科学、全面和人性化的方式来进行。通过个性化教育、跨学科学习、项目式学习和终身学习的推广，结合教育改革和课程创新，为每一个孩子提供适合他们的教育环境和发展机会，高中教育将能够更好地激发学生的创新思维和实践能力，让创新之花在校园的每一个角落绚丽绽放！